OEUVRES

DE

VOLTAIRE.

TOME XXII.

DE L'IMPRIMERIE DE A. FIRMIN DIDOT,
RUE JACOB, N° 24.

OEUVRES

DE

VOLTAIRE

AVEC

PRÉFACES, AVERTISSEMENTS,
NOTES, ETC.

PAR M. BEUCHOT.

TOME XXII.

HISTOIRE DU PARLEMENT.

A PARIS,

CHEZ LEFÈVRE, LIBRAIRE,
RUE DE L'ÉPERON, N° 6.

WERDET ET LEQUIEN FILS,
RUE DU BATTOIR, N° 20.

M DCCC XXIX.

PRÉFACE
DU NOUVEL ÉDITEUR.

L'*Histoire du parlement de Paris*, par M. l'abbé Big..., parut en 1769, Amsterdam, deux volumes in-8°. Les *Mémoires secrets*, connus sous le nom de Bachaumont, en parlent à la date du 25 juin; mais l'ouvrage circulait dès le mois de mai[1]; et, avant la fin de l'année, la cinquième édition avait vu le jour. Les trois lettres *Big*..., et le nombre des points qui les suivent, semblaient indiquer l'abbé Bignon. Sur le frontispice de la huitième édition, qui est de 1770, on lit en toutes lettres: *Par M. l'abbé Bigore*.

Wagnière, secrétaire de Voltaire, nous apprend[2] que l'*Histoire du parlement* fut composée, non sur les matériaux fournis par le ministère, mais à son instigation. Ce n'était pas la faute de l'auteur, si le parlement n'avait pas à se louer de la manière dont il y est traité. Voltaire n'avait pu dissimuler la guerre de la Fronde, ni mentir, pour plaire à *messieurs*[3], dont il n'avait assurément pas à se louer[4].

On sut bientôt d'où venait le livre; on en nommait

[1] Lettre à Thiriot, du 29 mai 1769.
[2] *Mémoires sur Voltaire*, 1826, tome 1er, page 299.
[3] C'est ainsi qu'on appelait les conseillers au parlement. J'ai vu donner récemment ce nom aux conseillers de cour royale. Il se donne aussi aux juges de première instance.
[4] Lettre à madame Du Deffand, du 22 janvier 1772.

l'auteur; et comme il était question de poursuites contre lui, il crut les prévenir par des désaveux qui ne sont pas bien formels, et qui furent insérés au *Mercure*[5].

Le parlement toutefois renonça, pour le moment, *à l'inutile cérémonie de brûler le libelle*, et *au soin plus sérieux d'en rechercher l'auteur*[6].

Mais lorsqu'en octobre 1770 l'avocat-général Séguier vint à Ferney, il dit à Voltaire que quatre conseillers le pressaient continuellement de requérir qu'on brûlât l'*Histoire du parlement*, et qu'il serait forcé de donner un réquisitoire vers le mois de février 1771[7]. Voltaire crut prudent de déclarer n'avoir aucune part à cette histoire, qu'*il regardait d'ailleurs comme très véridique*, ajoutant que *s'il était possible qu'une compagnie eût de la reconnaissance, le parlement devait des remercîments* à l'écrivain qui l'avait extrêmement ménagé[8]. Voltaire avait, en effet, beaucoup ménagé le parlement. Il avait passé sous silence des faits dont il avait parlé dans d'autres ouvrages[9]. Il n'avait rien dit des jugements récents de Lalli et de La Barre, qui l'indignaient tant[10].

Le réquisitoire de Séguier n'eut pas lieu, parceque *on*

---

[5] La lettre à Marin, du 5 juillet 1769, fut insérée dans le second volume de juillet; la lettre à Lacombe, du 9 juillet, fut imprimée dans le volume d'août, page 44 : voyez ces lettres, à leur date, dans la *Correspondance*.

[6] Expressions de Voltaire lui-même, chapitre XLIX; voyez page 235.

[7] Lettre à madame de Saint-Julien, 22 janvier 1772.

[8] Lettre à madame de Choiseul, 15 mai 1771.

[9] Voyez, tome XXIII, les *Annales de l'empire*, années 1293, 1416, 1498, et ma note, page 82 du présent volume; voyez aussi, tome XIX, le chapitre IV du *Siècle de Louis XIV*.

[10] Il s'était cependant déjà expliqué, en termes très mesurés, il est vrai, sur le procès de Lalli, dans la première édition du *Précis du Siècle de Louis XV*; voyez, tome XXI, chapitre XXXIV. Il avait donné, en 1766, la *Relation de la mort du chevalier de La Barre*.

requit autre chose en ce temps-là de ces messieurs, *et la France en fut délivrée*[11].

L'*Histoire du parlement* n'avait, en 1769, que soixante-sept chapitres. Ce fut en 1770 que l'auteur ajouta ce qui forme aujourd'hui le chapitre XLIII.

Dès la seconde édition, qui est de 1769, il avait changé les quatre premières pages du dernier chapitre (aujourd'hui le LXVIIIe). J'ai recueilli cette importante variante.

Le chapitre LXIX a été ajouté dans l'édition encadrée de 1775. Comme j'ai indiqué dans l'ouvrage les changements faits successivement à ce chapitre, il est inutile d'en parler ici.

L'*Histoire du parlement* n'est peut-être pas lue autant qu'elle mérite de l'être. Cet ouvrage est exact et piquant. Ce n'est pas moi qui porte ce jugement, mais un homme qui n'est ni enthousiaste de Voltaire, ni ennemi des parlements : « Quoique cet ouvrage, dit M. le président Des-
« portes[12], soit un tissu d'épigrammes, peu dignes d'un
« pareil sujet, le récit des faits y est d'une grande exacti-
« tude. »

J'ai, d'après les éditions données du vivant de Voltaire, rétabli les notes indicatives de la date de quelques faits.

Ces notes, comme toutes celles qui appartiennent à Voltaire, sont indiquées par des lettres.

Les notes signées d'un K sont des éditeurs de Kehl, MM. Condorcet et Decroix. Il est impossible de faire rigoureusement la part de chacun.

[11] Lettre à madame de Saint-Julien, 22 janvier 1772. Voyez, sur l'expulsion du parlement en 1771, le tome XXXI, page 365.
[12] *Biographie universelle*, article R. C., de MAUPEOU, tome XXVII, page 515.

Les additions que j'ai faites, soit aux notes de Voltaire, soit à celles des éditeurs de Kehl, en sont séparées par un—, et sont, comme mes notes, signées de l'initiale de mon nom.

BEUCHOT.

Ce 24 auguste 1829.

AVANT-PROPOS[1].

Il n'appartient qu'à la liberté de connaître la vérité et de la dire. Quiconque est gêné, ou par ce qu'il doit à ses maîtres, ou par ce qu'il doit à son corps[2], est forcé au silence; s'il est fasciné par l'esprit de parti, il ne devient que l'organe des erreurs.

Ceux qui veulent s'instruire de bonne foi sur quelque matière que ce puisse être, doivent écarter tous préjugés, autant que le peut la faiblesse humaine. Ils doivent penser qu'aucun corps, aucun gouvernement, aucun institut n'est aujourd'hui ce qu'il a été, qu'il changera comme il a changé, et que l'immutabilité n'appartient point aux hommes. L'empire est aujourd'hui aussi différent de celui de Charlemagne que de celui d'Auguste. L'Angleterre ne ressemble pas plus à ce qu'elle était du temps de Guillaume-le-Conquérant, que la France ne ressemble à la France du temps de Hugues Capet; et les usages, les droits, la constitution, sous Hugues Capet, n'ont rien des temps de Clovis : ainsi tout change d'un bout de la terre à l'autre. Presque toute origine est obscure, presque toutes les lois se contredisent de siècle en

---

[1] Cet avant-propos est de Voltaire, et parut dès la première édition. B.

[2] Ce dernier trait regarde le président Hénault. Voyez le reproche que Voltaire lui fait de son silence sur la procédure contre le dauphin, depuis Charles VII, tome XVI, page 404. Voyez aussi une note du chapitre L de l'*Histoire du parlement*. B.

siècle. La science de l'histoire n'est que celle de l'inconstance ; et tout ce que nous savons bien certainement, c'est que tout est incertain.

Il y a bien peu de lois chez les peuples de l'Europe, soit civiles, soit religieuses, qui aient subsisté telles qu'elles étaient dans le commencement. Qu'on fouille les archives des premiers siècles, et qu'on voie si l'on y trouvera des évêques souverains, disant la messe au bruit des tambours, des moines princes, des cardinaux égaux aux rois et supérieurs aux princes.

« Principibus præstant et regibus æquiparantur[1]. »

Il fallut toujours rendre la justice; point de société sans tribunal : mais qu'étaient ces tribunaux ? et comment jugeaient-ils ? Y avait-il une seule juridiction, une seule formalité qui ressemblât aux nôtres ?

Quand la Gaule eut été subjuguée par César, elle fut soumise aux lois romaines. Le gouvernement municipal qui est le meilleur, parcequ'il est le plus naturel, fut conservé dans toutes les villes : elles avaient leur sénat, que nous appelons conseil de ville, leurs domaines, leurs milices. Le conseil de la ville jugeait les procès des particuliers, et dans les affaires considérables on appelait au tribunal du préteur, ou du proconsul, ou du préfet. Cette institution subsiste encore en Allemagne, dans les villes nommées impériales; et c'est, je crois, le seul monument du droit public des anciens Romains qui n'ait point été cor-

---

[1] Voyez, tome XXXIV, la vingtième des *Lettres d'Amabed*; et aussi ce qui est dit des cardinaux dans le dialogue entre *Lucien, Érasme et Rabelais* (*Mélanges*, année 1765). B.

rompu. Je ne parle pas du droit écrit, qui est le fondement de la jurisprudence dans la partie de l'Allemagne où l'on ne suit pas le droit saxon; ce droit romain est reçu dans l'Italie et dans quelques provinces de France au-delà de la Loire.

Lorsque les Sicambres, ou Francs, dans la décadence de l'empire romain, vinrent des marais du Mein et du Rhin subjuguer une partie des Gaules, dont une autre partie avait été déjà envahie par des Bourguignons, on sait assez dans quel état horrible la partie des Gaules nommée France fut alors plongée. Les Romains n'avaient pu la défendre; elle se défendit elle-même très mal, et fut la proie des barbares.

Les temps, depuis Clovis jusqu'à Charlemagne, ne sont qu'un tissu de crimes, de massacres, de dévastations et de fondations de monastères, qui font horreur et pitié; et après avoir bien examiné le gouvernement des Francs, on n'y trouve guère d'autre loi bien nettement reconnue, que la loi du plus fort. Voyons, si nous pouvons, ce que c'était alors qu'un *parlement*.

HISTOIRE DU PARLEMENT DE PARIS.

CHAPITRE I.

Des anciens parlements.

Presque toutes les nations ont eu des assemblées générales. Les Grecs avaient leur église, dont la société chrétienne prit le nom; le peuple romain eut ses comices; les Tartares ont eu leur *cour-ilté*, et ce fut dans une de ces cours-iltés que Gengis-kan prépara la conquête de l'Asie. Les peuples du Nord avaient leur Vittenagemoth; et lorsque les Francs, ou Sicambres, se furent rendus maîtres des Gaules, les capitaines francs eurent leur *parliament*, du mot celte *parler* ou *parlier*, auquel le peu de gens qui savaient lire et écrire joignirent une terminaison latine; et de là vint le mot *parlamentum* dans nos anciennes chroniques, aussi barbares que les peuples l'étaient alors.

On venait à ces assemblées en armes, comme en usent encore aujourd'hui les nobles polonais, et presque toutes les grandes affaires se décidaient à coups de sabre. Il faut avouer qu'entre ces anciennes assemblées de guerriers farouches, et nos tribunaux de justice d'aujourd'hui, il n'y a rien de commun que le nom seul qui s'est conservé.

Dans l'horrible anarchie de la race sicambre de Clovis, il n'y eut que les guerriers qui s'assemblèrent en parlement, les armes à la main. Le major, ou maire du palais, surnommé *Pipinus*, que nous nommons Pepin-le-Bref, fit admettre les évêques à ces *parliaments*, afin de se servir d'eux pour usurper la couronne. Il se fit sacrer par un nommé Boniface, auquel il avait donné l'archevêché de Mayence, et ensuite par le pape Étienne, qui, selon Éginhard, secrétaire de Charlemagne, déposa lui-même le roi légitime Childéric III, et ordonna aux Francs de reconnaître à jamais les descendants de Pepin pour leurs souverains [1].

On voit clairement, par cette aventure, ce que c'était que la loi des Francs, et dans quelle stupidité les peuples étaient ensevelis.

Charlemagne, fils de Pepin, tint plusieurs fameux parlements, qu'on appelait aussi conciles. Les assem-

---

[1] Voyez *Le Grand Crime de Pepin-le-Bref, dissertation historique et critique sur l'usurpation et l'intronisation du chef de la seconde dynastie française*, par G. *Andry* (M. Aimé Guillon de Montléon), Londres (Paris), 1800, in-8°; et aussi *Preuve de la fidélité des Français à leurs rois légitimes lors du passage de la première à la seconde dynastie*, résultant de l'examen de cette question encore indécise : « Est-il vrai que Pepin ait été autorisé par « le pape Zacharie à s'emparer de la couronne des mérovingiens?» *par M. Aimé Guillon*, 1817, in-8°. Voltaire parle encore de l'usurpation de Pepin, dans ses *Annales de l'Empire* (tome XXIII, années 749, 750, 754). B.

blées de villes prirent le nom de *parlement*, et enfin les universités s'assemblèrent en *parlement*.

Il existe encore une ancienne charte d'un Raimond de Toulouse, rapportée dans Ducange, qui se termine par ces mots : « Fait à Toulouse, dans la maison « commune, en *parlement* public. » *Actum Tolosæ, in domo communi, in publico* parlamento.

Dans une autre charte du Dauphiné, il est dit que l'université s'assembla en *parlement* au son de la cloche.

Ainsi le même mot est employé pour signifier des choses très différentes. Ainsi *Diocèse*, qui signifiait province de l'empire, a été depuis appliqué aux paroisses dirigées par un évêque. Ainsi *empereur (imperator*), mot qui ne désignait qu'un général d'armée, exprima depuis la dignité d'un souverain d'une partie de l'Europe, de l'Asie, et de l'Afrique. Ainsi le mot βασιλεὺς, *rex, roi*, a eu plusieurs acceptions différentes, et les noms et les choses ont subi les mêmes vicissitudes.

Lorsque Hugues Capet eut détrôné la race de Pepin, malgré les ordres des papes, tout tomba dans une confusion pire que sous les deux premières dynasties. Chaque seigneur s'était déjà emparé de ce qu'il avait pu, avec le même droit que Hugues s'était emparé de la dignité de roi. Toute la France était divisée en plusieurs seigneuries, et les seigneurs puissants réduisirent la plupart des villes en servitude. Les bourgeois ne furent plus bourgeois d'une ville, ils furent bourgeois du seigneur. Ceux qui rachetèrent leur liberté s'appelèrent francs-bourgeois. Ceux qui entrèrent au conseil de ville furent nommés grands-bourgeois, et ceux qui demeurèrent serfs, attachés à la ville comme les paysans à la glèbe, furent nommés petits-bourgeois.

Les rois de France ne furent long-temps que les chefs très peu puissants de seigneurs aussi puissants qu'eux. Chaque possesseur d'un fief dominant établit chez lui des lois selon son caprice; de là viennent tant de coutumes différentes et également ridicules. L'un se donnait le droit de siéger à l'église parmi des chanoines, avec un surplis, des bottes, et un oiseau sur le poing. L'autre ordonnait que pendant les couches de sa femme tous ses vassaux battraient les étangs pour faire taire les grenouilles du voisinage. Un autre se donnait le droit de marquette, de cuissage, de prélibation, c'est-à-dire de coucher avec toutes ses vassales, la première nuit de leurs noces.

Au milieu de cette épaisse barbarie, les rois assemblaient encore des parlements, composés des hauts-barons qui voulaient bien s'y trouver, et des évêques et abbés. C'était, à la vérité, une chose bien ridicule de voir des moines violer leurs vœux de pauvreté et d'obéissance pour venir siéger avec les principaux de l'état; mais c'était bien pis en Allemagne, où ils se firent princes souverains. Plus les peuples étaient grossiers, plus les ecclésiastiques étaient puissants.

Ces parlements de France étaient les états de la nation, à cela près que le corps de la nation n'y avait aucune part : car la plupart des villes, et tous les villages, sans exception, étaient en esclavage.

L'Europe entière, excepté l'empire des Grecs, fut long-temps gouvernée sur ce modèle. On demande comment il se put faire que tant de nations différentes semblassent s'accorder à vivre dans cette humiliante servitude, sous environ soixante ou quatre-vingts tyrans, qui avaient d'autres tyrans sous eux, et qui tous ensemble composaient la plus détestable anarchie. Je ne sais d'autre réponse, sinon que la plupart des hommes sont des imbéciles, et qu'il était aisé aux successeurs des vainqueurs, Lombards, Vandales, Francs, Huns, Bourguignons, étant possesseurs de châteaux, étant armés de pied en cap, et montés sur de grands chevaux bardés de fer, de tenir sous le joug les habitants des villes et des campagnes qui n'avaient ni chevaux, ni armes, et qui, occupés du soin de gagner leur vie, se croyaient nés pour servir.

Chaque seigneur féodal rendait donc justice dans ses domaines comme il le voulait. La loi en Allemagne portait qu'on appelât de leurs arrêts à la cour de l'empereur ; mais les grands terriens eurent bientôt le droit de juger sans appel, *jus de non appellando* ; tous les électeurs jouissent aujourd'hui de ce droit, et c'est ce qui a réduit enfin les empereurs à n'être plus que les chefs d'une république de princes.

Tels furent les rois de France jusqu'à Philippe-Auguste. Ils jugeaient souverainement dans leurs domaines ; mais ils n'exerçaient cette justice suprême sur les grands vassaux que quand ils avaient la force en main. Voyez combien il en coûta de peines à Louis-le-Gros pour soumettre seulement un seigneur du Puiset, un seigneur de Montlhéri.

L'Europe entière était alors dans l'anarchie. L'Espagne était encore partagée entre des rois musulmans, des rois chrétiens, et des comtes. L'Allemagne et l'Italie étaient un chaos ; les querelles de Henri IV avec le pontife de Rome, Grégoire VII, donnèrent commencement à une jurisprudence nouvelle et à cinq cents ans de guerres civiles. Cette nouvelle jurisprudence fut celle des papes qui bouleversèrent la chrétienté pour y dominer.

Les pontifes de Rome profitèrent de l'ignorance et du trouble pour se rendre les juges des rois et des empereurs ; ces souverains, toujours en guerre avec leurs vassaux, étaient souvent obligés de prendre le pape pour arbitre. Les évêques, au milieu de cette barbarie, établissaient une juridiction monstrueuse ; leurs officiers ecclésiastiques, étant presque les seuls qui sussent lire et écrire, se rendirent les maîtres de toutes les affaires dans les états chrétiens.

Le mariage étant regardé comme un sacrement, toutes les causes matrimoniales furent portées devant eux ; ils jugèrent presque toutes les contentions civiles, sous prétexte qu'elles étaient accompagnées d'un serment. Tous les testaments étaient de leur ressort, parcequ'ils devaient contenir des legs à l'Église ; et tout testateur qui avait oublié de faire un de ces legs, qu'on appelle pieux, était déclaré *déconfès*, c'est-à-dire, à peu près sans religion ; il était privé de la sépulture, son testament était cassé, l'Église en fesait un pour lui, et s'adjugeait ce que le mort aurait dû lui donner.

Voulait-on s'opposer à ces violences, il fallait plaider à Rome, et l'on y était condamné [1].

Les inondations des barbares avaient sans doute causé des maux affreux ; mais il faut avouer que les usurpations de l'Église en causèrent bien davantage.

Ce n'est pas ici le lieu d'entrer dans ces recherches dont toutes les histoires sont pleines ; contentons-nous d'examiner quels furent les parlements de France, et quels furent les tribunaux de justice.

CHAPITRE II.

Des parlements jusqu'à Philippe-le-Bel.

Les parlements furent toujours les assemblées des hauts-barons. Cette police fut celle de toute l'Europe depuis la Vistule jusqu'au détroit de Gibraltar, excepté à Rome, qui était sous une anarchie différente ; car les empereurs prétendaient en être les souverains. Les papes y disputaient l'autorité temporelle, le peuple y combattait souvent pour sa liberté ; et tandis que les évêques de Rome, profitant des troubles et de la superstition des autres peuples, donnaient des couronnes avec des bulles, et se disaient les maîtres

---

[1] Les éditions antérieures à 1775 portent : « Il fallait aller plaider à « Rome, où l'on était condamné. » Dans l'édition de 1775, on lit : « Il fallait « plaider à Rome, où l'on était condamné. » B.

des rois, ils n'étaient pas les maîtres d'un faubourg de Rome.

L'Allemagne eut ses diètes, l'Espagne eut ses cortès, la France et l'Angleterre eurent leurs parlements. Ces parlements étaient tous guerriers, et cependant les évêques et les abbés y assistaient, parcequ'ils étaient seigneurs de fiefs, et par là même réputés barons : et c'est par cette seule raison que les évêques siégent encore au parlement d'Angleterre ; car le clergé n'a jamais fait, dans cette île, un ordre de l'état.

Dans ces assemblées, qui se tenaient principalement pour décider de la guerre et de la paix, on jugeait aussi des causes : mais il ne faut pas s'imaginer que ce fussent des procès de particuliers, pour une rente, pour une maison, pour des minuties dont nos tribunaux retentissent ; c'étaient les causes des hauts-barons mêmes et de tous les fiefs qui ressortissaient immédiatement à la couronne.

Nicole Gilles rapporte qu'en 1241 Hugues de Lusignan, comte de la Marche, ayant refusé de faire hommage au roi saint Louis, on assembla un parlement à Paris, dans lequel même les députés des villes entrèrent.

Ce fait est rapporté très obscurément ; il n'est point dit que les députés des villes aient donné leur voix. Ces députés ne pouvaient être ceux des villes appartenantes aux hauts-barons ; ils ne l'auraient pas souffert. Ces villes n'étaient presque composées alors que de bourgeois, ou serfs du seigneur, ou affranchis depuis peu, et n'auraient pas donné probablement leur voix avec leurs maîtres. C'étaient, sans doute, les députés de Paris et des villes appartenantes au roi; il voulait bien les convoquer à ces assemblées. Les grands-bourgeois de ces villes étaient affranchis, le corps de l'hôtel-de-ville était formé. Saint Louis put les appeler pour entendre les délibérations des barons assemblés en parlement.

Les députés des villes étaient quelquefois, en Allemagne, appelés à l'élection de l'empereur; on prétend qu'à celle de Henri-l'Oiseleur les députés des villes d'Allemagne furent admis dans le champ d'élection[1]; mais un exemple n'est pas une coutume. Les droits ne sont jamais établis que par la nécessité, par la force, et ensuite par l'usage; et les villes, en ces temps-là, n'étaient ni assez riches, ni assez puissantes, ni assez bien gouvernées, pour sortir de l'abaissement où le gouvernement féodal les avait plongées. Nous savons bien que les rois et les hauts-barons avaient affranchi plusieurs de leurs bourgeois, à prix d'argent, dès le temps des premières croisades, pour subvenir aux frais de ces voyages insensés. Affranchir signifiait déclarer franc, donner à un Gaulois subjugué le privilége d'un Franc. *Francus tenens, libere tenens.* Un des plus anciens affranchissements dont la formule nous ait été conservée est de 1185: « Fran« chio manu et ore, manumitto a consuetudine legis « salicæ Johannem Pithon de vico, hominem meum, « et suos legitimos natos, et ad sanum intellectum « reduco, ita ut suæ filiæ possint succedere; dictum« que Johannem et suos natos constituo homines meos

---

[1] Voyez, tome XXIII, les *Annales de l'Empire*, année 920. B.

« francos et liberos, et pro hac franchesia habui de-
« cem et octo libras viennensium bonorum. » « J'affranchis de la main et de la bouche, je délivre des coutumes de la loi salique Jean Pithon de vic (ou de ce village), mon homme, et ses fils légitimes, je les réintègre dans leur bon sens, de sorte que ses filles puissent hériter; et je constitue ledit Jean et ses fils mes hommes francs et libres, et pour cette franchise j'ai reçu dix-huit bonnes livres viennoises. »

Les serfs qui avaient amassé quelque argent avaient ainsi acheté leur liberté de leurs rois ou seigneurs, et la plupart des villes rentraient peu-à-peu dans leurs droits naturels, dans leur bon sens, *in sanum intellectum* : en effet le bon sens est opposé à l'esclavage.

Le règne de saint Louis est une grande époque; presque tous les hauts-barons de France étant morts, ou ruinés dans sa malheureuse croisade, il en devint plus absolu à son retour, tout malheureux et tout appauvri qu'il était. Il institua les quatre grands bailliages de Vermandois, de Sens, de Saint-Pierre-le-Moutier, et de Mâcon, pour juger en dernier ressort les appels des justices des seigneurs qui n'eurent pas assez de puissance pour s'y opposer; et au lieu qu'auparavant les barons jugeaient souverainement dans leurs terres, la plupart furent obligés de souffrir qu'on appelât de leurs arrêts aux bailliages du roi.

Il est vrai que ces appels furent très rares; les sujets qui osaient se plaindre de leur seigneur dominant au seigneur suzerain, se seraient trop exposés à la vengeance.

Saint Louis fit encore une autre innovation dans la séance des parlements. Il en assembla quelquefois de petits, où il convoqua des clercs qui avaient étudié le droit canon; mais cela n'arrivait que dans des causes particulières qui regardaient les droits des prélats. Dans une séance d'un parlement, on examina la cause de l'abbé de Saint-Benoît-sur-Loire; et les clercs, maître Jean de Troyes, et maître Julien de Péronne, donnèrent leurs avis avec le connétable, le comte de Ponthieu, et le grand-maître des arbalétriers.

Ces petits parlements n'étaient point regardés comme les anciens parlements de la nation; on les appelait *parloirs du roi, parloirs au roi;* c'étaient des conseils que le roi tenait, quand il voulait, pour juger des affaires où les baillis trouvaient trop de difficulté.

Tout changea bien autrement sous Philippe IV, surnommé *le Bel*, petit-fils de saint Louis. Comme on avait appelé du nom de parlements ces parloirs du roi, ces conseils où il ne s'agissait pas des intérêts de l'état, les vrais parlements, c'est-à-dire les assemblées de la nation, ne furent plus connus que sous le nom d'états généraux, nom beaucoup plus convenable, puisqu'il exprimait à-la-fois les représentants de la nation entière et les intérêts publics. Philippe appela, pour la première fois, le tiers-état à ces grandes assemblées (1302). Il s'agissait en effet des plus grands intérêts de l'état, de réprimer le pape Boniface VIII, qui osait menacer le roi de France de le déposer; et surtout il s'agissait d'avoir de l'argent[1].

[1] Voyez tome XVI, page 275 et suivantes. B.

Les villes commençaient alors à devenir riches, depuis que plusieurs des bourgeois avaient acheté leurs franchises, qu'ils n'étaient plus serfs mainmortables, et que le souverain ne saisissait plus leur héritage quand ils mouraient sans enfants. Quelques seigneurs, à l'exemple des rois, affranchirent aussi leurs sujets, et leur firent payer leur liberté.

(28 mars 1302.) Les communes, sous le nom de tiers-état, assistèrent donc par députés aux grands parlements ou états-généraux tenus dans l'église de Notre-Dame. On y avait élevé un trône pour le roi ; il avait auprès de lui le comte d'Évreux son frère, le comte d'Artois son cousin, les ducs de Bourgogne, de Bretagne, de Lorraine, les comtes de Hainaut, de Hollande, de Luxembourg, de Saint-Pol, de Dreux, de la Marche, de Boulogne, de Nevers : c'était une assemblée de souverains. Les évêques, dont on ne nous a pas dit les noms, étaient en très petit nombre, soit qu'ils craignissent encore le pape, soit que plutôt ils fussent de son parti.

Les députés du peuple occupaient en grand nombre un des côtés de l'église. Il est triste qu'on ne nous ait pas conservé les noms de ces députés. On sait seulement qu'ils présentèrent à genoux une supplique au roi, dans laquelle ils disaient : « C'est grande abomi-
« nation d'ouïr que ce Boniface entende malement,
« comme bougre, cette parole d'espéritualité, CE QUE
« TU LIERAS EN TERRE SERA LIÉ AU CIEL; comme si
« cela signifiait que s'il mettait un homme en prison
« temporelle, Dieu, pour ce, le mettrait en prison
« au ciel. »

Au reste, il faut que le tiers-état ait fait rédiger ces paroles par quelque clerc; elles furent envoyées à Rome en latin : car à Rome on n'entendait pas alors le jargon grossier des Français; et ces paroles furent sans doute traduites depuis en français thiois [1], telles que nous les voyons.

Les communes entraient dès-lors au parlement d'Angleterre : ainsi les rois de France ne firent qu'imiter une coutume utile, déjà établie chez leurs voisins. Les assemblées de la nation anglaise continuèrent toujours sous le nom de parlements, et les parlements de France continuèrent sous le nom d'états généraux.

Le même Philippe-le-Bel, en 1305, établit ce qu'il s'était déjà proposé en 1302, que les parloirs au roi (comme on disait alors), ou *parlamenta curiæ*, rendraient justice deux fois l'an à Paris, vers Pâques, et vers la Toussaint. C'était une cour de justice suprême, telle que la cour du banc du roi en Angleterre, la chambre impériale en Allemagne, le conseil de Castille; c'était un renouvellement de l'ancienne cour palatine.

Voici comme s'exprime Philippe-le-Bel dans son édit de 1302 : « Propter commodum subditorum nostro- « rum, et expeditionem causarum, proponimus ordi- « nare quod duo parlamenta Parisiis, duo scacaria « Rotomagi, dies Trecenses bis tenebuntur in anno; « et quod parlamentum Tolosæ tenebitur, sicut solé- « bat teneri temporibus retroactis. » « Pour le bien de nos sujets, et l'expédition des procès, nous nous proposons d'ordonner qu'il se tienne deux fois l'an deux

---

[1] Langue teutonne. B.

parlements à Paris, deux scacaires (échiquiers) à Rouen, des journées (grands jours) à Troyes, et un parlement à Toulouse, tel qu'il se tenait anciennement. »

Il est évident, par cet énoncé, que ces tribunaux étaient érigés pour juger les procès, qu'ils avaient tous une juridiction égale, qu'ils étaient indépendants les uns des autres.

Celui qui présida à la juridiction royale du parlement de Paris et qui tint la place du comte palatin, fut un comte de Boulogne, assisté d'un comte de Dreux : un archevêque de Narbonne et un évêque de Rennes furent présidents avec eux ; et parmi les conseillers on comptait le connétable Gaucher de Châtillon.

Précisément dans le même temps et dans le même palais, le roi Philippe créa une chambre des comptes. Cette cour, ou chambre, ou parloir, ou parlement, eut aussi des hauts-barons et des évêques pour présidents. Elle eut, sous Philippe de Valois, le privilége royal de donner des lettres de grace, privilége que la chambre de parlement n'avait pas : cependant elle ne prétendit jamais représenter les assemblées de la nation, les champs de mars et de mai. Le parlement de Paris ne les a jamais représentées ; mais il eut d'ailleurs de très hautes prérogatives.

CHAPITRE III.

Des barons siégeants en parlement et amovibles; des clercs adjoints; de leurs gages; des jugements.

Les séances du parlement duraient environ six semaines ou deux mois. Les juges étaient tous des hauts-barons. La nation n'aurait pas souffert d'être jugée par d'autres : il n'y avait point d'exemple qu'un serf, ou un affranchi, un roturier, un bourgeois, eût jamais siégé dans aucun tribunal, excepté quand les pairs bourgeois avaient jugé leurs confrères dans les causes criminelles.

Les barons étaient donc seuls *conseillers-jugeurs*, comme on parlait alors. Ils siégeaient l'épée au côté, selon l'ancien usage. On pouvait en quelque sorte les comparer à ces anciens sénateurs romains qui, après avoir fait la fonction de juges dans le sénat, allaient servir ou commander dans les armées.

Mais les barons français étant très peu instruits des lois et des coutumes, la plupart même sachant à peine signer leur nom, il y eut deux chambres des enquêtes, dans lesquelles on admit des clercs et des laïques, appelés maîtres ou licenciés en droit. Ils étaient *conseillers-rapporteurs* : ils n'étaient pas juges, mais ils instruisaient les causes, les préparaient, et les lisaient ensuite devant les barons conseillers-jugeurs. Ceux-ci, pour former leur avis, n'écoutaient que le bon sens naturel, l'esprit d'équité, et quelquefois leur caprice.

Ces conseillers-rapporteurs, ces maîtres furent ensuite incorporés avec les barons; c'est ainsi que dans la chambre impériale d'Allemagne et dans le conseil aulique, il y a des docteurs avec des gens d'épée. De même, dans les conciles, le second ordre fut presque toujours admis comme le plus savant. Il y eut presque dans tous les états des grands qui eurent l'autorité, et des petits qui, en se rendant utiles, finirent par la partager.

Les chambres des enquêtes étaient présidées aussi par des seigneurs et par des évêques. Les clercs ecclésiastiques et les clercs laïques fesaient toute la procédure. On sait assez qu'on appelait clercs ceux qui avaient fréquenté les écoles, quoiqu'ils ne fussent pas du clergé. Les notaires du roi s'appelaient les clercs du roi : il avait dans sa maison des clercs de cuisine, c'est-à-dire des gens qui, sachant lire et écrire, tenaient les comptes de la cuisine : il y en a encore chez les rois d'Angleterre, qui ont conservé beaucoup d'anciens usages entièrement perdus à la cour de France.

La science s'appelait clergie, et de là vient le terme de mauclerc, qui signifiait un ignorant, ou un savant qui abusait de son érudition.

Les rapporteurs des enquêtes n'étaient donc pas tous des clercs d'église; il y avait des séculiers savants dans le droit civil et le droit canon, c'est-à-dire un peu plus instruits que les autres dans les préjugés qui régnaient alors.

Le comte de Boulainvilliers et le célèbre Fénélon prétendent qu'ils furent tous tirés de la condition servile : mais certainement il y avait alors dans Paris, dans Orléans, dans Reims, des bourgeois qui n'étaient point serfs ; et c'était sans contredit le plus grand nombre. Aurait-on admis en effet des esclaves aux états généraux, au grand parlement, ou états généraux de France, en 1302 et en 1355 [1] ?

Ces commissaires-enquêteurs, qui firent bientôt corps avec le nouveau parlement, forcèrent, par leur mérite et par leur science, le monarque à leur confier cet important ministère, et les barons-juges à former leur opinion sur leur avis.

Ceux qui ont prétendu que la juridiction appelée parlement, s'assemblant deux fois par an pour rendre la justice, était une continuation des anciens parlements de France, paraissent être tombés dans une erreur volontaire, qui n'est fondée que sur une équivoque.

Les pairs-barons, qui assistaient aux vrais parlements, aux états généraux, y venaient par le droit de leur naissance et de leurs fiefs ; le roi ne pouvait les en empêcher ; ils venaient joindre leur puissance à la sienne, et étaient bien éloignés de recevoir des gages pour venir décider de leurs propres intérêts au champ de mars et au champ de mai. Mais dans le nouveau parlement judiciaire, dans cette cour qui succéda aux parloirs du roi, aux conseils du roi, les conseillers recevaient cinq sous parisis chaque jour. Ils exerçaient une commission passagère ; et très souvent ceux qui avaient siégé à Pâques n'étaient plus juges à la Toussaint.

(1320) Philippe-le-Long ne voulut plus que les

[1] Sur les états-généraux de 1355, voyez tome XVI, page 371. B.

évêques eussent le droit de siéger dans ce tribunal, et c'est une nouvelle preuve que le nouveau parlement n'avait rien des anciens que le nom : car si c'eût été un vrai parlement de la nation, ce qui est impossible, le roi n'aurait pu en exclure les évêques, qui, depuis Pepin, étaient en possession d'assister de droit à ces assemblées.

En un mot, un tribunal érigé pour juger les affaires contentieuses ne ressemble pas plus aux états généraux, aux comices, aux anciens parlements de la nation entière, qu'un préteur de Strasbourg ne ressemble aux préteurs de la république romaine, ou qu'un consul de la juridiction consulaire ne ressemble aux consuls de Rome.

Le même Philippe-le-Bel établit, comme on a vu[1], un parlement à Toulouse pour le pays de la langue de *oc*, comme il en avait établi un pour la langue de *oui*. Peut-on dire que ces juridictions représentaient le corps de la nation française? Il est vrai que le parlement de Toulouse n'eut pas lieu de long-temps : malgré l'ordonnance du roi, on ne trouva point assez d'argent pour payer les conseillers.

Il y avait déjà à Toulouse une chambre de parlement ou parloir, sous le comte de Poitiers, frère de saint Louis; nouvelle preuve que les mêmes noms ne signifient pas les mêmes choses. Ces commissions étaient passagères comme toutes les autres. Ce parloir du comte de Poitiers, comte et pair de Toulouse, est appelé aussi chambre des comptes. Le prince de Toulouse, quand il était à Paris, fesait examiner ses fi-

[1] Page 17. B.

nances à Toulouse. Or, quel rapport peut-il se trouver entre quelques officiers d'un comte de Toulouse, et les anciens parlements francs? Ce ne fut que sous Charles VII que le parlement de Toulouse reçut sa perfection.

Enfin les grands jours de Troyes, établis aussi par Philippe-le-Bel, ayant une juridiction aussi pleine et aussi entière que le parlement de Paris, achèvent de prouver démonstrativement que c'est une équivoque puérile, une logomachie, un vrai jeu de mots, de prendre une cour de justice appelée parlement, pour les anciens parlements de la nation française.

Nous avons encore l'ordonnance de Philippe-le-Long au sujet des requêtes du palais, de la chambre de parlement, et de celles des comptes du trésor; en voici la traduction, telle qu'elle se trouve dans Pasquier:

« Philippe, par la grace de Dieu, roi de France et
« de Navarre, fesons savoir à tous, que nous avons
« fait extraire de nos ordonnances, faites par notre
« grand conseil, les articles ci-après écrits, etc. » Or quel était ce grand conseil qui donnait ainsi des lois au parlement, et qui réglait ainsi sa police? C'étaient alors les pairs du royaume, c'étaient les grands officiers que le roi assemblait : il avait son grand conseil et son petit conseil; la chambre du parlement obéissait à leurs ordres, donc elle ne pouvait certainement être regardée comme les anciennes assemblées du champ de mai, puisqu'elle obéissait à des lois émanées d'un conseil qui lui-même n'était pas l'ancien, le vrai parlement de la nation.

CHAPITRE IV.

Du procès des Templiers.

Lorsque Philippe-le-Bel institua la juridiction suprême du parlement de Paris, il ne paraît pas qu'il lui attribua la connaissance des causes criminelles : et en effet on n'en voit aucune jugée par lui dans ces premiers temps. Le procès des templiers, cet objet éternel de doute et d'infamie, est une assez forte preuve que le parlement ne jugeait point alors les crimes. Il y avait plus de clercs que de laïques dans cette compagnie; il y avait des chevaliers et des jurisconsultes; rien ne lui manquait donc pour être en état de juger ces templiers, qui étaient à-la-fois sujets du roi, et réputés un ordre ecclésiastique : cependant ils ne furent jugés que par des commissaires du pape Clément V.

(13 octobre 1307) D'abord le roi fit arrêter les templiers par ses baillis et par ses sénéchaux. Le pape lui-même interrogea[1], dans la ville de Poitiers, soixante et douze de ces chevaliers, parmi lesquels il est à remarquer qu'il y avait des prêtres : ils furent gardés au nom du pape et du roi. Le pape délégua, dans chaque diocèse, deux chanoines, deux jacobins, deux cordeliers, pour condamner, suivant les saints canons, ces guerriers qui avaient versé leur sang pour la religion chrétienne, mais qui étaient accusés de quelques

[1] Voyez tome XVI, page 287. B.

débauches et de quelques profanations. Le roi lui-même, croyant faire un acte d'autorité qui éludait celle du pape, en se joignant à lui, fit expédier, par son conseil privé, une commission à frère Guillaume Parisius, inquisiteur du pape en France, pour assister à l'interrogatoire des templiers, et nomma aussi des barons dans la commission, comme Bertrand de Agassar, chevalier, le sénéchal de Bigorre, le sénéchal de Beaucaire.

(1308) Le roi convoqua une grande assemblée à Tours, pour résoudre, en la présence du pape et en la sienne, quel usage on ferait du bien des templiers mis en séquestre. Plusieurs hauts-barons envoyèrent des procurations. Nous avons encore à la Bibliothèque du roi celle de Robert, comte de Flandre; de Jeanne de l'Isle, dame de Mailli; de Jean, fils aîné du duc de Bretagne; d'Élie de Talleyrand, comte de Périgord; d'Artus, comte de Richemont, prenant depuis le titre de duc de Bretagne; d'un Thibaut, seigneur de Rochefort; enfin de Hugues, duc de Bourgogne.

A l'égard du jugement prononcé contre les templiers, il ne le fut que par les commissaires du pape, Bernard, Étienne, et Landulphe, cardinaux, quelques évêques et des moines inquisiteurs. Les arrêts de mort furent portés en 1309, et non en 1307 : les actes en font foi, et la Chronique de Saint-Denys le dit en termes exprès. On dit que l'Église abhorre le sang; elle n'a pas apparemment tant d'horreur pour les flammes. Cinquante-neuf chevaliers furent brûlés vifs à Paris, à la porte Saint-Antoine, tous protestant de leur innocence, tous rétractant les aveux que les tortures leur avaient arrachés.

Le grand-maître, Jacques Molai, égal par sa dignité aux souverains; Gui, frère du dauphin d'Auvergne, furent brûlés dans la place vis-à-vis laquelle est aujourd'hui la statue de Henri IV. Ils prirent Dieu à témoin, tant qu'ils purent parler, et citèrent au jugement de Dieu le roi et le pape.

Le parlement n'eut aucune part à ce procès extraordinaire, témoignage éternel de la férocité où les nations chrétiennes furent plongées jusqu'à nos jours. (1312) Mais lorsque Clément V, dans le concile général de Vienne, abolit l'ordre des templiers, de sa seule autorité, et malgré la réclamation du concile entier, dans lequel il n'y eut que quatre évêques de son avis; lorsqu'il fallut disposer des biens-fonds des chevaliers; lorsque le pape eut donné ces biens aux hospitaliers de Saint-Jean de Jérusalem, le roi ayant accédé à cette donation, le parlement mit en possession les hospitaliers, par un arrêt rendu en 1312, le jour de l'octave de Saint-Martin, arrêt dans lequel il n'est parlé que de l'ordre du roi, et point du tout de celui du pape : il ne participa ni à l'iniquité des supplices, ni à l'activité des procédures sacerdotales; il ne se mêla que de la translation des biens d'un ordre à un autre; et on voit que dès ce temps il soutint la dignité du trône contre l'autorité pontificale; maxime dans laquelle il a toujours persisté sans aucune interruption.

CHAPITRE V.

Du parlement devenu assemblée de jurisconsultes, et comme ils furent assesseurs en cour des pairs.

Dans les horribles malheurs qui affligèrent la France sous Charles VI, toutes les parties de l'administration furent également abandonnées. On oublia même de renouveler les commissions aux juges du parlement, et ils se continuèrent eux-mêmes dans leurs fonctions, au lieu de les abandonner. C'est en quoi ils rendirent un grand service à l'état, ou du moins aux provinces de leur ressort, qui n'auraient plus eu aucun recours pour demander justice.

Ce fut dans ce temps-là même que les seigneurs qui étaient juges, obligés l'un après l'autre d'aller défendre leurs foyers à la tête de leurs vassaux, quittèrent le tribunal. Les jurisconsultes qui, dans la première institution, ne servaient qu'à les instruire, se mirent à leur place; ceux qui devinrent présidents prirent l'habit des anciens chevaliers : les conseillers retinrent la robe des gradués, qui était serrée comme elle l'est encore en Espagne, et ils lui donnèrent ensuite plus d'ampleur.

Il est vrai qu'en succédant aux barons, aux chevaliers, aux seigneurs, qu'ils surpassaient en science, ils ne purent participer à leur noblesse; nulle dignité alors ne fesait un noble. Les premiers présidents, Simon de Bussi, Bracq, Dauvet, les chanceliers mêmes Guillaume de Dormans et Arnaud de Corbie, furent obligés de se faire anoblir.

On peut dire que c'est une grande contradiction, que ceux qui jugent souverainement les nobles ne jouissent pas des droits de la noblesse; mais enfin, telle fut leur condition dans un gouvernement originairement militaire, et j'oserais dire barbare. C'est en vain qu'ils prirent les titres de chevaliers ès lois, de bacheliers ès lois, à l'imitation des chevaliers et des écuyers; jamais ils ne furent agrégés au corps de la noblesse; jamais leurs enfants n'entrèrent dans les chapitres nobles. Ils ne purent avoir de séance dans les états généraux; le baronnage n'aurait pas voulu les recevoir, et ils ne voulaient pas être confondus dans le tiers-état. (1355) Lors même que les états généraux se tinrent dans la grande salle du palais, aucun membre du parlement, qui siégeait dans la chambre voisine, n'eut place dans cette salle. Si quelque baron conseiller y fut admis, ce fut comme baron, et non comme conseiller. Marcel, prévôt des marchands, était à la tête du tiers-état, et c'est encore une confirmation que le parlement, suprême cour de judicature, n'avait pas le moindre rapport aux anciens parlements français.

Lorsque Édouard III disputa d'abord la régence, avant de disputer la couronne de France à Philippe de Valois, aucun des deux concurrents ne s'adressa au parlement de Paris. On l'aurait certainement pris pour juge et pour arbitre, s'il avait tenu la place de ces anciens parlements qui représentaient la nation. Toutes les chroniques de ce temps-là nous disent que

Philippe s'adressa aux pairs de France et aux principaux barons, qui lui adjugèrent la régence. Et quand la veuve de Charles-le-Bel, pendant cette régence, eut mis au monde une fille, Philippe de Valois se mit en possession du royaume sans consulter personne.

Lorsque Édouard rendit si solennellement hommage à Philippe, aucun député du parlement n'assista à cette grande cérémonie.

Philippe de Valois, voulant juger Robert, comte d'Artois, convoqua les pairs lui-même par des lettres scellées de son sceau, « pour venir devant nous, en « notre cour, suffisamment garnie de pairs. »

Le roi tint sa cour au Louvre; il créa son fils Jean pair de France, pour qu'il pût assister à cette assemblée. Les magistrats du parlement y eurent place comme assesseurs versés dans les lois; ils obtinrent l'honneur de juger avec le roi de Bohême, avec tous les princes et pairs. Le procureur du roi forma l'accusation. Robert d'Artois n'aurait pu être jugé dans la chambre du parlement, ce n'était pas l'usage, et il ne pouvait se tenir pour jugé si le roi n'avait été présent.

Jeanne de Bourgogne, femme de Philippe-le-Long; Marguerite de Bourgogne, femme de Louis Hutin, duc d'Alençon, accusées précédemment d'adultère, n'avaient point été jugées par le parlement; ni Enguerrand de Marigni, comte de Longueville, accusé de malversations sous Louis Hutin; ni Pierre Remi, général des finances, sous Philippe de Valois, n'eurent la chambre de parlement pour juge. Ce fut Charles de Valois qui condamna Marigni à mort, assisté de quelques grands officiers de la couronne, et de quelques seigneurs dévoués à ses intérêts. (1315) Il fut condamné à Vincennes. (1328) Pierre Remi fut jugé de même par des commissaires que nomma Philippe de Valois.

(1409) Le duc de Bourgogne fit arrêter Montaigu, grand-maître de la maison de Charles VI, et surintendant des finances. On lui donna des commissaires, *juges de tyrannie*, comme dit la chronique, qui lui firent subir la question. En vain il demanda à être jugé par le parlement, ses juges lui firent trancher la tête aux halles. C'est ce même Montaigu qui fut enterré aux Célestins de Marcoussis. On sait la réponse que fit un de ces moines à François Ier. Quand il entra dans l'église, il vit ce tombeau; et comme il disait que Montaigu avait été condamné par justice: *Non, sire*, répondit le bon moine, *il fut condamné par commissaires*.

Il est sûr qu'alors il n'y avait point encore de chambre criminelle établie au parlement de Paris. On ne voit point qu'en ces temps-là il ait seul jugé personne à mort. C'était le prévôt de Paris et le Châtelet qui condamnaient les malfaiteurs. Cela est si vrai, que le roi Jean fit arrêter son connétable, le comte d'Eu, pair de France, par le prévôt de Paris. (1350) Ce prévôt le jugea, le condamna seul en trois jours de temps; et on lui trancha la tête dans la propre maison du roi, qui était alors l'hôtel de Nesle, en présence de toute la cour, sans qu'aucun des conseillers de la chambre du parlement y fût mandé.

Nous ne rapportons pas ce trait comme un acte de

justice; mais il sert à prouver combien les droits du nouveau parlement, sédentaire à Paris, étaient alors peu établis.

CHAPITRE VI.

Comment le parlement de Paris devint juge du dauphin de France, avant qu'il eût seul jugé aucun pair.

Par une fatalité singulière, le parlement de Paris, qui n'avait jamais, dans sa chambre, jugé aucun pair du royaume, devint juge du dauphin de France, héritier de la couronne (1420.) Voici le détail de cette étrange aventure :

Louis, duc d'Orléans, frère du malheureux roi Charles VI, avait été assassiné dans Paris par ordre de Jean-sans-Peur, duc de Bourgogne, qui fut présent lui-même à l'exécution de ce crime (en 1407). Il ne se fit aucune procédure au parlement de Paris touchant cet assassinat du frère unique du roi. Il y eut un lit de justice qui se tint au palais dans la grand'chambre; mais ce fut à l'occasion de la maladie où retomba alors le roi Charles VI. On choisit cette chambre du palais de saint Louis pour tenir l'assemblée, parcequ'on ne voulait pas délibérer sous les yeux du roi même, dans son hôtel de Saint-Paul, des moyens de gouverner l'état pendant que sa maladie l'en rendait incapable; on ménageait sa faiblesse. Tous les pairs qui étaient à Paris, tous les grands officiers de la couronne, le connétable à leur tête, tous les évêques, les chevaliers, les seigneurs du grand conseil du roi, les magistrats des comptes, des aides, les officiers du trésor, ceux du Châtelet, y prirent tous séance : ce fut une assemblée de notables, où l'on décida qu'en cas que le roi restât malade, ou qu'il mourût, il n'y aurait point de régence, et que l'état serait gouverné comme il l'était par la reine et par les princes du sang, assistés du connétable d'Armagnac, du chancelier, et des plus sages hommes du conseil; décision qui, comme l'a très bien remarqué l'auteur d'une nouvelle *Histoire de France*[1], ne servait qu'à augmenter les troubles dont on voulait sortir.

Il ne fut pas dit un seul mot dans cette assemblée de l'assassinat du duc d'Orléans. Le duc de Bourgogne, son meurtrier, qui avait mis les Parisiens dans son parti, vint hardiment se justifier, non pas devant le parlement, mais au palais du roi même, à l'hôtel de Saint-Paul, devant tous les princes du sang, les prélats, les grands officiers. Des députés du parlement, de la chambre des comptes, de l'université, de la ville de Paris, y siégèrent. Le duc de Bourgogne s'assit à son rang de premier pair. Il avait amené avec lui ce cordelier normand, nommé Jean Petit, docteur de l'université, qui justifia le meurtre du duc d'Orléans, et conclut : « Que le roi devait en récompenser
« le duc de Bourgogne, à l'exemple des rémunéra-
« tions que Dieu donna à monseigneur saint Michel

---

[1] L'auteur que désigne Voltaire est Villaret; voici ses expressions (tome XIV, in-12, page 9) : « Cette ordonnance, qui parut alors un chef-
« d'œuvre de politique, en multipliant le nombre des administrateurs, ne
« servait qu'à multiplier les embarras, les prétentions et les jalousies. » B.

« archange pour avoir tué le diable, et à Phinéès pour
« avoir tué Zambri. »

Le même Petit répéta cette harangue le lendemain dans le parvis de Notre-Dame, en présence de tout le peuple. Il fut extrêmement applaudi. Le roi, qui, dans son état funeste, n'était pas plus maître de la France que de lui-même, fut forcé de donner des lettres-patentes par lesquelles il déclara « qu'il ôtait de son « courage toute déplaisance de la mort de son frère, « et que son cousin le duc de Bourgogne demeurerait « en son singulier amour : » c'est ainsi que ces paroles, prononcées dans le jargon de ce temps-là, furent traduites ensuite.

La ville de Paris, depuis ce jour, resta en proie aux factions, aux conspirations, aux meurtres, et à l'impunité de tous les crimes.

En l'an 1419, les amis du jeune dauphin Charles, âgé alors de seize ans et demi, trahi par sa mère, abandonné par son père, et persécuté par ce même Jean-sans-Peur, duc de Bourgogne, vengèrent ce prince et la mort du duc d'Orléans son oncle, sur le duc de Bourgogne son assassin. Ils l'attirèrent à une conférence sur le pont de Montereau, et le tuèrent aux yeux du dauphin même. Il n'a jamais été avéré que le dauphin eût été informé du complot, encore moins qu'il l'eût commandé. Le reste de sa vie prouve assez qu'il n'était pas sanguinaire. Il souffrit depuis qu'on assassinât ses favoris, mais il n'ordonna jamais de meurtre. On ne peut guère lui reprocher que de la faiblesse; et si Tannegui du Châtel et ses autres favoris avaient abusé de son jeune âge pour lui faire approuver cet assassinat, cet âge même pouvait servir à l'excuser d'avoir permis un crime. Il était certainement moins coupable que le duc de Bourgogne. On pouvait dire encore qu'il n'avait permis que la punition d'un traître qui venait de signer avec le roi d'Angleterre un traité secret, par lequel il reconnaissait le droit de Henri V à la couronne, et jurait « de « faire une guerre mortelle à Charles VI, qui se dit « roi de France, et à son fils. » Ainsi, de tous les attentats commis en ce temps-là, le meurtre du duc de Bourgogne était le plus pardonnable.

Dès qu'on sut à Paris cet assassinat, presque tous les bourgeois et tous les corps, qui n'étaient pas du parti du dauphin, s'assemblèrent le jour même; ils prirent l'écharpe rouge, qui était la couleur de Bourgogne. Le comte de Saint-Paul, de la maison de Luxembourg, fit prêter serment dans l'hôtel-de-ville aux principaux bourgeois de punir Charles, soi-disant dauphin. Le comte de Saint-Paul, le chancelier de Laitre, et plusieurs magistrats, allèrent, au nom de la ville, demander la protection du roi d'Angleterre, Henri V, qui ravageait alors la France.

Morvilliers, l'un des présidents du parlement, fut député pour prier le nouveau duc, Philippe de Bourgogne, de venir dans Paris. La reine Isabelle de Bavière, ennemie dès long-temps de son fils, ne songea plus qu'à le déshériter. Elle profita de l'imbécillité de son mari pour lui faire signer ce fameux traité de Troyes, par lequel Henri V, en épousant Catherine de France, était déclaré roi conjointement avec Charles VI, sous le vain nom de régent, et seul roi après la mort de Charles, qui ne reconnut que lui pour son fils. Et, par le xxixe article, le roi promettait « de ne « faire jamais aucun accord avec Charles, soi-disant « dauphin de Vienne, sans l'assentement des trois « états des deux royaumes de France et d'Angleterre. »

Il faut s'arrêter un moment à cette clause, pour voir qu'en effet les trois états étaient le véritable parlement, puisque l'assemblée des états n'avait point d'autre nom en Angleterre.

Après ce traité, les deux rois et Philippe, duc de Bourgogne, arrivèrent à Paris le 1er novembre 1420. On représenta devant eux les mystères de la passion dans les rues. Tous les capitaines des bourgeois vinrent prêter serment entre les mains du président Morvilliers, de reconnaître le roi d'Angleterre. On convoqua le conseil du roi, les grands officiers de la couronne, et les officiers de la chambre du parlement, avec des députés de tous les autres corps, pour juger solennellement le dauphin : on donna même à cette assemblée le nom d'états généraux pour la rendre plus auguste. Philippe de Bourgogne, la duchesse sa mère, Marguerite, duchesse de Guienne, et les princesses ses filles, furent les parties plaignantes.

D'abord l'avocat Rollin, qui fut depuis chancelier de Bourgogne, plaida contre le prince. Jean Larcher, député de l'université, parla après lui avec beaucoup plus d'emportement encore. Pierre Marigni, avocat pour Charles VI, donna ses conclusions, et le chancelier Jean-Le-Clerc promit qu'à l'aide du roi d'Angleterre, régent de France, héritier dudit roi, il serait fait bonne justice.

Les Anglais, malgré tous les troubles qui ont agité leur pays, ayant toujours été plus soigneux que nous de conserver leurs archives, ont trouvé à la tour de Londres l'original de l'arrêt préliminaire qui fut donné dans cette grande assemblée : en voici les articles principaux :

« Ouï aussi notre procureur général, lequel a prins
« ses conclusions pertinentes au cas, avec requêtes
« et supplications à nous faites par notre chère et
« amée fille l'université de Paris, par nos chers et
« amés les échevins, bourgeois et habitants de notre
« bonne ville de Paris, et les gens des trois états de
« plusieurs bonnes villes..... Nous, eue sur ce grande
« et mûre délibération vues en notre conseil et dili-
« gentment visitées les lettres des alliances faites entre
« notre feu cousin le duc de Bourgogne, et Charles,
« soi-disant dauphin, accordées et jurées sur la vraie
« croix et saints évangiles de Dieu..... et que néan-
« moins notredit feu cousin de Bourgogne, lequel était
« de notre maison de France, notre cousin si prochain,
« comme cousin-germain, doyen des pers, et deux
« fois per de France, qui tant avait et avait toujours
« amé le bien de nous et de nos royaumes et subgez....
« et, afin d'entretenir la paix, était allé à Monstereau
« foulé acome [1], accompagné de plusieurs seigneurs,

---

[1] Ces mots *foulé acome*, quoique se trouvant dans toutes les éditions, me paraissent tout-à-fait inintelligibles. Si, comme je le présume, ces mots ont été mal copiés, ne faut-il pas lire *Fault-ionne?* (Faut-yonne.) M. A.-A. Renouard, dans son édition de Voltaire, dit que les Actes de Rymer, qui contiennent la pièce, portent : *Monsteren ou fouled come*. Sur quoi M. de Cayrol propose l'explication que voici : en lisant *en*, au lieu de *ou*, on peut

« à la prière et requête de la partie desdits crimineux,
« avait été murtri et tué audit lieu de Monstereau,
« mauvaisement, traîtreusement et damnablement,
« nonobstant les promesses et serrements faits et re-
« novelés audit Monstereau *par lui* et ses complices.....
« par l'avis et délibération des gens de notre grand
« conseil, et gens lais de notre parlement, et autres
« nos conseillers en grand nombre, avons déclaré
« et déclarons tous les coupables dudit damnable
« crime, chacun d'eux avoir commis crime de lèze-
« majesté, et conséquemment avoir forfait envers nous
« corps et biens, et être inhabiles et indignes de toutes
« successions et allaceaux (collatéral) et de toutes di-
« gnités, honneurs, prérogatives avec les autres pei-
« nes et pugniauns contre les commetteurs de crimes
« de lèze-majesté, et leur ligne et postérité..... si
« donnons en mandement à nos amés et féaux con-
« seillers les gens de notre parlement, et à tous nos
« autres justiciers, que au regard des conclusions des
« complaignants et de notre procureur, ils fassent et
« administrent justice aux parties, et procèdent con-
« tre lesdits coupables par voie extraordinaire, ce be-
« soin est, et tout ainsi que le cas requiert..... Donné
« à Paris le 23ᵉ jour de décembre, l'an de grace 1420,
« et de notre règne le 41ᵉ. Par le roi en son conseil ;
« et plus bas, MILLET. »

Il est évident que ce fut en vertu de cet arrêt, prononcé au nom du roi, que la chambre du parlement

---

traduire: *Montereau en hâte avec plaisir : foul*, en celtique, signifie hâte ; *ed*, avec ; et *come*, de *comaoin*, plaisir. B.

de Paris donna sa sentence quelques jours après, et condamna le dauphin à ce bannissement.

Jean Juvénal [1] des Ursins, avocat ou procureur du roi, qui fut depuis archevêque de Reims, a laissé des mémoires sur ce temps funeste; et voici ce qu'on trouve dans les annotations sur ces mémoires.

« Du parlement commençant le 12 novembre 1420,
« le 3 janvier fut ajourné à trois briefs jours [a] en cas
« de bannissement, à son de trompe, sur la table de
« marbre, Messire Charles de Valois, dauphin de
« Viennois et seul fils du roi, à la requête du procu-
« reur général du roi, pour raison de l'homicide fait
« en la personne de Jean, duc de Bourgogne, et après
« toutes solennités faites en tel cas, fut par arrêt con-
« vaincu des cas à lui imposés, et comme tel banni et
« exilé à jamais du royaume, et conséquemment dé-
« claré indigne de succéder à toutes seigneuries ve-
« nues et à venir; duquel arrêt ledit Valois appela,
« tant pour soi que pour ses adhérents, à la pointe de
« son épée, et fit vœu de relever et de poursuivre sa-
« dite appellation, tant en France qu'en Angleterre,
« et par tous pays du duc de Bourgogne. »

Ainsi le malheur des temps fit que le premier arrêt que rendit la chambre de parlement contre un pair, fut contre le premier des pairs, contre l'héritier nécessaire de la couronne, contre le fils unique du roi. Cet arrêt violait, en faveur de l'étranger et de l'ennemi

---

[1] Voyez la note sur ce personnage, tome XVI, page 394. B.

[a] Il est clair que le président Hénault se trompe en niant ce fait dans son *Abrégé chronologique*. Il n'avait pas vu cet arrêt. Consultez l'*Histoire de France* de l'abbé Velli.

de l'état, toutes les lois du royaume et celles de la nature : il abrogeait la loi salique, auparavant gravée dans tous les cœurs.

Le savant comte de Boulainvilliers, dans son *Traité du gouvernement de France*, appelle cet arrêt *la honte éternelle du parlement de Paris*. Mais c'était encore plus la honte des généraux d'armée, qui n'avaient pu se défendre contre le roi Henri V, celle des factions de la cour, et surtout celle d'une mère implacable, qui sacrifiait son fils à sa vengeance.

Le dauphin se retira dans les provinces au-delà de la Loire; les pays de la langue de *oc* prirent son parti avec d'autant plus d'empressement, que les pays de la langue de *oui* lui étaient absolument contraires. Il y avait alors une grande aversion entre ces deux parties du royaume de France qui ne parlaient pas la même langue, et qui n'avaient pas les mêmes lois, toutes les villes de la langue de *oui* se gouvernant par les coutumes que les Francs et les seigneurs féodaux avaient introduites, tandis que les villes de la langue de *oc*, qui suivaient le droit romain, se croyaient très supérieures aux autres.

Le dauphin, qui s'était déjà déclaré régent du royaume, pendant la maladie du roi son père, établit à Poitiers un autre parlement composé de quelques jurisconsultes en petit nombre. Mais, au milieu de la guerre qui désolait toute la France, ce faible parlement resta long-temps sans aucune autorité; et il n'eut guère d'autres fonctions que celle de casser inutilement les arrêts du parlement de Paris, et de déclarer Jeanne d'Arc pucelle.

CHAPITRE VII.

De la condamnation du duc d'Alençon.

Il paraît qu'il n'y avait rien alors de bien clairement établi sur la manière dont il fallait juger les pairs du royaume, quand ils avaient le malheur de tomber dans quelque crime, puisque Charles VII, dans les dernières années de sa vie, demanda au parlement qui tenait des registres, comment il fallait procéder contre Jean II, duc d'Alençon, accusé de haute trahison. (1458) Le parlement répondit que le roi devait le juger en personne, accompagné des pairs de France et autres seigneurs tenant en pairie, et autres notables de son royaume, tant prélats que gens de son conseil, qui en doivent connaître.

On ne conçoit guère comment le parlement prétendait que des prélats devaient assister à un conseil criminel : apparemment qu'ils devaient assister seulement comme témoins, et pour donner au jugement plus de solennité.

Le roi tint son lit de justice à Vendôme. Sur les bancs de la droite étaient placés le dauphin, qui n'avait que douze ans, les ducs d'Orléans et de Bourbon, les comtes d'Angoulême, du Maine, d'Eu, de Foix, de Vendôme, et de Laval. Au-dessous de ce banc étaient assis trois présidents du parlement, le grand-maître de Chabannes, quatre maîtres des requêtes, le bailli de Senlis, et dix-sept conseillers.

Au haut banc de la gauche, vis-à-vis les princes et pairs laïques, étaient le chancelier de Trainel, les six pairs ecclésiastiques, les évêques de Nevers, de Paris, d'Agde, et l'abbé de Saint-Denys. Au-dessous d'eux, sur un autre banc, siégeaient les seigneurs de la Tour-d'Auvergne, de Torci, de Vauvert, le bailli de Touraine, les sires de Prie et de Précigni, le bailli de Rouen, et le sire d'Escars.

Sur un banc à côté étaient quatre trésoriers de France, le prévôt des marchands et le prévôt de l'hôtel du roi, et après eux dix-sept autres conseillers du parlement.

Il faut remarquer que c'est dans cette assemblée que les chanceliers précédèrent pour la première fois les évêques, et que depuis ils ne cédèrent point le pas aux cardinaux pendant plusieurs années.

Nous n'avons aucun monument qui apprenne si le duc d'Alençon fut interrogé et répondit devant cette assemblée; nous n'avons point la procédure; on sait seulement que son arrêt de mort lui fut d'abord notifié dans la prison par Thoret, président du parlement, Jean Boulanger, conseiller, et Jean Bureau, trésorier de France.

Ensuite Guillaume des Ursins, baron de Trainel, chancelier de France, lut l'arrêt en présence du roi. Et Jean Juvénal des Ursins, archevêque de Reims, exhorta le roi à faire miséricorde. (10 octobre 1458) Les pairs ecclésiastiques et les autres prélats assistèrent à cet arrêt; il paraît qu'ils donnèrent tous leur voix, mais qu'aucun d'eux n'opina à la mort.

Le roi lui fit grace de la vie, mais il le confina dans

une prison pour le reste de ses jours. Louis XI l'en retira à son avénement à la couronne; mais ce prince, mécontent ensuite de Louis XI, se ligua contre lui avec les Anglais. Il n'appartenait pas à tous les princes de faire de telles alliances. Un duc de Bourgogne, un duc de Bretagne, étaient assez puissants pour oser faire de telles entreprises, mais non pas un duc d'Alençon.

Louis XI le fit arrêter par son grand prévôt, Tristan-l'Hermite; on rechercha sa conduite, on trouva qu'il avait fait de la fausse monnaie dans ses terres, et qu'il avait ordonné l'assassinat d'un de ceux qui avaient trahi le secret de sa conspiration sous Charles VII.

Enfermé au château de Loches en 1472, il y fut interrogé par le chancelier de France, Guillaume des Ursins, assisté du comte de Dunois; de Guillaume Cousineau, chambellan du roi; de Jean-le-Boulanger, premier président du parlement, de plusieurs membres de ce corps, et de deux du grand conseil. Toutes ces formalités furent toujours arbitraires. On voit un évêque de Bayeux, patriarche de Jérusalem, un bailli de Rouen, un correcteur de la chambre des comptes, confisquer au profit du roi le duché d'Alençon, et toutes les terres du coupable, avant même qu'il soit jugé.

On continua son procès au Louvre par des commissaires, et il fut enfin jugé définitivement, le 18 juillet 1474, par les chambres assemblées; par le comte de Dunois, qui n'était pas encore pair de France, par un simple chambellan, par des conseillers du grand conseil; formalités qui certainement ne s'observeraient pas aujourd'hui.

Ce fut en ce temps-là que l'on commença à regarder le parlement comme la cour des pairs, parcequ'il avait jugé un prince pair, conjointement avec les autres pairs.

Les trésoriers de France l'avaient jugé aussi, et cependant on ne leur donna jamais le nom de cour des pairs. Ils n'étaient que quatre, et n'avaient pas une juridiction contentieuse. La volonté seule des rois les appelait à ces grandes assemblées. Leur décadence prouve à quel point tout peut changer. Des compagnies s'élèvent, d'autres s'abaissent, et enfin s'évanouissent. Il en est de même de toutes les dignités. Celle de chancelier fut long-temps la cinquième, et devint la première; celles de grand-sénéchal, de connétable, n'existent plus.

Comme la cour du parlement reçut alors la dénomination de cour des pairs, non par aucune concession particulière des rois, mais par la voix publique et par l'usage, c'est ici qu'il faut examiner en peu de mots ce qui concerne les pairs de France.

CHAPITRE VIII.

Des pairs, et quels furent les pairs qui jugèrent à mort le roi Jean-sans-Terre.

Pairs; *pares*, *compares*, ne signifie pas seulement des seigneurs égaux en dignité, il signifie toujours des hommes de même profession, de même état.

Nous avons encore la charte adressée au monastère nommé Anizola, par Louis-le-Pieux, le Débonnaire, ou le Faible, rapportée par Baluze : *Vos pairs*, dit-il, *m'ont trompé avec malice.* C'est ainsi que les moines étaient pairs.

Dans une bulle d'Innocent II, à la ville de Cambrai, il est parlé de tous les pairs habitants de Cambrai.

Il est inutile de rapporter d'autres exemples; c'est un fait qui n'admet aucun doute. Le droit d'être jugé par ses pairs est aussi ancien que les sociétés des hommes. Un Athénien était jugé par ses pairs athéniens, c'est-à-dire par des citoyens comme lui. Un Romain l'était par les centumvirs, et souvent par le peuple assemblé : et quiconque subissait un jugement, pouvait devenir juge à son tour. C'est une sorte d'esclavage, si on peut s'exprimer ainsi, que d'être soumis toute sa vie à la sentence d'autrui, sans pouvoir jamais donner la sienne. Ainsi, aujourd'hui encore en Angleterre, celui qui a comparu devant douze de ses pairs, nommés jurés, est bientôt nommé juré lui-même. Ainsi le noble polonais est jugé par ses pairs nobles, dont il est également juge; il n'y avait point d'autre jurisprudence chez tous les peuples du Nord.

Avant que toutes ces nations répandues au-delà du Danube, de l'Elbe, de la Vistule, du Tanaïs, du Borysthène, eussent inondé l'empire romain, elles fesaient souvent des assemblées publiques, et le petit nombre de procès que pouvaient avoir ces hommes qui ne possédaient rien, se décidaient par des pairs, par des jurés.

Mais on demande quels étaient les pairs de France ? On a tant parlé des douze pairs de Charlemagne ; tous les anciens romans, qui sont en partie notre histoire, citent si souvent ces douze pairs inconnus, qu'il y a sûrement quelque vérité dans leurs fables. Il est très vraisemblable que ces douze pairs étaient les douze grands officiers de Charlemagne. Il jugeait avec eux les causes principales, de même que dans chaque ville les citoyens étaient jugés par douze jurés : ce nombre de douze semblait être consacré chez les anciens Francs : un duc avait sous lui douze comtes, un comte commandait à douze officiers subalternes. On sait que ces ducs, ces comtes, dans la décadence de la famille de Charlemagne, rendirent leurs gouvernements et leurs dignités héréditaires ; ce qui n'était pas bien malaisé. Les grands officiers des Othon et des Frédéric en ont fait autant en Allemagne ; ils ont fait plus, ils se sont conservés dans le droit d'élire l'empereur. Ce sont de véritables pairs qui ont continué et fortifié le gouvernement féodal, aboli aujourd'hui en France, ainsi que toutes les anciennes coutumes.

Dès que tous les seigneurs des terres en France eurent assuré l'hérédité de leurs fiefs, tous ceux qui relevaient immédiatement du roi furent également pairs ; de sorte qu'un simple baron se trouva quelquefois juge du souverain d'une grande province ; (1203) et c'est ce qui arriva lorsque Jean-sans-Terre, roi d'Angleterre et vassal de Philippe-Auguste, fut condamné à mort par le vrai parlement de France, c'est-à-dire par les seuls pairs assemblés.

Il est bien étrange que nos historiens ne nous aient jamais dit quels étaient ces pairs qui osèrent juger à mort un roi d'Angleterre. Un événement si considérable méritait un peu plus d'attention. Nous avons été, généralement parlant, très peu instruits de notre histoire. Je me souviens d'un magistrat qui croyait que Jean-sans-Terre avait été jugé par les chambres assemblées [1].

Les juges furent sans difficulté les mêmes qu'on voit, quelques mois après, tenir la même assemblée de parlement à Villeneuve-le-Roi : (2 mai 1204) Eudes, duc de Bourgogne; Hervé, comte de Nevers; Renaud, comte de Boulogne; Gaucher, comte de Saint-Paul; Gui de Dampierre, assistés d'un très grand nombre de barons, sans qu'il y eût aucun clerc, aucun légiste, aucun homme qualifié du nom de maître. Cette assemblée, qui fut convoquée pour affermir l'établissement des droits féodaux, *stabilimentum feudorum*, fut, sans doute, la même qui avait fait servir ces lois féodales à la condamnation de Jean-sans-Terre, et qui voulut justifier son jugement.

Les ducs et pairs, les comtes et pairs, étaient sans doute de plus grands seigneurs que les barons pairs, parcequ'ils avaient de bien plus grands domaines; tous les ducs et comtes étaient en effet des souverains qui relevaient du roi, mais qui étaient absolus chez eux.

Quand les pairies de Normandie et de Champagne furent éteintes, la Bretagne et le comté d'Artois

---

[1] Voyez tome XVI, page 122 et suivantes. B.

furent érigés en pairies à leur place, par Philippe-le-Bel.

Ses successeurs érigèrent en pairies Évreux, Beaumont, Étampes, Alençon, Mortagne, Clermont, la Marche, Bourbon, en faveur des princes de leur sang; et ces princes n'eurent point la préséance sur les autres pairs; ils suivaient tous l'ordre de l'institution, l'ordre de pairie; chacun d'eux dans les cérémonies marchait suivant l'ancienneté de sa pairie, et non pas de sa race.

C'est ainsi qu'aujourd'hui en Allemagne les cousins, les frères d'un empereur, ne disputent aucun rang aux électeurs, aux princes de l'Empire.

On ne voit pas qu'aucun de ces pairs soit jamais venu siéger, avant François Ier, au parlement de Paris; au contraire, la chambre du parlement allait à la cour des pairs.

Les juges du parlement, toujours nommés par le roi, toujours payés par lui, et toujours amovibles, n'avaient pu être réputés du corps des pairs du royaume. Un jurisconsulte aux gages du roi, qu'on nommait et qu'on cassait à volonté, ne pouvait certainement avoir rien de commun avec un duc de Bourgogne, ou avec un autre prince du sang. Louis XI créa duc et pair le comte Jacques d'Armagnac, duc de Nemours, qu'il fit depuis condamner à mort, non par un simple arrêt du parlement, mais par le chancelier et des commissaires, dont plusieurs étaient des conseillers.

Le premier étranger qui fut duc et pair en France fut un seigneur de la maison de Clèves, créé duc de

Nevers; et le premier gentilhomme français qui obtint cet honneur fut le connétable de Montmorenci (1551).

Il y eut toujours depuis des gentilshommes de la nation qui furent pairs du royaume; leur pairie fut attachée à leurs terres, relevantes immédiatement de la couronne. Ils prirent séance à la grand'chambre du parlement; mais ils n'y vont presque jamais que quand les rois tiennent leur lit de justice, et dans les occasions éclatantes. Les pairs, dans les assemblées des états généraux, ne font point un corps séparé de la noblesse.

Les pairs, en Angleterre, sont depuis long-temps des gentilshommes comme en France; mais ils n'ont point de pairies, point de terre à laquelle ce titre soit attaché : ils ont conservé une bien plus haute prérogative, celle d'être le seul corps de la noblesse, en ce qu'ils représentent tout le corps des anciens barons relevants autrefois de la couronne; ils sont non seulement les juges de la nation, mais les législateurs, conjointement avec le roi et les communes.

CHAPITRE IX.

Pourquoi le parlement de Paris fut appelé la cour des pairs.

La chambre du parlement, à laquelle la chambre des enquêtes et celle des requêtes présentaient les procès par écrit, étant dans son institution composée de barons, il était bien naturel que les grands pairs, les ducs et comtes y pussent entrer et eussent voix délibérative quand ils se trouvaient à Paris. Ils étaient de plein droit conseillers-nés du roi; ils étaient à la tête du grand conseil; il fallait bien qu'ils fussent aussi conseillers-nés d'une cour composée de noblesse. Ils pouvaient donc entrer dans la chambre, depuis appelée grand'chambre, parceque tous les juges y étaient originairement des barons. Ils avaient en effet ce droit, quoiqu'ils ne l'exerçassent pas, comme ils ont celui de siéger dans tous les parlements de province; mais jamais ils n'ont été aux chambres des enquêtes : la plupart des officiers de ces chambres ayant été originairement des jurisconsultes sans dignité et sans noblesse.

Si les pairs purent siéger à la chambre du parlement, lorsque les évêques des provinces et les abbés en furent exclus, ce fut parcequ'on ne pouvait ôter à un duc de Bourgogne, à un duc de Guienne, à un comte d'Artois, une prérogative dont on dépouillait aisément un évêque sans puissance; et si on leur ôta ce privilége, ce fut parceque, dans les démêlés fréquents avec les papes, il était à craindre que les évêques ne prissent quelquefois le parti de Rome contre les intérêts de l'état. Les six pairs ecclésiastiques, avec l'évêque de Paris et l'abbé de Cluni, conservèrent seulement le droit d'avoir séance au parlement : et il faut remarquer que ces six pairs ecclésiastiques furent les seuls de leur ordre qui eurent le nom de pairs depuis Louis-le-Jeune, par la seule raison que, sous ce prince, ils étaient les seuls évêques qui tinssent de grands fiefs immédiatement de la couronne.

Il n'y eut long-temps rien de réglé ni de certain sur la manière de procéder dans les jugements concernant les grandes pairies; mais l'ancien usage était qu'un prince pair ne fût jugé que par ses pairs. Le roi pouvait convoquer les pairs du royaume où il voulait, tantôt dans une ville, tantôt dans une autre, dans sa propre maison, dans celle d'un autre pair, dans la chambre où s'assemblaient les conseillers-jugeurs du parlement, dans une église, en un mot dans quelque lieu que le roi voulût choisir.

C'était ainsi qu'en usaient les rois d'Angleterre, imitateurs et conservateurs des usages de France; ils assemblaient les pairs d'Angleterre où ils voulaient. Philippe de Valois les convoqua d'abord dans Paris, en 1341, pour décider de la grande querelle entre Charles de Blois et Jean de Montfort, qui se disputaient le duché de Bretagne. Philippe de Valois, qui favorisait Charles de Blois, fit d'abord, pour la forme, examiner la cause par des pairs, des prélats, quelques conseillers-chevaliers, et quelques conseillers-clercs; et l'arrêt fut rendu à Conflans, dans une maison de campagne, par le roi, les pairs, les hauts-barons, les grands-officiers, assistés de conseillers-chevaliers, et de conseillers-clercs.

Le roi Charles V, qui répara par sa politique les malheurs que les guerres avaient causés à la France, fit ajourner à sa cour des pairs, en 1368, le 26 janvier, ce grand prince de Galles, surnommé le prince

Noir, vainqueur de son père et de son aïeul, de Henri de Transtamare, depuis roi de Castille, et enfin de Bertrand Du Guesclin. Il prit le temps où ce héros commençait à être attaqué de la maladie dont il mourut, pour lui ordonner de venir répondre devant lui comme devant son seigneur suzerain. Il est bien vrai qu'il ne l'était pas. La Guienne avait été cédée au roi d'Angleterre Édouard III, en toute propriété et souveraineté absolue, par le traité de Bretigni. Édouard l'avait donnée au prince Noir son fils, pour prix de son courage et de ses victoires.

Charles V lui écrivit ces propres mots : « De notre « majesté royale et seigneurie, nous vous comman- « dons que viengniez en notre cité de Paris en propre « personne, et vous montriez et présentiez devant nous « en notre chambre des pers, pour ouïr droit sur les- « dites complaintes et griefs émeus par vous, à faire « sur votre peuple qui clame à avoir et ouïr ressort « en notre cour. »

Ce mandement fut porté, non par un huissier du parlement de Paris, mais envoyé par le roi lui-même au sénéchal de Toulouse, commandant et juge de la noblesse. Ce sénéchal fit porter l'ajournement par un chevalier nommé Jean de Chaponval, assisté d'un juge.

Le roi Charles V, pour colorer cet étrange procédé, manda au pays de la langue de *oc*, que le roi son père ne s'était engagé à céder la souveraineté de la Guienne que jusqu'à l'année 1361.

Rien n'était plus faux. Le traité de Bretigni est du 8 mai 1360 : le roi Jean l'avait signé pour sortir de prison; Charles V l'avait rédigé, signé et consommé lui-même, comme dauphin régent de France, pendant la prison de Jean son père : c'était lui qui avait cédé en souveraineté au roi d'Angleterre la Guienne, le Poitou, la Saintonge, le Limousin, le Périgord, le Querci, le Bigorre, l'Angoumois, le Rouergue, etc.

Il est dit par le premier article de ce traité célèbre : « Que le roi d'Angleterre et ses successeurs posséde-« ront tous ces pays, et de la même manière que le « roi de France, et son fils aîné, et ses ancêtres rois « de France, l'ont tenu. »

Comment Charles V pouvait-il écrire qu'il n'avait cédé à son vainqueur la souveraineté de toutes ces provinces que pour une année? Il voulait sans doute faire croire sa cause juste, et animer par là ses peuples à la défendre.

Quoi qu'il en soit, il est certain que ce fut le roi lui-même, au nom des pairs de son royaume, qui cita le prince de Galles; ce fut lui qui signa la confiscation de la Guienne à Vincennes, le 14 mai 1370; et pendant que le prince Noir se mourait, le connétable Du Guesclin mit l'arrêt à exécution[1].

CHAPITRE X[2].

Du parlement de Paris, rétabli par Charles VII.

Lorsque Charles VII eut reconquis son royaume par

---

[1] Voyez tome XVI, page 384. B.

[2] Voltaire a parlé, dans ses chapitres v et vi, de ce qui concerne le parle-

les services presque toujours gratuits de sa noblesse, par le singulier enthousiasme d'une paysanne du Barois, et surtout par les divisions des Anglais et de Philippe-le-Bon, duc de Bourgogne, tout fut oublié, tout fut pacifié; il réunit son petit parlement de Poitiers à celui de Paris. Ce tribunal prit une nouvelle forme. Il y eut dans la grand'chambre trente conseillers, tous jurisconsultes, dont quinze étaient laïques, et quinze ecclésiastiques. Charles en mit quarante dans la chambre des enquêtes. La chambre de la tournelle fut instituée pour les causes criminelles ; mais cette tournelle ne pouvait pas alors juger à mort; il fallait, quand le crime était capital, porter la cause à la grand'chambre. Tous les officiers eurent des gages. Les plaideurs ne donnaient aux juges que quelques faibles présents d'épiceries et de bouteilles de vin. Ces épices furent bientôt un droit converti en argent. C'est ainsi que tout a changé, et ce n'a pas toujours été pour le mieux.

CHAPITRE XI.

De l'usage d'enregistrer les édits au parlement, et des premières remontrances.

La cour du parlement devint de jour en jour plus utile en n'étant composée que d'hommes versés dans les lois. Un de ses plus beaux droits était depuis longtemps l'enregistrement des édits et des ordonnances

ment sous le règne de Charles VI. Voyez aussi tome XVI, page 389 et suivantes. B.

des souverains, et voici comment ce droit s'était établi.

Un conseiller du parlement, nommé Jean de Montluc, qui vivait sous Philippe-le-Bel, avait fait, pour son usage, un registre des anciens édits, des principaux jugements et des choses mémorables dont il avait eu connaissance. On en fit quelques copies. Ce recueil parut d'une très grande utilité dans un temps d'ignorance, où les coutumes du royaume n'étaient pas seulement écrites. Les rois de France avaient perdu leur chartrier; ils sentaient la nécessité d'avoir un dépôt d'archives qu'on pût consulter aisément. La cour prit insensiblement l'usage de déposer au greffe du parlement ses édits et ses ordonnances. Cet usage devint peu-à-peu une formalité indispensable; mais on ne peut savoir quel fut le premier enregistrement, une grande partie des anciens registres du parlement ayant été brûlée dans l'incendie du palais en 1618.

Les premières remontrances que fit jamais le parlement furent adressées à Louis XI, sur cette fameuse pragmatique promulguée par Charles VII, et par le clergé de France assemblé à Bourges. C'était une digue opposée aux vexations de la cour de Rome; digue trop faible, qui fut bientôt renversée. On avait décidé dans cette assemblée, avec les ambassadeurs du concile de Bâle, que les conciles étaient supérieurs aux papes, et pouvaient les déposer. La cour de Rome, depuis long-temps, avait imposé sur les peuples, sur les rois, et sur le clergé, un joug étonnant dont on ne trouvait pas la source dans la primitive Église des chrétiens. Elle donnait presque partout les bénéfices:

et quand les collateurs naturels en avaient conféré un, le pape disait qu'il l'avait réservé dans son cœur, *in petto* ; il le conférait à celui qui le payait le plus chèrement, et cela s'appelait une réserve. Il promettait aussi les bénéfices qui n'étaient pas vacants, et c'étaient des expectatives. Avait-on enfin obtenu un bénéfice, il fallait payer au pape la première année du revenu ; et cet abus, qu'on nomme les *annates*[1], subsiste encore aujourd'hui. Dans toutes les causes que l'Église avait su attirer à elle, on appelait immédiatement au pape ; et il fallait qu'un Français allât à trois cents lieues se ruiner pour la validité de son mariage, ou pour le testament de son père.

Une grande partie de ces inconcevables tyrannies fut abolie par la pragmatique de Charles VII. Louis XI voulut obtenir du pape Pie II le royaume de Naples pour son cousin germain, Jean d'Anjou, duc titulaire de Calabre. Le pape, encore plus fin que Louis XI, parcequ'il était moins emporté, commença par exiger de lui l'abolition de la pragmatique. Louis n'hésita pas à lui sacrifier l'original même ; on le traîna ignominieusement dans les rues de Rome ; on en triompha *comme d'un ennemi de la papauté* ; Louis XI fut comblé de bénédictions et de remercîments. L'évêque d'Arras, qui avait porté la pragmatique à Rome, reçut le même jour le bonnet de cardinal. Pie II envoya au roi une épée bénite ; mais il se moqua de lui, et ne donna point à son cousin le royaume de Naples.

[1] Sur les *Annates*, voyez tome XXVI, page 394. B.

Louis XI, avant de tomber dans ce piége, avait demandé l'avis de la cour du parlement; elle lui présenta un mémoire en quatre-vingt-neuf articles, intitulé: « Remontrances touchant les priviléges de l'É« glise gallicane : » elles commencent par ces mots : « En obéissant comme de raison au bon plaisir du « roi notre sire. » Et il est à remarquer que depuis le LXXIIIe jusqu'au LXXXe article, le parlement compte quatre millions six cent quarante-cinq mille huit cents écus extorqués à la France par la chambre apostolique, depuis l'invention de ces monopoles. Observons ici qu'il n'y avait pas trente ans que Jean XXII, réfugié dans Avignon, avait inventé ces exactions, qui le rendirent le plus riche de tous les papes, quoiqu'il n'eût presque aucun domaine en Italie.

Le roi Louis XI, s'étant depuis raccommodé avec le pape, lui sacrifia encore la pragmatique, en 1469; et c'est alors que le parlement, soutenant les intérêts de l'état, fit de son propre mouvement de très fortes remontrances que le roi n'écouta pas; mais ces remontrances étant le vœu de la nation entière, et Louis XI s'étant encore brouillé avec le pape, la pragmatique, traînée à Rome dans la boue, fût en honneur et en vigueur dans toute la France.

C'est ici que nous devons observer que cette compagnie fut dans tous les temps le bouclier de la France contre les entreprises de la cour de Rome. Sans ce corps, la France aurait eu l'humiliation d'être un pays d'obédience. C'est à lui qu'on doit la ressource des appels comme d'abus, ressource imitée de la loi *præmunire* d'Angleterre. Ce fut en 1329 que Pierre de Cugnières, avocat du roi, avait proposé le premier ce remède contre les usurpations de l'Église[1].

Quelque despotique que fût Louis XI, le parlement protesta contre les aliénations du domaine de la couronne; mais on ne voit pas qu'il fît des remontrances. Il en fit en 1482 au sujet de la cherté du blé; elles ne pouvaient avoir que le bien public pour objet. Il fut donc en pleine possession de faire des représentations sous le plus absolu de tous les rois; mais il n'en fit ni sur l'administration publique, ni sur celle des finances. Celle qu'il fit au sujet du blé n'était qu'une affaire de police.

Son arrêt au sujet de l'imprimerie fut cassé par Louis XI, qui savait faire le bien quand il n'était point de son intérêt de faire le mal. Cet art admirable avait été inventé par des Allemands. Trois d'entre eux, en 1470, avaient apporté en France quelques épreuves de cet art naissant; ils exercèrent même leurs talents sous les yeux de la Sorbonne. Le peuple, alors très grossier, et qui l'a été très long-temps, les prit pour des sorciers. Les copistes, qui gagnaient leur vie à transcrire le peu d'anciens manuscrits qu'on avait en France, présentèrent requête au parlement contre les imprimeurs; ce tribunal fit saisir et confisquer tous leurs livres. Le roi lui défendit de connaître de cette affaire, l'évoqua à son conseil, et fit payer aux Allemands le prix de leurs ouvrages; mais sans marquer d'indignation contre un corps plus jaloux de

---

[1] Voyez tome XVI, page 368; et tome XXVI, page 69. B.

conserver les anciens usages, que soigneux de s'instruire de l'utilité des nouveaux.

CHAPITRE XII.

Du parlement, dans la minorité de Charles VIII, et comment il refusa de se mêler du gouvernement et des finances.

Après la mort de Louis XI, dans l'extrême jeunesse de Charles VIII, qui entrait dans sa quatorzième année, le parlement ne fit aucune démarche pour augmenter son pouvoir. Au milieu des divisions et des brigues de madame de Bourbon-Beaujeu, fille de Louis XI; du duc d'Orléans, héritier présomptif de la couronne, qui fut depuis Louis XII; et du duc de Bourbon, frère aîné du prince de Bourbon-Beaujeu, le parlement resta tranquille : il ne s'occupa que du soin de rendre la justice, et de donner au peuple l'exemple de l'obéissance et de la fidélité.

Madame de Beaujeu, qui avait l'autorité principale, quoique contestée, assembla les états généraux en 1484. Le parlement ne demanda pas seulement d'y être admis. Les états donnèrent le gouvernement de la personne du roi à madame de Beaujeu sa sœur, selon le testament de Louis XI. Le duc d'Orléans, ayant levé des troupes, crut qu'il mettrait la ville de Paris dans son parti, si le parlement se déclarait en sa faveur. Il alla au palais, le 10 janvier 1484, et représenta aux chambres assemblées, par la bouche de Denys Le Mercier, chancelier de son apanage, qu'il fallait qu'on ramenât à Paris le roi, qui était alors à Melun, et qu'il gouvernât par lui-même avec les princes.

Jean de La Vaquerie, premier président, répondit au nom des chambres ces propres paroles: « Le par- « lement est pour rendre justice au peuple; les finan- « ces, la guerre, le gouvernement du roi, ne sont point « de son ressort. » Il l'exhorta pathétiquement à demeurer dans son devoir, et à ne point troubler la paix du royaume.

Le duc d'Orléans laissa ses demandes par écrit, le parlement ne fit point de réponse. Le premier président, accompagné de quatre conseillers et de l'avocat du roi, alla recevoir à Melun les ordres de la cour, qui donna de justes éloges à sa conduite.

Cette conduite si respectable ne se démentit, ni dans la guerre que le duc d'Orléans fit à son souverain, ni dans celle que Charles VIII fit depuis en Italie.

Sous Charles VIII il ne se mêla des finances du royaume en aucune manière; cette partie de l'administration était entièrement entre les mains de la chambre des comptes et des généraux des finances: il arriva seulement que Charles VIII, en 1496, dans son expédition brillante et malheureuse d'Italie, voulut emprunter cent mille écus de la ville de Paris: chaque corps fut invité à prêter une partie de la somme; l'hôtel-de-ville prêta cinquante mille francs; les corps des métiers en prêtèrent aussi cinquante mille. On ne sait pas ce que prêtèrent les officiers de la chambre des comptes, ses registres sont brûlés. Ceux qui ont échappé à l'autre incendie, qui consuma une partie du palais, portent que le cardinal du Maine, le sire d'Albret, le sire de Clérieux, gouverneur de Paris, le sire de Graville, amiral de France, vinrent proposer aux officiers du parlement de prêter aussi quelques deniers au roi, le 6 août. Il fallait que Charles VIII et son conseil eussent bien mal pris leurs mesures dans cette malheureuse guerre pour être obligés de se servir d'un amiral de France, d'un cardinal, d'un prince, comme de courtiers de change, pour emprunter de l'argent d'une compagnie de magistrats qui n'ont jamais été riches. Le parlement ne prêta rien. « *Il remontra* aux commissaires *la nécessité et* « *indigence du royaume*, et le cas si piteux que, *non* « *indiget manuscribentis*, qui sera cause d'ennui et « atédiation aux lisants *qui nec talia legendo tempe-* « *rent a lacrymis*. On pria les commissaires, *comme* « *grands personnages*, qu'ils en fissent remontrance « au roi, lequel est *bon prince*. » Bref, le parlement garda son argent. C'est une affaire particulière ; elle n'a de rapport à l'intérêt public que la *nécessité et indigence du royaume*, alléguée par le parlement comme la cause de son refus [1].

[1] Voltaire parle d'un arrêt du parlement, du 6 mars 1496, dans le *Dictionnaire philosophique*, aux mots Lèpre et Vérole, tome XXXI, page 7. B.

CHAPITRE XIII.

Du parlement sous Louis XII.

Le règne de Louis XII ne produisit pas la moindre difficulté entre la cour et le parlement de Paris. Ce prince, en répudiant sa femme, fille de Louis XI, avec laquelle il avait habité vingt années, et en épousant Anne de Bretagne, ancien objet de ses inclinations, ne s'adressa point au parlement, quoiqu'il fût l'interprète et le modérateur des lois du royaume. Ce corps était composé de jurisconsultes séculiers et ecclésiastiques. Les pairs du royaume, représentant les anciens juges de toute la nation, y avaient séance; il eût été naturel dans tous les états du monde, qu'un roi, dans une pareille conjoncture, n'eût fait agir que le premier tribunal de son royaume; mais le préjugé, plus fort que la législation et que l'intérêt des nations entières, avait dès long-temps accoutumé les princes de l'Europe à rendre les papes arbitres de leurs mariages et du secret de leur lit. On avait fait un point de religion de cette coutume bizarre par laquelle ni un particulier, ni un souverain, ne pouvait exclure une femme de son lit, et en recevoir une autre, sans la permission d'un pontife étranger.

Le pape Alexandre VI, souillé de débauches et de crimes, envoya en France ce fameux César Borgia, l'un de ses bâtards, et le plus méchant homme de la chrétienté, chargé d'une bulle qui cassait le mariage du roi avec Jeanne, fille de Louis XI, et lui permettait d'épouser Anne de Bretagne. Le parlement ne fit d'autre démarche que celle d'aller en corps, suivant l'usage, au-devant de César Borgia, légat *a latere*[1].

Louis XII donna la duché-pairie de Nevers à un étranger, à un seigneur de la maison de Clèves ; c'était le premier exemple qu'on en eût en France. Ni les pairs ni le parlement n'en murmurèrent. Et lorsque Henri II fit duc et pair un Montmorenci, dont la maison valait bien celle de Clèves, il fallut vingt lettres de jussion pour faire enregistrer les lettres de ce duc de Montmorenci. C'est qu'il n'y eut aucun levain de fermentation du temps de Louis XII, et que du temps de Henri II tous les ordres de l'état commençaient à être échauffés et aigris.

CHAPITRE XIV.

Des grands changements faits sous Louis XII, trop négligés par la plupart des historiens.

Louis XII acheva d'établir la jurisprudence du grand conseil sédentaire à Paris. Il donna une forme au parlement de Normandie et à celui de Provence, sans que celui de Paris fût consulté sur ces établissements, ni qu'il en prît ombrage.

Presque tous nos historiens ont négligé jusqu'ici de faire mention de cette barrière éternelle que Louis XII mit entre la noblesse et la robe.

---

[1] Voyez ma note, tome XVI, page 35. B.

Les baillis et prévôts, presque tous chevaliers, étaient les successeurs des anciens comtes et vicomtes : ainsi le prévôt de Paris avait été souverain juge à la place des vicomtes de Paris.

Les quatre grands baillis, établis par saint Louis, étaient les quatre grands juges du royaume. Louis XII voulut que tous les baillis et prévôts ne pussent juger s'ils n'étaient lettrés et gradués. La noblesse, qui eût cru déroger si elle eût su lire et écrire, ne profita pas du réglement de Louis XII. Les baillis conservèrent leur dignité et leur ignorance ; des lieutenants lettrés jugèrent en leur nom, et leur ravirent toute leur autorité.

Copions ici un passage entier d'un auteur connu[1].
« On payait quarante fois moins d'épices qu'aujourd'hui. Il n'y avait dans le bailliage de Paris que quarante-neuf sergents, et à présent il y en a plus de cinq cents : il est vrai que Paris n'était pas la cinquième partie de ce qu'il est de nos jours ; mais le nombre des officiers de justice s'est accru dans une bien plus grande proportion que Paris ; et les maux inséparables des grandes villes ont augmenté plus que le nombre des habitants.

« Il maintint l'usage où étaient les parlements du royaume de choisir trois sujets pour remplir une place vacante : le roi nommait un des trois. Les dignités de la robe n'étaient données alors qu'aux avocats : elles étaient le prix du mérite, ou de la

---

[1] Voltaire lui-même, chapitre CXIV de l'*Essai sur les mœurs* ; voyez tome XVII, page 114. Il donnait l'*Histoire du parlement* pour l'ouvrage de l'abbé Big... B.

« réputation qui suppose le mérite. Son édit de 1499,
« éternellement mémorable, et que nos historiens
« n'auraient pas dû oublier, a rendu sa mémoire chère
« à tous ceux qui rendent la justice, et à ceux qui
« l'aiment. Il ordonne par cet édit *qu'on suive tou-*
« *jours la loi, malgré les ordres contraires à la loi,*
« *que l'importunité pourrait arracher du monarque.* »

CHAPITRE XV.

Comment le parlement se conduisit dans l'affaire du concordat.

Le règne de François Ier fut un temps de prodigalité et de malheurs. S'il eut quelque éclat, ce fut par la renaissance des lettres, jusqu'alors méprisées. L'encouragement que Charles-Quint, François Ier et Léon X donnèrent à l'envi l'un de l'autre aux sciences et aux beaux-arts, rendit ce siècle mémorable. La France commença pour lors à sortir pour quelque temps de la barbarie ; mais les malheurs causés par les guerres et par la mauvaise administration furent beaucoup plus grands que l'avantage de commencer à s'instruire ne fut considérable.

La première affaire dans laquelle le parlement entra avec une fermeté sage et respectueuse, fut celle du concordat. Louis XI avait toujours laissé subsister la pragmatique, après l'avoir imprudemment sacrifiée. Louis XII, trahi par le pape Alexandre VI, et violemment outragé par Jules II, avait rendu toute sa vigueur à cette loi du royaume, qui devait être la loi de toutes les nations chrétiennes. La cour de Rome dominait dans toutes les autres cours, ou du moins négociait toujours à son avantage.

L'empereur Frédéric III, les électeurs et les princes d'Allemagne avaient fait un concordat avec Nicolas V, en 1448, avant que Louis VI eût renoncé à la pragmatique, et l'eût ensuite favorisée. Ce concordat germanique subsiste encore; le pape y a beaucoup gagné : il est vrai qu'il ne vend point d'expectatives ni de réserves; mais il nomme à la plupart des canonicats six mois de l'année; il est vrai qu'on ne lui paie point d'annates, mais on lui paie une taxe qui en tient lieu : tout a été vendu dans l'Église sous des noms différents. Frédéric III reçut des reproches des états de l'empire, et son concordat demeura en vigueur. François Ier, qui avait besoin du pape Léon X, comme Louis XI avait eu besoin de Pie II, fit, à l'exemple de Frédéric III, un concordat dans lequel on dit que le roi et le pape avaient pris ce qui ne leur appartenait pas, et donné ce qu'ils ne pouvaient donner; mais il est très vrai que le roi, en reprenant par ce traité le droit de nommer aux évêchés et aux abbayes de son royaume, ne reprenait que la prérogative de tous les premiers rois de France. Les élections causaient souvent des troubles, et la nomination du roi n'en apporte pas. Les rois avaient fondé tous les biens de l'Église, ou avaient succédé aux princes dont l'Église avait reçu ces terres : il était juste qu'ils conférassent les bénéfices fondés par eux, sauf aux seigneurs, descendants reconnus des premiers fondateurs, de nommer dans leurs terres à ces biens de l'Église, donnés par leurs ancêtres, comme le roi devait conférer les biens donnés par les rois ses aïeux.

Mais il n'était ni dans la loi naturelle, ni dans celle de Jésus-Christ, qu'un évêque ultramontain reçût en argent comptant la première année des fruits que ces terres produisent; que la promotion d'un évêque d'un siége à un autre valût encore à ce pontife étranger une année des revenus des deux évêchés; qu'un évêque n'osât s'intituler pasteur de son troupeau que par la permission du saint-siége de Rome, jadis l'égal en tout des autres siéges.

Cependant les droits des ecclésiastiques gradués étaient conservés: de trois bénéfices vacants, ils pouvaient, par la pragmatique, en postuler un, et par le concordat on leur accordait le droit d'impétrer un bénéfice pendant quatre mois de l'année; ainsi l'université n'avait point à se plaindre de cet arrangement.

Le concordat déplut à toute la France. Le roi vint lui-même au parlement; il y convoqua plusieurs évêques, le chapitre de la cathédrale de Paris, et des députés de l'université. Le cardinal de Boissi, à la tête du clergé convoqué, dit: « qu'on ne pouvait re-
« cevoir le concordat sans assembler toute l'Église
« gallicane. François Ier lui répondit: Allez donc à
« Rome contester avec le pape. »

Le parlement, après plusieurs séances, conclut à rejeter le concordat jusqu'à l'acceptation de l'Église de France. L'université défendit aux libraires, qui alors dépendaient d'elle, d'imprimer le concordat; elle appela au futur concile.

Le conseil du roi rendit un édit par lequel il défendait à l'université de se mêler des affaires d'état, sous peine de privation de ses priviléges. Le parlement refusa d'enregistrer cet édit; tout fut en confusion. Le roi nommait-il un évêque, le chapitre en élisait un autre; il fallait plaider. Les guerres fatales de François Ier ne servirent qu'à augmenter ces troubles. Il arriva que le chancelier Duprat, premier auteur du concordat, et depuis cardinal, s'étant fait nommer archevêque de Sens par la mère du roi, régente du royaume pendant la captivité de ce monarque, on ne voulut point le recevoir; le parlement s'y opposa; on attendit la délivrance du roi. Ce fut alors que François Ier attribua à la juridiction du grand conseil la connaissance de toutes les affaires qui regardent la nomination du roi aux bénéfices.

Il est à propos de dire que ce grand conseil avait succédé au véritable conseil des rois, composé autrefois des premiers du royaume, de même que le parlement avait succédé aux quatre grands baillis de saint Louis, aux parloirs du roi. On ne peut faire un pas dans l'histoire, qu'on ne trouve des changements dans tous les ordres de l'état et dans tous les corps.

Ce grand conseil fut fixé à Paris par Charles VIII. Il n'avait pas la considération du parlement de Paris, mais il jouissait d'un droit qui le rendait supérieur en ce point à tous les parlements : c'est qu'il connaissait des évocations des causes jugées par les parlements mêmes; il réglait quelle cause devait ressortir à un parlement ou à un autre; il réformait les arrêts dans lesquels il y avait des nullités; il fesait, en un mot, ce

5.

que fait le conseil d'état, qu'on appelle le conseil des parties. Les parlements lui ont toujours contesté sa juridiction. Les rois, trop souvent occupés de guerres malheureuses, ou de troubles intestins plus malheureux encore, ont pu rarement fixer les bornes de chaque corps, et établir une jurisprudence certaine et invariable. Toute autorité veut toujours croître, tandis que d'autres puissances veulent la diminuer. Les établissements humains ressemblent aux fleuves, dont les uns enflent leurs cours, et les autres se perdent dans des sables.

CHAPITRE XVI.

De la vénalité des charges, et des remontrances sous François Ier.

Depuis l'extinction du gouvernement féodal en France, on ne combattait plus qu'avec de l'argent, surtout quand on fesait la guerre en pays étrangers. Ce n'était pas avec de l'argent que les Francs et les autres barbares du Nord avaient combattu; ils s'étaient servis de fer pour ravir l'argent des autres nations. C'était tout le contraire quand Louis XII et François Ier passèrent en Italie. Louis XII avait acheté des Suisses, et ne les avait point payés. Ces Suisses demandèrent leur argent l'épée à la main ; ils assiégèrent Dijon. Le faible Louis XII eut beaucoup de peine à les apaiser. Ces mêmes Suisses se tournèrent contre François Ier.

CHAP. XVI. DE LA VÉNALITÉ DES CHARGES. 69

Le pape Léon X, qui n'avait pas encore signé le concordat avec le roi, animait contre lui les cantons; et ce fut pour résister aux Suisses que le chancelier Duprat, auparavant premier président, prostitua la magistrature au point de la vendre. Il mit à l'encan vingt charges nouvelles de conseillers au parlement.

Louis XII avait auparavant rendu, dans un même besoin, les charges des généraux des finances vénales. Ce mal était bien moins grand, et bien moins honteux; mais vendre des charges de juges au dernier enchérisseur, c'était un opprobre qui consterna le parlement. Il fit de très fortes remontrances; mais Duprat les ayant éludées, il fallut obéir; les vingt conseillers nouveaux furent reçus; on les distribua, dix dans une chambre des enquêtes, et dix dans une autre.

La même innovation se fit dans tous les autres parlements du royaume; et c'est depuis ce temps que les charges furent presque toutes vénales en France. Un impôt également réparti, et dont les corps de ville et les financiers même auraient avancé les deniers, eût été plus raisonnable et plus utile; mais le ministère comptait sur l'empressement des bourgeois, dont la vanité achèterait à l'envi ces nouvelles charges.

Ce trafic ouvrit le sanctuaire de la justice à des gens quelquefois si indignes d'y entrer, que dans l'affaire de Semblançay, surintendant des finances, trahi, dit-on, par un de ses commis nommé Gentil, jugé par commissaires, condamné à être pendu au gibet de Montfaucon, ce Gentil, qui lui avait volé ses papiers justificatifs, et qui craignait d'être un jour recherché, acheta, pour se mettre à l'abri, une charge de conseiller au parlement; de conseiller il devint président; mais ayant continué ses malversations, il fut dégradé, et condamné à la potence par le parlement même : on l'exécuta sous le gibet de Montfaucon, où son infidélité avait conduit son maître.

L'argent provenu de la vente de vingt charges de magistrature à Paris, et d'environ trente autres dans le reste du royaume, ne suffisant pas à François Ier pour sa malheureuse expédition d'Italie, il acheta la grille d'argent dont Louis XI avait orné l'église de Saint-Martin de Tours. Elle pesait six mille sept cent soixante et seize marcs deux onces moins un gros; il prit aussi des ornements d'argent dans d'autres églises; faibles secours pour conquérir le Milanais et le royaume de Naples qu'il ne conquit point.

Le paiement de cette argenterie fut assigné sur ses domaines; il y en avait pour deux cent cinquante mille francs. Les moines et les chanoines, pour se mettre à l'abri des censures de Rome, et encore plus pour assurer leur paiement sur le domaine du roi, voulurent que ce marché fût enregistré au parlement.

Le roi envoya le capitaine Frédéric, commandant de la garde écossaise, porter au parlement les lettres-patentes pour l'enregistrement (20 juin 1522). L'avocat du roi, Jean Le Lièvre, parla; il exposa les cas où ce n'était pas la coutume de prendre l'argent des églises, et les cas où il était permis de le prendre. Il fut arrêté que la cour écrirait au roi les raisons pour lesquelles icelles lettres-patentes ne pouvaient être publiées.

C'est le premier exemple que nous ayons des remontrances du parlement sur un objet de finances [1]. Il s'agissait proprement de prévenir un procès entre le domaine du roi et les gens d'église.

Le roi renvoya, le 27 juin, le même capitaine Frédéric avec une lettre, laquelle finissait par ces paroles :

« L'impossible serait de prendre les treillis de Saint-
« Martin de Tours, et autres joyaux des églises qui ne
« sont que trois ou quatre, qu'il ne vienne à la con-
« naissance publique d'un chacun, et y en aura plus
« grand nombre qui le sauront par la prise que par la
« publication dudit édit; pourquoi vous mandons de-
« rechef et très expressément, et d'autant que crai-
« gnez la rupture de nos affaires, qui sont telles, et
« de telle importance que chacun sait, que vous pro-
« cédiez à la publication et vérification de notredit édit :
« car ceux de ladite église de Saint-Martin demandent
« ledit édit en cette forme, si n'y faites plus de diffi-
« culté, pour autant que nos affaires nous pressent de
« si près, que la longueur est plus préjudiciable à nous
« et à notre royaume que ne le vous pourrions écrire.
« Donné à Lyon le 23 juin. *Sic signatum*, FRANÇOIS.
« *Et plus bas*, GÉDOIN. »

Le parlement ordonna que les lettres-patentes du roi seraient lues, publiées et enregistrées, *quoad domanium duntaxat*, c'est-à-dire seulement pour ce qui regarde le domaine du roi : « plus, la cour a ordonné
« que le chancelier arrivé en cette ville, la cour le man-
« dera venir céans pour lui faire remontrances que la
« cour avisera pour le bien de la justice et choses pu-
« bliques de ce royaume. »

[1] Voyez chapitre xii, page 59. B.

Le parlement de Paris mander un chancelier qui est son chef et celui de toutes les cours de justice ! lui que le parlement appelle Monseigneur, tandis qu'il ne donne que le titre de Monsieur au premier prince du sang ! mais nous avons déjà vu combien tous les usages changent [1]. D'ailleurs le chancelier Duprat, auteur du concordat et de tant de vexations, était en horreur, et la haine publique ne connaît point de règle.

La même année 1522, il y eut aussi des remontrances du parlement au sujet du domaine aliéné par le roi à l'hôtel-de-ville de Paris, pour le paiement d'un impôt sur le vin et sur le pied-fourché, impôt dont l'hôtel-de-ville avait avancé les deniers. Ces remontrances sont l'origine de celles qui ont été faites sous tous les règnes suivants.

CHAPITRE XVII.

Du jugement de Charles, duc de Bourbon, pair, grand chambrier et connétable de France.

Ce fameux Charles de Bourbon, qui avait tant contribué à la gloire de la France, à la bataille de Marignan, qui fit depuis son roi prisonnier à la bataille de Pavie, et qui mourut en prenant Rome d'assaut, ne quitta la France, et ne fut la cause de tant de malheurs que pour avoir perdu un procès. Il est vrai qu'il s'agissait de presque tous ses biens.

[1] Chapitre 1er, page 7 ; et chapitre xv, page 67. B.

Louise de Savoie[1], mère de François Ier, n'ayant pu obtenir de lui qu'il l'épousât en secondes noces, voulut le ruiner; elle était fille d'une Bourbon, et cousine germaine de Susanne de Bourbon, femme du connétable, laquelle venait de mourir.

Non seulement Susanne avait laissé tous ses biens par testament à son mari, mais il en était héritier par d'anciens pactes de famille, observés dans tous les temps. Le droit de Charles de Bourbon était encore plus incontestable par son contrat de mariage, Charles et Susanne s'étant cédé mutuellement leurs droits, et les biens devant appartenir au survivant. Cet acte avait été solennellement confirmé par Louis XII, et paraissait à l'abri de toute contestation. Mais la mère du roi, régente du royaume, pendant que son fils allait à la guerre d'Italie, étant outragée et toute puissante, conseillée par le chancelier Duprat, ce grand auteur de plus d'une infortune publique, intenta procès devant le parlement de Paris, et eut le crédit de faire mettre en séquestre tous les biens du connétable.

Ce prince, d'ailleurs maltraité par François Ier, ne résista pas aux sollicitations de Charles-Quint; il alla commander les armées de l'empereur, et fut le fléau de ceux qui l'avaient persécuté.

Aux nouvelles de la défection du connétable, le roi différa son voyage d'Italie. Il donna commission au maréchal de Chabanes, grand-maître de sa maison, au premier président du parlement de Normandie, et à un maître des requêtes, d'aller interroger les confi-

---

[1] Connue dans l'histoire sous le nom de duchesse d'Angoulême. B.

dents du connétable, qui furent d'abord mis en prison.

Parmi ces confidents ou complices étaient deux évêques, celui d'Autun et celui du Puy. Un secrétaire du roi servit de greffier. C'est encore ici une marque évidente que les formalités changeaient selon les temps et selon les lieux.

Le reste de l'instruction fut fait par de nouveaux commissaires, Jean de Selve, premier président du parlement de Paris; Jean Solat, maître des requêtes; François de Loyne, président aux enquêtes; Jean Papillon, conseiller.

Le roi ordonna, par des lettres réitérées, du 20 septembre, du 15 et du 20 octobre 1522, de faire le procès au connétable absent, et à ses complices emprisonnés.

Les quatre commissaires conseillèrent au roi de renvoyer l'affaire au parlement de Paris; et le roi, par une lettre du premier novembre, leur témoigna qu'il désapprouvait beaucoup ce conseil.

Ces commissaires instruisirent donc le procès des prisonniers à Loches. Mais enfin le roi, incertain de la manière dont il fallait juger deux évêques, et craignant de se commettre avec Rome, renvoya l'affaire au parlement de Paris. Il ne fut plus question des deux évêques, on n'en parla plus; les laïques seuls furent condamnés: ils furent jugés au mois de janvier 1523, les uns à mort, les autres à d'autres peines. Le seigneur de Saint-Vallier, entre autres, fut condamné à perdre la tête, le 16 janvier 1523. C'est lui dont on prétend que les cheveux blanchirent en peu d'heures, après la lecture de son arrêt[1]. La tradition ajoute que François Ier ne lui sauva la vie que pour jouir de Diane de Poitiers, sa fille. Cette tradition serait bien plus vraisemblable que l'autre, si Diane n'avait pas été alors un enfant de quatorze ans, qui n'avait pas encore paru à la cour[2].

Quant au connétable de Bourbon, le roi vint le juger lui-même au parlement, le 8 mars 1523, accompagné seulement de deux nouveaux pairs, un duc d'Alençon, et un duc de Bourbon-Vendôme; les évêques de Langres et de Noyon furent les seuls pairs ecclésiastiques qui s'y trouvèrent : ils se retirèrent, ainsi que tous les conseillers-clercs, quand on alla aux opinions. Il fut seulement ordonné qu'on ajournerait le connétable à son de trompe.

Cette vaine cérémonie se fit à Lyon, parceque cette ville passait pour être la dernière du royaume du côté

---

[1] Il n'eut sa grace que sur l'échafaud, et resta malade d'une fièvre à laquelle on a donné le nom de Saint-Vallier, pour indiquer une fièvre causée par la peur. B.

[2] Le procès de Saint-Vallier est de 1523. Diane, sa fille, est morte le 26 avril 1566, âgée de 66 ans *trois mois* et 27 jours, suivant Dreux du Radier; ou de 66 ans 27 jours, suivant Bayle (différence qui vient peut-être de ce que les mots *trois mois* auront été oubliés dans la note transmise à Bayle par un de ses amis). Mais Dreux du Radier, au lieu de porter la naissance de Diane au 3 septembre 1499, aurait dû la placer au 31 décembre 1499, ce qui n'a point encore été remarqué. La différence entre Dreux du Radier et Bayle n'est, au reste, que des *trois mois*. Diane avait donc 23 ans, et non 14 ans, lors de la condamnation de son père : elle était mariée depuis près de dix ans, ce qui contredit les paroles de Mézeray, qui prétend que François Ier n'accorda la grace au père qu'*après avoir pris de sa fille ce qu'elle avait de plus précieux*. Dreux du Radier pense que Louis de Brézé, mari de Diane, n'eut point à se plaindre de la fidélité de sa femme. Ce ne fut qu'après son veuvage qu'elle devint maîtresse de François Ier. B.

de l'Italie, le Dauphiné, qui appartenait au dauphin, n'étant pas regardé comme province du royaume.

Pendant qu'on fesait ces procédures, le connétable commandait déjà l'armée ennemie; il entrait en Provence pour répondre à son ajournement, et comparaissait en assiégeant Marseille. Le roi, irrité que le parlement de Paris n'eût pas jugé à mort tous les complices de ce prince, nomma un président de Toulouse avec cinq conseillers, deux présidents de Bordeaux et quatre conseillers, deux conseillers du grand conseil, et un président de Bretagne, pour juger avec le parlement de Paris le reste des accusés, auxquels on n'avait pas encore fait le procès. Nouvel exemple bien frappant de la variété des usages et des formes[a].

Cependant on poursuivit lentement le procès contre le connétable; il fallait trois défauts de comparaître pour qu'on jugeât, comme on disait alors, *en profit de défaut;* mais toutes ces poursuites cessèrent quand le roi fut vaincu et pris à Pavie par l'armée, dans laquelle un des chefs était ce même Charles de Bourbon. Il fallut, au lieu de lui faire son procès, lui restituer, par le traité de Madrid, toutes ses terres, tous ses biens, meubles et immeubles, dans l'espace de six semaines, lui laisser le droit d'exercer ses prétentions sur la souveraineté de la Provence, et promettre de ne faire aucune poursuite contre ses amis et ses serviteurs. Le roi signa ce traité.

[a] Consultez les collections de Pierre Dupuy, garde de la Bibliothèque du roi, tome II; et voyez, sur tous les articles précédents, le *Recueil des édits et ordonnances*, le président De Thou, le comte de Boulainvilliers, et tous les historiens.

Il crut, quand il revint en France, que la politique ne lui permettait pas de tenir la parole à ses vainqueurs; et après la mort du connétable, tué en prenant Rome, François Ier le condamna, le 26 juillet 1527, dans la grand'chambre du parlement, assisté de quelques pairs. Le chancelier Duprat prononça l'arrêt qui « damnait et abolissait sa mémoire et renom- « mée à perpétuité, » et qui confisquait tous ses biens, meubles et immeubles.

Pour ses biens, on en rendit une partie à sa maison; et pour sa renommée, elle a toujours été celle d'un héros qui eut le malheur de se trop venger d'une injustice qu'on lui avait faite.

CHAPITRE XVIII.

De l'assemblée dans la grand'salle du palais, à l'occasion du duel entre Charles-Quint et François Ier.

Après que François Ier, mal conseillé par son courage et par l'amiral Bonnivet, eut perdu la bataille de Pavie, où il fit des actions de héros, et où il fut fait prisonnier; après qu'il eut langui une année entière en prison, il fallut exécuter le fatal traité de Madrid, par lequel il avait promis de céder au victorieux Charles-Quint la Bourgogne, que cet empereur regardait comme le patrimoine de ses ancêtres. Il ne consulta, sur cette affaire délicate, ni le parlement de Paris, ni le parlement de Bourgogne établi par Louis XI; mais il se fit représenter, à Cognac où il était, par des députés des états de Bourgogne, qu'il n'avait pu aliéner son domaine, et que, s'il persistait à céder la Bourgogne à l'empereur, ils en appelleraient aux états généraux, à qui seuls il appartenait d'en juger.

Les députés des états de Bourgogne savaient bien que les états généraux de l'empire avaient autant de droit que les états de France de juger cette question, ou plutôt qu'elle n'était que du ressort du droit de la guerre. Le vainqueur avait imposé la loi au vaincu : fallait-il que le vaincu accomplît ou violât sa promesse [1] ?

L'empereur, en reconduisant son prisonnier au-delà de Madrid, l'avait conjuré de lui dire franchement, et sur sa foi de gentilhomme, s'il était dans la résolution d'accomplir le traité, et avait même ajouté qu'en quelque disposition qu'il fût, il n'en serait pas moins libre. François Ier avait répondu qu'il tiendrait sa parole. L'empereur répliqua : « Je vous crois ; mais si « vous y manquez, je publierai partout que vous n'en « avez pas usé en homme d'honneur. » L'empereur était donc en droit de reprocher au roi que s'il avait combattu en brave chevalier à Pavie, il ne se condui-

---

[1] Un roi peut-il avoir le droit de soumettre une de ses provinces à un prince étranger?

Une assemblée nationale a-t-elle le pouvoir de priver des citoyens de leur droit de cité, et de les forcer de faire partie d'un autre peuple? La solution de ces questions sera-t-elle la même pour les pays où le droit de cité est attaché à la propriété territoriale, et pour ceux où il en est indépendant?

Nous n'entreprendrons point de décider ces questions; mais il est clair que si François Ier n'avait pas le droit de céder la Bourgogne, s'il avait fait une promesse qu'il ne pouvait pas tenir, il était obligé de se remettre entre les mains de l'empereur. K.

sait pas en loyal chevalier en manquant à sa promesse. Il dit aux ambassadeurs de France que le roi leur maître avait procédé de mauvaise foi, et que, quand il voudrait, il le lui soutiendrait seul à seul, c'est-à-dire dans un combat singulier.

Le roi, à qui on rapporta ce discours public, présenta sa réponse par écrit à l'ambassadeur de l'empereur, qui s'excusa de la lire, parcequ'il avait déjà pris congé. Vous l'entendrez au moins, dit le roi; et il lui fit lire l'écrit signé de sa main et par Robertet, secrétaire d'état. Cet écrit portait en propres mots :

« Vous fesons entendre que si vous nous avez voulu
« ou voulez nous charger, que jamais nous ayons fait
« chose qu'un gentilhomme, aimant son honneur, ne
« doive faire, nous disons que vous avez menti par la
« gorge, et qu'autant de fois que vous le direz vous
« mentirez; étant délibéré de défendre notre honneur
« jusqu'au dernier bout de notre vie; pour quoi, puis-
« que contre vérité vous nous avez voulu charger, dé-
« sormais ne nous écrivez aucune chose, mais nous
« assurez le camp, et nous vous porterons les armes;
« protestant que si, après cette déclaration, en autres
« lieux vous écrivez ou dites paroles qui soient contre
« notre honneur, que la honte du délai en sera vôtre;
« vu que venant audit combat, c'est la fin de toutes
« écritures. Fait en notre bonne ville et cité de Paris,
« le vingt-huitième jour de mars de l'an 1527, avant
« Pâques. FRANÇOIS. »

(10 septembre 1528) Le roi envoya ce cartel à l'empereur par un héraut d'armes. Charles-Quint envoya sa réponse par un autre héraut. Le roi la reçut dans

la grand'salle du palais; il était sur un trône élevé de quinze marches devant la table de marbre. A sa droite, sur un grand échafaud, étaient assis le roi de Navarre, le duc d'Alençon, le comte de Foix, le duc de Vendôme, le duc de Ferrare de la maison d'Est, le duc de Chartres, le duc d'Albanie, régent d'Écosse. De l'autre côté, étaient le cardinal Salviati, légat du pape, les cardinaux de Bourbon, Duprat, de Lorraine, l'archevêque de Narbonne.

Au-dessous des princes étaient les présidents et les conseillers du parlement, et au-dessous du banc des prélats étaient les ambassadeurs. Ce fut la première fois que le parlement en corps prit place dans une assemblée de tous les grands et de tous les ministres étrangers; et il y tint la place la plus honorable qu'on pût lui donner.

Il est vrai que ce grand appareil se réduisit à rien; le roi ne voulut écouter le héraut de l'empereur qu'en cas qu'il apportât la *sûreté du camp*, c'est-à-dire la désignation du lieu où Charles-Quint voulait combattre. En vain le héraut voulut parler, le roi lui imposa silence.

Nous ne rapportons ici cette illustre et vaine cérémonie que pour faire voir dans quelle considération était alors le parlement de Paris. Les maîtres des requêtes et les conseillers du grand conseil furent placés derrière les évêques pairs de France, et les autres prélats; les membres de la chambre des comptes n'eurent point de séance, quoique d'ordinaire ils en aient une égale à celle du parlement, dans toutes les cérémonies publiques.

L'ordre des cérémonies a changé en France comme tout le reste. A l'entrée du roi Louis XII, les processions des paroisses marchèrent les premières, celles des quatre ordres mendiants les secondes : elles furent suivies de la chambre des comptes, ensuite parut l'hôtel-de-ville; il fut suivi du châtelet; après le châtelet venait le parlement en robes rouges; les chevaliers de l'hôtel du roi et deux cents hommes d'armes suivaient à cheval; et le prévôt de Paris à cheval avec douze gardes fermait la marche. L'université ne parut point; elle attendit le roi à la porte de Notre-Dame.

Le cérémonial observé à l'entrée de François Ier fut tout différent; et il y eut encore des changements à celles de Henri II et de Charles IX, tant l'inconstance a régné dans les petites choses comme dans les grandes, et dans la forme de l'appareil comme dans la forme du gouvernement.

(1537) Le parlement fit une nouvelle cérémonie, à laquelle on ne pouvait donner un autre nom; ce fut de condamner juridiquement l'empereur Charles-Quint. Il fesait toujours la guerre à François Ier, et l'accusait devant toute l'Europe d'avoir violé sa parole, et d'avoir appelé les Turcs en Italie. Le roi le fit ajourner comme son vassal pour les comtés de Flandre et d'Artois. Il faut être bien sûr d'être le maître chez soi pour faire de telles procédures. Il oubliait que dans le traité de Madrid il avait racheté sa liberté par la cession de toutes ses prétentions sur ces fiefs.

Il vint donc au parlement avec les princes et les pairs; l'avocat général Cappel fit un réquisitoire contre Charles-Quint. On rendit arrêt par lequel on citerait Charles, empereur, à son de trompe sur la frontière ; et l'empereur n'ayant pas répondu, le parlement confisqua la Flandre, l'Artois et le Charolois, dont l'empereur resta le maître[1].

CHAPITRE XIX.

Des supplices infligés aux protestants ; des massacres de Mérindol et de Cabrières, et du parlement de Provence jugé criminellement par le parlement de Paris.

La coutume horrible de juger et de condamner à mort pour des opinions religieuses, fut introduite chez les chrétiens dès le quatrième siècle de l'ère vulgaire. Ce nouveau fléau, qui affligea la nature humaine, fut apporté d'Espagne par deux évêques nommés Itace et Idace, comme depuis un autre Espagnol introduisit l'horreur de l'inquisition. C'est ce qu'on peut voir en général dans l'*Essai sur les mœurs et l'esprit des nations*[2].

Les chrétiens s'étaient mutuellement égorgés dès long-temps auparavant, mais ils ne s'étaient pas encore avisés de se servir du glaive de la justice.

Cette nouvelle barbarie s'étant donc introduite chez les chrétiens, le roi Robert, le même que le pape Grégoire V avait osé excommunier pour avoir épousé sa

---

[1] Deux ans après, ce même parlement complimenta ce même empereur, et tint séance sous la présidence de Charles-Quint ; voyez, tome XXIII, les *Annales de l'Empire*, année 1539. B.

[2] Tome XVI, pages 244 et 253 ; tome XVII, page 343 ; voyez aussi, sur l'inquisition, tome XXVI, page 524 ; et tome XXX, page 390. B.

commère[1], le même qui avait quitté sa femme sur ce prétexte, et qui, étant fils d'un usurpateur mal affermi, cherchait à se concilier le siége de Rome, voulut lui complaire en fesant brûler dans Orléans, en sa présence, plusieurs chanoines accusés d'avoir conservé les anciens dogmes de l'ancienne Église des Gaules, qui ne connaissait ni le culte des images, ni la transsubstantiation, ni d'autres institutions. On les appelait manichéens[2], nom qu'on donnait alors à tous les hérétiques.

Le confesseur de la nouvelle reine Constance était du nombre de ces infortunés. Sa pénitente, dans un mouvement de zèle, lui creva un œil d'un coup de baguette, lorsqu'il allait au supplice. Tous ses compagnons et lui se jetèrent dans les flammes en chantant des psaumes, et crurent avoir la couronne du martyre.

Ceux qu'on appela Vaudois et Albigeois vinrent ensuite[3]: tous voulaient rétablir la primitive Église; et comme un de leurs principaux dogmes était la pauvreté, ou du moins la médiocrité évangélique, à laquelle ils voulurent réduire les prélats et les moines, les archevêques de Narbonne et de Lyon en firent brûler quelques uns par leur seule autorité. Les papes ordonnèrent contre eux une croisade comme contre les Turcs et les Sarrasins; on les extermina par le fer et par les flammes, et cent lieues de pays furent désolées.

Enfin les débauches, les assassinats et les empoisonnements du pape Alexandre VI, l'ambition guer-

[1] Voyez tome XVI, p. 18. B.—[2] Ibid., p. 61. B.—[3] Ibid., p. 243. B.

rière de Jules II, la vie voluptueuse de Léon X, ses rapines pour fournir à ses plaisirs, et la vente publique des indulgences, soulevèrent une partie de l'Europe. Le mal était extrême, il fallait au moins une réforme : elle fut commencée, mais par une défection entière, en Allemagne, en Suisse, et à Genève.

François Ier lui-même, en favorisant les lettres, avait fait naître le crépuscule à la lueur duquel on commençait à voir en France tous les abus de l'Église; mais il était toujours dans la nécessité de ménager le pape ainsi que le Turc, pour se soutenir contre l'empereur Charles-Quint. Cette politique l'engagea, malgré les supplications de sa sœur, la reine de Navarre, déjà calviniste, à faire brûler ceux qui seraient convaincus d'adhérer à la prétendue réforme. Il fit indiquer même, au commencement de 1535, par Jean Du Bellai, évêque de Paris, une procession générale à laquelle il assista, une torche à la main, comme pour faire amende honorable des profanations des sectaires. L'évêque portait l'eucharistie; le dauphin, les ducs d'Orléans, d'Angoulême et de Vendôme, tenaient les cordons du dais ; tous les ordres religieux et tout le clergé précédaient. On voyait les cardinaux, les évêques, les ambassadeurs, les grands officiers de la couronne, immédiatement après le roi. Le parlement, la chambre des comptes, toutes les autres compagnies fermaient la marche. On alla dans cet ordre à l'église de Notre-Dame, après quoi une partie de la procession se sépara pour aller à l'Estrapade voir brûler à petit feu six bourgeois que la chambre de la tournelle du parlement avait condamnés le matin pour les opinions nouvelles. On les suspendait au bout d'une longue poutre, posée sur une poulie au-dessus d'un poteau de vingt pieds de haut, et on les fesait descendre à plusieurs reprises sur un large bûcher enflammé. Le supplice dura deux heures, et lassa jusqu'aux bourreaux et au zèle des spectateurs.

Les deux jésuites Maimbourg et Daniel rapportent, après Mézerai, que François Ier fit dresser, pendant cette exécution, un trône dans la salle de l'évêché, et qu'il y déclara, dans un discours pathétique, « que si « ses enfants étaient assez malheureux pour tomber « dans les mêmes erreurs, il les sacrifierait de même. » Daniel ajoute que ce discours attendrit tous les assistants, et leur tira des larmes.

Je ne sais où ces auteurs ont trouvé que François I[er][a] avait prononcé ce discours abominable. La vérité est que dans ce temps-là même il écrivait à Mélanchthon, et qu'il le priait de venir à sa cour. Il sollicitait les luthériens d'Allemagne, et les soudoyait contre l'empereur; il fesait une ligue avec le sultan Soliman, qui fut entièrement conclue deux ans après; il livrait l'Italie aux Turcs; et les musulmans eurent une mosquée à Marseille, après que les chrétiens eurent été brûlés dans Paris et dans les provinces.

Il se passa, quelques années après, une scène bien

---

[a] Voyez *Essai sur les mœurs*, tome XVII, page 214. M. Garnier, continuateur de Velli, cite *Dubouchet* (*Annales d'Aquitaine*), le continuateur de *Nicolas Gilles*, *Belleforest*, *Sleidan*; mais je ne crois pas que ce soit à l'occasion du prétendu propos attribué à François Ier. — Tout ce qui précède est de Voltaire, et, à l'exception des premiers mots, est posthume. Mais Garnier rapporte le même discours de François Ier : voyez son *Histoire de France*, tome XXIV, in-12, page 539. B.

plus tragique. Il y avait sur les confins de la Provence et du comtat d'Avignon des restes de ces anciens Vaudois et Albigeois qui avaient conservé une partie des rites de l'Église des Gaules, soutenus par Claude, évêque de Turin, au huitième siècle, et perpétués jusqu'à nos jours dans les sociétés protestantes. Ces peuples habitaient vingt-deux bourgs, dans des vallées entourées de montagnes peu fréquentées, qui les rendaient presque inconnus au reste du monde. Ils cultivaient ces déserts depuis plus de deux cents ans, et les avaient rendus fertiles. Le véridique président De Thou, qui fut un des juges de l'affaire dont nous parlons, rend justice à l'innocence de leur vie *laborieuse;* il les peint « patients dans les plus grands tra-
« vaux, justes, sobres, ayant les procès en horreur,
« libéraux envers les pauvres, payant les tributs avec
« allégresse, n'ayant jamais fait attendre leurs sei-
« gneurs pour leurs rentes, assidus aux prières, igno-
« rant toute espèce de corruption, mais ne se pro-
« sternant point devant des images, ne fesant point le
« signe de la croix, et quand il tonnait, se bornant à
« lever les yeux au ciel, etc. »

Le vice-légat d'Avignon et le cardinal de Tournon résolurent d'exterminer ces infortunés. Ils ne songeaient ni l'un ni l'autre qu'ils allaient priver le roi et le pape de sujets utiles.

Meynier, baron d'Oppède, premier président du parlement de Provence, obtint des lettres de François Ier, qui portaient ordre d'agir selon les lois contre ces hommes agrestes; *quibus in eos legibus agatur,* dit De Thou.

Le parlement de Provence commença par condamner dix-neuf habitants de Mérindol, leurs femmes et leurs enfants, à être brûlés sans ouïr aucun d'eux; ils étaient errants dans les campagnes voisines. Cet arrêt alarma tout le canton. Quelques paysans prirent les armes, et pillèrent un couvent de carmes, sur les terres d'Avignon.

Le président d'Oppède demanda des troupes. L'évêque de Cavaillon, sujet du pape, commença par amener quelques soldats; il se mit à leur tête, saccagea quelques maisons, et tua quelques personnes. Ceux qu'il poursuivait se retirèrent sur les terres de France. Ils y trouvèrent trois mille soldats, conduits par le premier président d'Oppède, qui commandait dans la province en l'absence du gouverneur. L'avocat général fesait l'office de major dans cette armée. C'est à cet avocat qu'on amenait les prisonniers. Il leur fesait réciter le *Pater noster* et l'*Ave Maria*, pour juger s'ils étaient hérétiques; et quand ils récitaient mal ces prières, il criait *tolle et crucifige*, et les fesait arquebuser à ses pieds. Le soldat-français est quelquefois bien cruel, et quand la religion vient encore augmenter cette cruauté, il n'y a plus de bornes.

Il fut prouvé qu'en brûlant les bourgs de Mérindol et de Cabrières avec les villages d'alentour, les exécuteurs violèrent jusqu'à des filles de huit à neuf ans entre les bras de leurs mères, et massacrèrent ensuite les mères avec leurs filles. On enfermait pêle-mêle hommes, femmes, enfants, dans des granges auxquelles on mettait le feu, et tout était réduit en cendres. Le peu qu'on épargna fut vendu par les soldats à des capitaines de galères comme des esclaves. Toute la contrée demeura déserte, et la terre arrosée de sang resta sans culture.

Cet événement arriva en 1545. Plusieurs seigneurs de ces domaines sanglants et dévastés, se trouvant privés de leurs biens par cette exécution, présentèrent requête à Henri II contre le président d'Oppède, le président La Font, les conseillers Tributi, Badet, et l'avocat général Guérin.

La cause fut portée, sous Henri II, en 1550, au tribunal du grand conseil. Il s'agissait d'abord de savoir s'il y avait lieu de plaider contre le parlement d'Aix. Le grand conseil jugea qu'on devait évoquer la cause, et elle fut renvoyée au parlement de Paris, qui par là se trouva pour la première fois juge criminel d'un autre parlement.

Les deux présidents provençaux, l'avocat du roi Guérin, furent emprisonnés. On plaida pendant cinquante audiences; le vice-légat d'Avignon intervint dans la cause au nom du pape, et demanda, par son avocat Renard, que le parlement eût à ne point juger des meurtres commis dans les terres papales. On n'eut point d'égard à la réquisition de maître Renard.

Enfin, le 13 février 1552, l'avocat général Guérin eut la tête tranchée[a]. Le président De Thou nous apprend que le crédit de la maison de Guise sauva les autres du supplice qu'ils méritaient; mais que Meynier d'Oppède mourut dans les douleurs causées par les remords, et pires que le supplice.

[a] Le président Hénault dit que l'avocat général fut pendu en 1554 : il se

CHAPITRE XX.

Du parlement sous Henri II.

Le commencement du règne de Henri II fut signalé par ce fameux duel que le roi, en plein conseil, ordonna entre Jarnac et La Chataigneraie, le 11 juin 1547. Il s'agissait de savoir si Jarnac avait avoué à La Chataigneraie qu'il avait couché avec sa belle-mère. Ni les empereurs ni le sénat de Rome n'auraient ordonné un duel pour une pareille affaire; l'honneur chez les nations modernes n'était pas celui des Romains.

Le parlement ne fit aucune démarche pour prévenir ce combat juridique. Les cartels furent portés par des hérauts d'armes, et signifiés par-devant notaires. Le parlement lui-même en avait ordonné plusieurs autrefois, et ces mêmes duels, regardés aujourd'hui comme un crime irrémissible, s'étaient toujours faits avec la sanction des lois[1]. Le parlement avait ordonné celui de Carouge et de Le Gris, du temps de Charles VI, en 1386, et celui du chevalier Archon, et de Jean Picard, son beau-père, en 1354.

Tous ces combats s'étaient faits pour des femmes.

---

trompe sur le genre du supplice et sur la date. Ces horreurs sont détaillées dans l'*Essai sur les mœurs*, tome XVII, page 315 et suivantes; on ne peut trop en parler.

[1] Voyez, dans l'*Essai sur les mœurs*, le chapitre *des Duels*, tome XVII, page 25. B.

Carouge accusait Le Gris d'avoir violé la sienne, et le chevalier Arçhon accusait Jean Picard d'avoir couché avec sa propre fille. Non seulement les juges ecclésiastiques permirent aussi ces combats, mais les évêques et les abbés combattirent par procureurs; et l'on trouve dans *Le Vrai Théâtre d'honneur et de chevalerie*, que Geoffroi du Maine, évêque d'Angers, ayant un différent avec l'abbé de Saint-Serge pour la redevance d'un moulin, le procès fut jugé à coups de bâton par deux champions qui n'avaient pas le droit de se tuer avec l'épée, parcequ'ils n'étaient pas gentilshommes.

Cette ancienne jurisprudence a changé avec le temps, comme tout le reste. On vit bientôt, sous Henri II, un théâtre de carnage moins honorable et plus terrible. Les impôts créés par François Ier, et surtout les vexations sur le sel exercées par les exacteurs, soulevèrent le peuple en plusieurs endroits du royaume. On accusa le parlement de Bordeaux de s'être joint à la populace, au lieu de lui résister, et d'avoir été cause du meurtre du seigneur de Monins, commandant de Bordeaux, que les séditieux massacrèrent aux yeux des membres du parlement, qui marchaient avec eux habillés en matelots. Le connétable Anne de Montmorenci, gouverneur du Languedoc, vint avec un maître des requêtes, nommé Étienne de Neuilli, interdire le parlement pour un an; il fit exhumer le corps du seigneur de Monins par tous les officiers du corps de ville, qui furent obligés de le déterrer avec leurs ongles, et cent bourgeois passèrent par les mains du bourreau.

Ce traitement indisposa tous les parlements du royaume; celui de Paris déplut à la cour plus que les autres. Le roi, en 1554, le rendit semestre [1], et augmenta le nombre des charges : il en vendit soixante et dix nouvelles. Ces édits ne furent point vérifiés, mais ils furent exécutés pendant l'espace d'une année, après quoi le parlement ne fut plus semestre; mais il demeura surchargé de soixante et dix membres inutiles, qui avaient acheté leurs offices; abus que le président Jacques-Auguste De Thou déplore avec beaucoup d'éloquence.

Le règne de Henri II ne fut guère plus heureux que celui de son père. Les défaites de Saint-Quentin et de Gravelines affaiblissaient le respect public pour le trône, les impôts aliénaient l'affection, et tous les parlements étaient mécontents.

Le roi, pour avoir plus aisément de l'argent, convoqua une grande assemblée dans la chambre du parlement de Paris, en 1558. Quelques uns de nos historiens lui ont donné le nom d'états généraux, mais c'était une assemblée de notables, composée des grands qui se trouvèrent à Paris, et de quelques députés de province. Pour assembler de vrais états généraux, il eût fallu plus de temps, plus d'appareil, et la grand'chambre aurait été trop petite pour les contenir.

Les trésoriers généraux des finances y eurent une séance particulière; ni eux, ni le parlement, n'y furent confondus avec le tiers-état. Il n'était pas pos-

---

[1] C'est-à-dire que la moitié de la compagnie s'assemblait pendant six mois, et la seconde moitié pendant les autres six mois. B.

sible que le parlement, cour des pairs, n'eût pas une place distinguée dans le lieu même de sa résidence.

Le roi y parla lui-même, la convocation ne dura que huit jours; le seul objet était d'obtenir trois millions d'écus d'or; le clergé en paya un tiers, et le peuple les deux autres tiers : jusque-là tout fut paisible.

CHAPITRE XXI.

Du supplice d'Anne Dubourg.

Le duc François de Guise et le cardinal de Lorraine son frère commençaient à gouverner l'état sous Henri II. François de Guise avait été déclaré lieutenant général de l'état; et en cette qualité il précédait le connétable, et lui écrivait en supérieur. Le cardinal de Lorraine, qui avait la première place dans le conseil, voulut, pour se rendre encore plus nécessaire, établir en France l'inquisition, et il y parvint même enfin à quelques égards.

On n'institua pas à la vérité en France ce tribunal, qui offense à-la-fois la loi naturelle, toutes celles de l'état, la liberté des hommes et la religion qu'il déshonore en la soutenant; mais on donna le titre d'inquisiteurs à quelques ecclésiastiques qu'on admit pour juges dans les procès extraordinaires qu'on fésait à ceux de la religion prétendue réformée; tel fut ce fameux Mouchi qu'on appelait Démocharès, recteur de l'université. C'était proprement un délateur et un espion du cardinal de Lorraine; c'est pour lui qu'on inventa le sobriquet de mouchards, pour désigner les espions; son nom seul est devenu une injure.

Cet inquisiteur suborna deux jeunes gens pour déposer que les prétendus réformés avaient fait, le jeudi saint, une assemblée dans laquelle, après avoir mangé un cochon en dérision de l'ancien sabbat, ils avaient éteint les lampes, et s'étaient abandonnés, hommes et femmes, à une prostitution générale.

C'est une chose bien remarquable qu'une telle calomnie ait toujours été intentée contre toutes les nouvelles sectes, à commencer même par le christianisme, auquel on imputa des abominations pareilles. Les sectaires, nommés huguenots, réformés, protestants, évangéliques, furent poursuivis partout. On en condamna plusieurs aux flammes. Ce supplice ne paraît pas proportionné au délit. Des gens qui n'étaient convaincus que d'avoir prié Dieu dans leur langue naturelle, et d'avoir communié avec du pain levé et du vin, semblaient ne pas mériter un si affreux supplice; mais dès long-temps l'Église s'était servie des bûchers pour punir tous ceux qui avaient le malheur de ne pas penser comme elle. On supposait que c'était à-la-fois imiter et prévenir la justice divine, qui destine tous les ennemis de l'Église au feu éternel. Le bûcher était regardé comme un commencement de l'enfer [1].

[1] Voyez tome XVII, page 304, et dans les *Mélanges*, année 1766, le pa-

Deux chambres du parlement prirent également connaissance du crime d'hérésie, la grand'chambre et la tournelle, quoique depuis la grand'chambre se soit bornée aux procès civils, quand elle juge seule. Le roi donnait aussi des commissions particulières pour juger les délinquants. On nommait ces commissions *chambres ardentes*. Tant de supplices excitèrent enfin la pitié; et plusieurs membres du parlement, s'étant adonnés aux lettres, pensèrent que l'Église devait plutôt réformer ses mœurs et ses lois, que verser le sang des hommes ou les faire périr dans les flammes.

Il arriva au mois d'avril 1559, dans une assemblée qu'on nomme *mercuriale*, que les plus savants et les plus modérés du parlement proposèrent d'user de moins de cruauté, et de chercher à réformer l'Église. Ce fut l'avis du président Rauconet, d'Arnaud Ferrier, d'Antoine Fumée, de Paul de Foix, de Nicolas Duval, de Claude Viole, d'Eustache de La Porte, de Louis Du Faur, et du célèbre Anne Dubourg.

Un de leurs confrères les dénonça au roi. Il violait en cela son serment de conseiller, qui est de tenir les délibérations de la cour secrètes. Il violait encore plus les lois de l'honneur et de l'équité.

Le roi, excité par les Guises, et séduit par cette malheureuse politique qui fait croire que la liberté de penser détruit l'obéissance, vint au parlement, le 15 juin 1559, sans être attendu. Il était accompagné de Bertrand, ou Bertrandi, cardinal, garde des sceaux,

---

ragraphe IV du *Commentaire sur le livre des délits et des peines*; année 1769, le paragraphe XXII de l'opuscule *De la Paix perpétuelle*. B.

autrefois premier président du parlement, homme tout dévoué aux maximes ultramontaines. Le connétable de Montmorenci et plusieurs grands officiers de la couronne prirent séance.

Le roi, qui savait qu'on délibérait alors sur la même matière, voulut qu'on continuât à parler en liberté : plusieurs tombèrent dans le piége qu'on leur tendait. Le conseiller Claude Viole et Louis Du Faur recommandèrent éloquemment la réforme des mœurs et la tolérance des religions. Le conseiller Dubourg s'expliqua avec encore plus de force ; il montra combien il était affreux de voir régner à la cour la débauche, l'adultère, la concussion, l'homicide, tandis qu'on livrait aux tourments et à la mort des citoyens qui servaient le roi selon les lois du royaume, et Dieu selon leur conscience.

Dubourg, neveu du chancelier de ce nom, était diacre ; sa cléricature l'avait engagé à étudier plus qu'un autre cette funeste théologie qui est, depuis tant de siècles, un amas d'opinions contraires. La science l'avait fait tomber dans l'opinion de ces réformateurs ; d'ailleurs juge intègre, homme d'une vie irréprochable, et citoyen zélé.

Le roi ordonna au connétable de faire arrêter sur-le-champ Dubourg, Du Faur, de Foix, Fumée, La Porte : les autres eurent le temps de se sauver. Il y avait dans le parlement beaucoup plus de magistrats attachés à la maison de Guise qu'aux sciences.

Saint-André et Minard, présidents aux enquêtes, poursuivirent la mort d'Anne Dubourg. Comme il était dans le sacerdoce, il fut d'abord jugé par l'évêque de Paris, Du Bellai, assisté de l'inquisiteur Mouchi : il appela comme d'abus de la sentence de l'évêque, il réclama son droit d'être jugé par ses pairs, c'est-à-dire par les chambres du parlement assemblées; mais l'esprit de parti et l'asservissement aux Guises l'ayant emporté au parlement sur une de ses plus grandes prérogatives, Dubourg fut jugé successivement à l'officialité de Paris, à celle de Sens, et à celle de Lyon, et condamné dans toutes les trois à être dégradé et livré au bras séculier comme hérétique. On le mena d'abord à l'officialité; là, étant revêtu de ses habits sacerdotaux, on les lui arracha l'un après l'autre. On fit la cérémonie de passer légèrement un morceau de verre sur sa tonsure et sur ses ongles, après quoi il fut ramené à la Bastille, et condamné à être étranglé et brûlé, par des commissaires du parlement, que ses persécuteurs avaient nommés. Il reçut son arrêt avec résignation et courage : « Éteignez vos feux, dit-il à « ses juges, renoncez à vos vices, convertissez-vous « à Dieu. » Il fut pendu et brûlé dans la place de Grève, le 19 octobre 1559 [1].

Gui du Faur [2] fut condamné par les mêmes commissaires à une interdiction de cinq ans, et à une amende de cinq cents livres. Son arrêt porte : « Pour

[1] Les auteurs de l'*Art de vérifier les dates* disent le 23 décembre. Anne Dubourg, arrêté vingt-cinq jours avant la mort de Henri II, ne fut condamné que sous François II : voyez tome XVII, pages 319-320. Voltaire a composé un *Discours du conseiller Anne Dubourg à ses juges;* voyez les *Mélanges*, année 1771. B.

[2] Les auteurs de l'*Art de vérifier les dates* prétendent que les quatre coaccusés de Dubourg s'étant rétractés, furent renvoyés. L'un de ces coaccusés n'était pas Gui, mais Louis Du Faur, le même dont il a été question page 94. B.

« avoir témérairement avancé qu'il n'y a point de
« meilleur remède pour finir les troubles de l'Église,
« que l'assemblée d'un concile œcuménique, et qu'en
« attendant on doit suspendre les supplices. »

Une grande partie du parlement s'éleva contre cet
arrêt, et accepta la protestation de Du Faur; tout le
parlement fut long-temps partagé, les esprits s'échauf-
fèrent, et enfin le parti de la raison l'emportant sur
celui du fanatisme et de la servitude, le jugement des
commissaires contre Du Faur fut rayé et biffé à la pluralité des voix.

Cependant le conseiller Anne Dubourg ayant déclaré à la potence qu'il mourait serviteur de Dieu, et
ennemi des abus de l'Église romaine, son supplice fit
plus de prosélytes en un jour que les livres et les pré-
dications n'en avaient fait en plusieurs années. Le
nom catholique devint tellement en horreur aux protestants, et les factions furent si animées, que, depuis
ce temps jusqu'aux années paisibles et trop courtes où
Henri IV restaura le royaume, c'est-à-dire pendant
plus de quarante années, il ne se passa pas un seul
jour qui ne fût marqué par des querelles sanglantes,
par des combats particuliers ou généraux, ou par des
assassinats, ou par des emprisonnements, ou par des
supplices. Tel fut l'état où les disputes de religion
réduisirent le royaume pendant un demi-siècle, tandis
que la même cause eut à peu près les mêmes effets dans
l'Angleterre, dans l'Allemagne, et dans les Pays-Bas.

CHAPITRE XXII.

De la conjuration d'Amboise, et de la condamnation à mort de Louis de Bourbon, prince de Condé.

Si Anne Dubourg ne fut pas jugé par ses pairs assemblés, un prince du sang ne le fut pas non plus par les siens. François de Guise et le cardinal de Lorraine son frère, tous deux étrangers, mais tous deux devenus pairs du royaume, l'un par son duché de Guise, l'autre par son archevêché de Reims, étaient les maîtres absolus de l'état, sous le jeune et faible François II, qui avait épousé leur nièce Marie Stuart.

Les princes du sang, écartés et humiliés, ne purent se soutenir contre eux qu'en se joignant secrètement aux protestants, qui commençaient à faire un parti considérable dans le royaume. Plus ils étaient persécutés, plus leur nombre croissait; le martyre dans tous les temps a fait des prosélytes.

Louis de Condé, frère d'Antoine de Bourbon roi de la Basse-Navarre, entreprit d'ôter aux Guises un pouvoir qui ne leur appartenait pas, et se rendit criminel dans une juste cause par la fameuse conspiration d'Amboise. Elle fut tramée avec un grand nombre de gentilshommes de toutes les provinces, les uns catholiques, les autres protestants; elle fut si bien conduite, qu'après avoir été découverte, elle fut encore formidable. Sans un avocat, nommé d'Avenelles, qui la découvrit, non par zèle pour l'état, mais par intérêt, le succès était infaillible ; les deux princes lorrains étaient enlevés ou tués dans Amboise. Le prince de Condé, chef de l'entreprise, employait les conjurés, d'un bout de la France à l'autre, sans s'être découvert à eux. Jamais conspiration ne fut conduite avec plus d'art et plus d'audace.

La plupart des principaux conjurés moururent les armes à la main. Ceux qui furent pris auprès d'Amboise expirèrent dans les supplices; et cependant il se trouva encore dans les provinces des gentilshommes assez hardis pour braver les princes de Lorraine, victorieux et tout puissants : entre autres, le seigneur de Mouvans demeura en armes dans la Provence; et quand le duc de Guise voulut le regagner, Mouvans fit à ses émissaires cette réponse : « Dites aux princes « lorrains que tant qu'ils persécuteront les princes du « sang, ils auront dans Mouvans un ennemi irrécon- « ciliable. Tout pauvre qu'il est, il a des amis gens de « cœur. »

Le prince de Condé, qui attendait dans Amboise auprès du roi la victoire ou la défaite de ses partisans, fut arrêté dans le château d'Amboise par le grand prévôt de l'hôtel, Antoine Du Plessis Richelieu, tandis qu'on fesait mourir ses complices par la corde ou par la hache; mais il avait si bien pris ses mesures, et il parla avec tant d'assurance, qu'il fut mis en liberté.

La conspiration, découverte et punie, ne servit qu'à rendre François de Guise plus puissant. Le connétable Anne de Montmorenci, réduit à recevoir ses ordres et à briguer sa faveur, fut envoyé au parlement de Paris comme un simple gentilhomme de la maison du roi, pour rendre compte de la journée d'Amboise, et pour intimer un ordre de ne faire aucune grace aux hérétiques.

Le véridique De Thou rapporte en propres mots, « que les présidents et les conseillers comblèrent à « l'envi les princes de Lorraine d'éloges; le parlement « en corps viola l'usage, et abaissa sa dignité, dit-il, « jusqu'à écrire au duc de Guise, et à l'appeler, par « une lâche flatterie, le conservateur de la patrie. » Ainsi tout fut faible ce jour-là, le parlement et le connétable.

La même année 1560 le prince de Condé, échappé d'Amboise, et s'étant retiré dans le Béarn, s'y déclara publiquement de la religion réformée; et l'amiral de Coligni présenta une requête au roi, au nom de tous les protestants du royaume, pour obtenir une liberté entière de l'exercice de leur religion; ils avaient déjà deux mille deux cent cinquante églises, soit publiques, soit secrètes; tant le sang de leurs frères avait cimenté leur religion! Les Guises virent qu'on allait leur faire une guerre ouverte. Les protestants voulurent livrer la ville de Lyon au prince de Condé; ils ne réussirent pas; les catholiques de la ville s'armèrent contre eux, et il y eut autant de sang répandu dans la conspiration de Lyon que dans celle d'Amboise.

On ne peut concevoir comment, après cette action, le prince de Condé et le roi de Navarre, son frère, osèrent se présenter à la cour, dans Orléans, où le roi devait tenir les états. Soit que le prince de Condé crût avoir conduit ses desseins avec assez d'adresse pour n'être pas convaincu, soit qu'il pensât être assez puissant pour qu'on craignît de mettre la main sur lui, il se présenta, et il fut arrêté par Philippe de Maillé et par Chavigni-le-Roi, capitaine des gardes. Les Guises croyaient avoir assez de preuves contre lui pour le condamner à perdre la vie; mais n'en ayant pas assez contre le roi Antoine de Navarre, le cardinal de Lorraine résolut de le faire assassiner. Il y fit consentir le roi François II. On devait faire venir Antoine de Navarre dans la chambre du roi, ce jeune monarque devait lui faire des reproches, les témoins devaient s'écrier qu'Antoine manquait de respect au roi, et des assassins apostés devaient le tuer en présence du roi même.

Antoine, mandé dans la chambre de François II, fut averti à la porte, par un des siens, du complot formé contre sa vie. Je ne puis reculer, dit-il; je vous ordonne seulement, si vous m'aimez, de porter ma chemise sanglante à mon fils, qui lira un jour dans mon sang ce qu'il doit faire pour me venger. François II n'osa pas commettre ce crime, il ne donna point le signal convenu.

On se contenta de procéder contre le prince de Condé. Il faut encore observer ici qu'on ne lui donna que des commissaires, le chancelier de L'Hospital, Christophe De Thou, président du parlement, père de l'historien, les conseillers Faye et Viole. Ils l'interrogèrent, et ils devaient le juger avec les seigneurs du conseil étroit du roi; ainsi le duc de Guise lui-même devait être son juge. Tout était contre les lois dans ce procès. Le prince appelait en vain au roi : en vain il représentait qu'il ne devait être jugé que par les pairs assemblés; on déclarait ses appels mal fondés.

Le parlement, intimidé ou gagné par les Guises, ne fit aucune démarche. Le prince fut condamné à la pluralité des voix dans le conseil du roi, où l'on fit entrer le président Christophe De Thou et les deux conseillers du parlement.

François II se mourait alors; tout allait changer; le connétable de Montmorenci était en chemin, et allait reprendre son autorité. L'amiral Coligni, neveu du connétable, s'avançait; la reine-mère, Catherine de Médicis, était incertaine et accablée; le chancelier de L'Hospital ne voulait point signer l'arrêt; les deux princes de Guise osèrent bien la presser de faire exécuter le prince de Condé déjà condamné, et le roi de Navarre son frère, à qui on pouvait faire le procès en un jour. Le chancelier de L'Hospital soutint la reine chancelante contre cette résolution désespérée. Elle prit un parti sage; le roi son fils touchait à sa fin, elle profita des moments où elle était encore maîtresse de la vie des deux princes pour se réconcilier avec eux, et pour conserver son autorité malgré la maison de Lorraine. Elle exigea d'Antoine de Navarre un écrit, par lequel il renonçait à la régence, et se l'assura à elle-même dans son cabinet, sans consulter ni le conseil, ni les députés des états généraux qu'on devait tenir à Orléans, ni aucun parlement du royaume.

François II, son fils, mourut le 5 décembre, âgé de dix-sept ans et dix mois; son frère, Charles IX, n'avait que dix ans et demi. Catherine de Médicis sembla maîtresse absolue les premiers jours de ce règne. Elle tira le prince de Condé de prison de sa seule autorité; ce prince et le duc de Guise se réconcilièrent et s'embrassèrent en sa présence, avec la résolution déterminée de se détruire l'un l'autre ; et bientôt s'ouvrit la carrière des plus horribles excès où l'esprit de faction, la superstition, l'ignorance revêtue du nom de théologie, le fanatisme et la démence aient jamais porté les hommes.

Pendant que François II touchait à sa fin, le parlement de Paris réprima, autant qu'il le put, par un arrêt authentique, des maximes ultramontaines capables d'augmenter encore les troubles de l'état. Les aspirants au doctorat soutiennent en Sorbonne des thèses théologiques, ignorées pour l'ordinaire du reste du monde : mais alors elles excitaient l'attention publique. On soutint dans une de ces thèses, « que le pape, souverain « monarque de l'Église, peut dépouiller de leurs « royaumes les princes rebelles à ses décrets. » Le chancelier de L'Hospital envoya des lettres-patentes au président Christophe De Thou, et à deux conseillers, pour informer sur cette thèse aussi criminelle qu'absurde. Tanquerel, qui l'avait soutenue, s'enfuit. Le parlement rendit un arrêt par lequel la Sorbonne assemblée abjurerait l'erreur de Tanquerel. Le docteur Le Goust demanda pardon pour Tanquerel au nom de la Sorbonne, le 12 décembre 1560. On eut dans la suite des maximes plus affreuses à réfuter.

CHAPITRE XXIII.

Des premiers troubles sous la régence de Catherine de Médicis.

Dès que le faible François II eut fini son inutile vie, Catherine Medici, que nous nommons *de Médicis*, assembla les états dans Orléans, le 13 décembre 1560. Le parlement de Paris ni aucun autre n'y envoyèrent de députés. A peine, dans ces états, parlat-on de la régence ; on y confirma seulement au roi de Navarre la lieutenance générale du royaume, titre donné trois fois auparavant à François, duc de Guise.

La reine ne prit point le nom de régente, soit qu'elle crût que le nom de reine, mère du roi, dût lui suffire, soit qu'elle voulût éviter des formalités ; elle ne voulait que l'essentiel du pouvoir. Les états mêmes ne lui donnèrent point le titre de majesté ; les rois alors le prenaient rarement. Nous avons encore beaucoup de lettres de ce temps-là, où l'on dit à Charles IX et à Henri III, *votre altesse*. La variété et l'inconstance s'étendent *sur les noms et sur les choses*.

Catherine de Médicis était intéressée à rabaisser les Guises, qui l'avaient humiliée du temps de François II, et dans cette idée elle favorisa d'abord les calvinistes. Le roi de Navarre l'était, mais il craignait toujours d'agir. Le connétable de Montmorenci, l'homme le plus ignorant de la cour, et qui à peine savait signer son nom, fut long-temps indécis; mais sa femme, Magdeleine de Savoie, aussi bigote que son mari était ignorant, l'emporta sur les Coligni, et détermina son mari à s'unir avec le duc de Guise. Le maréchal de Saint-André se joignit à eux, et on donna à cette union le nom de triumvirat, parcequ'on aime toujours à comparer les petites choses aux grandes. Saint-André était en tout fort au-dessous de François de Guise et de Montmorenci; il était le Lépide de ce triumvirat, d'ailleurs plus connu par ses débauches et par ses rapines que par ses actions.

Ce fut là le premier signal des divisions au milieu des états d'Orléans. La reine-mère envoya d'abord un ordre, au nom du roi son fils, à tous les gouverneurs de provinces, de pacifier autant qu'ils le pourraient les troubles de religion. Cette déclaration défendait aux peuples de se servir des noms odieux de huguenots et de papistes. Elle rendait la liberté à tous les prisonniers pour cause de religion; elle rappelait ceux que la crainte avait fait retirer hors du royaume depuis le temps de François Ier. Rien n'était plus capable de ramener la paix, si les hommes eussent écouté la raison.

Le parlement de Paris, après beaucoup de débats, fit des remontrances. Il allégua que cette ordonnance[1] devait être adressée au parlement du royaume, et non aux gouverneurs des provinces. Il se plaignit qu'on donnât trop de liberté aux novateurs. La reine mena son fils au parlement, au mois de juillet : jamais il n'y eut une plus grande assemblée. Le prince

---

[1] La première édition porte, entre parenthèses, ces mots: (*Célèbre édit de juillet* 1561), et qui sont dans toutes les éditions que j'ai vues, données du vivant de l'auteur. B.

de Condé y était lui-même. On y fit enregistrer l'édit qu'on nomme de juillet, édit de concorde et de paix, beaucoup plus détaillé que l'ordonnance dont on se plaignait; édit qui recommandait à tous les sujets la tolérance, qui défendait aux prédicateurs les termes injurieux, sous peine de la vie, qui prohibait les assemblées publiques, et qui, en réservant aux ecclésiastiques seuls la connaissance de l'hérésie, prescrivait aux juges de ne prononcer jamais la peine de mort contre ceux mêmes que l'Église livrerait au bras séculier.

Cet édit fut suivi du colloque de Poissi, tenu au mois d'auguste 1561[1]. Cette conférence ne pouvait être qu'inutile entre deux partis diamétralement opposés. D'un côté l'on voyait un cardinal de Lorraine, un cardinal de Tournon, des évêques comblés de richesses, un jésuite, nommé Laïnez[2], et des moines, défenseurs opiniâtres de l'autorité du pape; de l'autre étaient de simples ministres protestants[3], tous pauvres, tous voulant qu'on fût pauvre comme eux, et tous ennemis irréconciliables de cette puissance papale qu'ils regardaient comme l'usurpation la plus tyrannique.

Les deux partis se séparèrent très mécontents l'un de l'autre, ce qui ne pouvait être autrement.

---

[1] L'ouverture s'en fit le 9 septembre. B.

[2] Ce Jacques Laïnez, né en 1512, mort en 1565, était, depuis 1558, général des jésuites. Il avait succédé dans cette place au fondateur S.-Ignace, et obtint l'introduction de sa société en France. Voyez page 117; voyez aussi ce que Voltaire a dit de Laïnez, tome XVIII, page 63. B.

[3] De leur nombre était Théodore de Bèze: voyez tome XVIII, page 62. B.

Jacques-Auguste De Thou rapporte que le cardinal de Tournon ayant reproché vivement à la reine d'avoir mis au hasard la religion romaine en permettant cette dispute publique, Catherine lui répondit : « Je n'ai rien fait que de l'avis du conseil et du par-« lement de Paris. »

Il paraît cependant que la majorité du parlement était alors contre les réformateurs. Apparemment la reine entendait que les principales têtes de ce corps lui avaient conseillé le colloque de Poissi.

Après cette conférence, dont on sortit plus aigri qu'on n'y était entré, la cour, pour prévenir les troubles, assembla dans Saint-Germain-en-Laie, le 17 janvier 1562, des députés de tous les parlements du royaume. Le chancelier de L'Hospital leur dit que, dans les divisions et dans les malheurs de l'état, il ne fallait pas imiter Caton, à qui Cicéron reprochait d'opiner dans le sein de la corruption comme il eût fait dans les temps vertueux de la république.

On proposa des tempéraments qui adoucissaient encore l'édit de juillet. Par ce nouvel édit, long-temps connu sous le nom d'édit de janvier, il fut permis aux réformés d'avoir des temples dans les faubourgs de toutes les villes. Nul magistrat ne devait les inquiéter; au contraire on devait leur prêter main-forte contre toute insulte, et condamner à mille écus d'or d'amende ceux qui troubleraient leurs assemblées; mais aussi ils devaient restituer les églises, les maisons, les terres, les dîmes dont ils s'étaient emparés. Ils ne pouvaient, par cet édit, convoquer aucun synode qu'en présence des magistrats du lieu. Enfin on leur enjoignait d'être en tout des citoyens soumis, en servant Dieu selon leur conscience.

Quand il fallut enregistrer ce nouvel édit, le parlement fit encore plusieurs remontrances. Enfin, après trois lettres de jussion, il obéit, le 6 mars[a], en ajoutant la clause, « Qu'il cédait à la volonté abso-« lue du roi; qu'il n'approuvait point la religion nou-« velle, et que l'édit ne subsisterait que jusqu'à nouvel « ordre. » Cette clause, dictée par le parti des Guises et du triumvirat, inspira la défiance aux réformés, et rendit les deux édits de pacification inutiles.

Les querelles d'état et de religion augmentèrent par les moyens mêmes qu'on avait pris pour les pacifier. Le petit triumvirat, la faction des Guises et celle des prêtres menaçaient et choquaient dans toutes les occasions le parti des Condé, des Coligni et des réformés : on était encore en paix, mais on respirait la guerre civile.

Le hasard qui causa le massacre de Vassi fit enfin courir la France entière aux armes; et si ce hasard n'en avait pas été la cause, d'autres étincelles auraient suffi pour allumer l'embrasement[1].

[a] 1562.

[1] Il est très douteux que ce tumulte ait été l'effet du hasard : toutes les apparences y sont contraires. Le duc de Guise protesta, dit-on, à la mort, de son innocence. Mais le duc de Guise qui, après avoir immolé cent mille victimes à son ambition, osait dire que sa religion lui ordonnait de pardonner; le duc de Guise qui, après avoir dirigé, sous François II, les intrigues qui devaient conduire le prince de Condé sur un échafaud, déclara publiquement, sous Charles IX, que jamais il n'avait trempé dans les projets des ennemis du prince, et offrit de lui servir de second contre eux, ce même duc de Guise mérite-t-il d'être cru sur sa parole, lorsqu'en mourant il désavoue d'avoir projeté le tumulte de Vassi ? D'ailleurs, le style de la déclara-

Le prince de Condé s'empara de la ville d'Orléans (avril 1562), et se fit déclarer, par son parti, protecteur du royaume de France; soit qu'il empruntât ce titre des Anglais[1], comme il est très vraisemblable, soit que les circonstances présentes le fournissent d'elles-mêmes.

Au lieu d'apaiser cette guerre civile naissante, le parlement, où le parti des Guises dominait toujours, rendit, au mois de juillet 1562, plusieurs arrêts par lesquels il proscrivait les protestants, ordonnait à toutes les communautés de prendre les armes, de poursuivre et de tuer tous les novateurs qui s'assembleraient pour prier Dieu en français.

Le peuple déchaîné par la magistrature exerça sa cruauté ordinaire partout où il fut le plus fort; à Ligueil en Touraine il étrangla plusieurs habitants, arracha les yeux au pasteur du temple, et le brûla à petit feu. Cormeri, Loches, l'île Bouchard, Azai-le-Rideau, Vendôme, furent saccagés; les tombeaux des ducs de Vendôme mis en pièces, leurs corps exhumés, dans l'espérance d'y trouver quelques joyaux, et leurs cendres jetées au vent. Ce fut le prélude de cette Saint-Barthélemi qui effraya l'Europe dix années après, et dont le souvenir inspirera une horreur éternelle.

---

tion qu'on nous a transmise n'est ni d'un mourant, ni du duc de Guise : c'est une pièce évidemment fabriquée ; et quand il serait vrai qu'on l'eût fait adopter ou signer à ce duc mourant, on sent combien cette circonstance ôterait encore de force à son témoignage. K.

[1] Voyez tome XVIII, page 324. B.

CHAPITRE XXIV.

Du chancelier de L'Hospital. De l'assassinat de François de Guise.

On croit bien que toutes ces cruautés ne furent point sans représailles ; les protestants firent autant de mal qu'on leur en fesait, et la France fut un vaste théâtre de carnage. Le parlement de Toulouse fut partagé. Vingt-deux conseillers tenaient encore pour les édits de pacification, les autres voulaient que les protestants fussent exterminés. Ceux-ci se retranchèrent dans l'hôtel de ville ; on se battit avec fureur dans Toulouse ; il y périt trois à quatre mille citoyens, et c'est là l'origine de cette fameuse procession qu'on fait encore à Toulouse tous les ans, le 10 mars, en mémoire de ce qu'on devrait oublier. Le chancelier de L'Hospital, sage et inutile médecin de cette frénésie universelle, cassa vainement l'arrêt qui ordonnait cette funeste cérémonie annuelle[1].

Le prince de Condé cependant fesait une véritable guerre. Son propre frère, le roi de Navarre, après avoir long-temps flotté entre la cour et le parti protestant, ne sachant s'il était calviniste ou papiste, toujours incertain et toujours faible, suivit le duc de Guise au siége de Rouen, dont les troupes du prince de Condé s'étaient emparées ; il y fut blessé à mort,

---

[1] Voyez dans les *Mélanges*, année 1766, l'*Avis au public sur les parricides imputés aux Calas et aux Sirven*. B.

en visitant la tranchée, le 13 octobre 1562[1]: la ville fut prise et livrée au pillage. Tous les partisans du prince de Condé qu'on y trouva furent massacrés, excepté ceux qu'on réserva au supplice. Le chancelier de L'Hospital, au milieu de ces meurtres, fit encore publier un édit par lequel le roi et la reine sa mère ordonnaient à tous les parlements du royaume de suspendre toute procédure criminelle contre les hérétiques, et proposaient une amnistie générale à ceux qui s'en rendraient dignes.

Voilà le troisième arrêt de douceur et de paix que ce grand homme fit en moins de deux ans; mais la rage d'une guerre à-la-fois civile et religieuse l'emporta toujours sur la tolérance du chancelier.

Le parlement de Normandie, malgré l'édit, fit pendre trois conseillers de ville et le prédicant ou ministre Marlorat, avec plusieurs officiers.

Le prince de Condé à son tour souffrit que dans Orléans, dont il était maître, le conseil de ville fît pendre un conseiller du parlement de Paris, nommé Sapin, et un prêtre qui avait été pris en voyageant; il n'y avait plus d'autre droit que celui de la guerre.

Cette même année se donna la première bataille rangée entre les catholiques et les huguenots, auprès de la petite ville de Dreux, non loin des campagnes d'Ivri, lieu où depuis le grand Henri IV gagna et mérita sa couronne.

D'un côté on voyait ces trois triumvirs, le vieux et malheureux connétable de Montmorenci; François

[1] Voyez la note sur le vers 88 du chant II de *la Henriade*, tome X. B.

de Guise, qui n'était plus lieutenant général de l'état, mais qui, par sa réputation, en était le premier homme; et le maréchal de Saint-André qui commandait sous le connétable.

A la tête de l'armée protestante était le prince Louis de Condé, l'amiral Coligni, et son frère d'Andelot : presque tous les officiers de l'une et de l'autre armée étaient ou parents ou alliés, et chaque parti avait amené des troupes étrangères à son secours.

L'armée catholique avait des Suisses, l'autre avait des reîtres. Ce n'est pas ici le lieu de décrire cette bataille : elle fut, comme toutes celles que les Français avaient données, sans ordre, sans art, sans ressource prévue. Il n'y eut que le duc de Guise qui sut mettre un ordre certain dans le petit corps de réserve qu'il commandait. Le connétable fut enveloppé et pris, comme il l'avait été à la bataille de Saint-Quentin. Le prince de Condé eut le même sort. Le maréchal de Saint-André, abandonné des siens, fut tué par le fils du greffier de l'hôtel de ville de Paris, nommé Bobigni. Ce maréchal avait emprunté de l'argent au greffier : au lieu de payer le père, il avait maltraité le fils. Celui-ci jura de s'en venger, et tint parole. Un simple citoyen qui a du courage est supérieur, dans une bataille, à un seigneur de cour qui n'a que de l'orgueil.

Le duc de Guise voyant les deux chefs opposés prisonniers, et tout en confusion, fit marcher à propos son corps de réserve, et gagna le champ de bataille : ce fut le 20 décembre 1562. François de Guise alla bientôt après faire le siége d'Orléans. Ce fut là qu'il fut assassiné, le 18 février 1563, par Poltrot de Méré[1], gentilhomme angoumois. Ce n'était pas le premier assassinat que la rage de religion avait fait commettre. Il y en avait eu plus de quatre mille dans les provinces; mais celui-ci fut le plus signalé, par le grand nom de l'assassiné, et par le fanatisme du meurtrier, qui crut servir Dieu en tuant l'ennemi de sa secte.

J'anticiperai ici un peu le temps pour dire que, quand Charles IX revint à Paris, après sa majorité, la mère du duc de Guise, Antoinette de Bourbon, sa femme Anne d'Est, et toute sa famille, vinrent en deuil se jeter aux genoux du roi, et demander justice contre l'amiral Coligni, qu'on accusait d'avoir encouragé Poltrot à ce crime.

Le parlement condamna Poltrot, le 18 mars, à être déchiré avec des tenailles ardentes, tiré à quatre chevaux et écartelé, supplice réservé aux assassins des rois. Le criminel varia toujours à la question, tantôt chargeant l'amiral Coligni et d'Andelot, son frère, tantôt les justifiant. Il demanda à parler au premier président, Christophe De Thou, avant que d'aller au supplice. Il varia de même devant lui. Tout ce qu'on put enfin conjecturer de plus vraisemblable, c'est qu'il n'avait d'autre complice que la fureur du fanatisme. Tels ont été presque tous ceux à qui l'abus de la religion chrétienne a mis dans tous les temps le poignard à la main, tous aveuglés par les exemples de Jaël, d'Aod, de Judith, et de Mathathias qui tua dans le

---

[1] Voyez tome XVIII, page 66; François de Guise ne mourut que six jours après ses blessures. B.

temple l'officier du roi Antiochus, dans le temps que ce capitaine voulait exécuter les ordres de son maître, et sacrifier un cochon sur l'autel. Tous ces assassinats étant malheureusement consacrés, il n'est pas étonnant que des fanatiques absurdes, ne distinguant pas les temps et les lieux, aient imité des attentats qui doivent inspirer l'horreur, quoique rapportés dans un livre qui inspire du respect.

CHAPITRE XXV.

De la majorité de Charles IX, et de ses suites.

Après la prise de Rouen et la bataille de Dreux, le chancelier de L'Hospital réussit à donner à la France quelque ombre de paix. On posa les armes des deux côtés, on rendit tous les prisonniers. Il y eut un quatrième édit de pacification signé et scellé à Amboise, le 19 mars 1563, publié et enregistré au parlement de Paris et dans toutes les cours du royaume.

Le roi fut ensuite déclaré majeur au parlement de Normandie; il n'avait pas encore quatorze ans accomplis; né le 27 juin 1550, l'acte de sa majorité est du 14 auguste 1563 : ainsi il était âgé de treize ans un mois et dix-sept jours. Le chancelier de L'Hospital dit, dans son discours, que c'était pour la première fois que les années commencées passaient pour des années accomplies. Il est difficile de démêler pourquoi il parlait ainsi : car Charles VI fut sacré à Reims en 1380, âgé de treize ans et quelques jours. Ce fut plutôt la première fois qu'un roi fut déclaré majeur dans un parlement. Charles IX s'assit sur un trône; la reine sa mère vint lui baiser la main à genoux; elle fut suivie d'Alexandre, duc d'Orléans, qui fut depuis le roi Henri III; du prince de Navarre, c'est le grand Henri IV; ensuite Charles, cardinal de Bourbon, le prince Louis de Montpensier, François son fils, nommé le *Dauphin d'Auvergne*, Charles de La Roche-sur-Yon, rendirent le même hommage, et vinrent se ranger auprès du roi.

Le cardinal de Lorraine et le cardinal Odet de Châtillon, frère de l'amiral, suivirent les princes. Il est à remarquer que le cardinal de Châtillon [1] s'était déclaré protestant; il s'était publiquement marié à l'héritière de Péquigni, et il n'en assista pas moins en habit de cardinal à cette cérémonie. Éléonore, duc de Longueville, descendant du fameux Dunois, baisa la main du roi après les cardinaux; ensuite vint le connétable de Montmorenci, l'épée nue à la main; le chancelier Michel de L'Hospital, quoique fils d'un médecin, et n'étant pas au rang des nobles, suivit le connétable; il précéda les maréchaux de Brissac, de Montmorenci, de Bourdillon. Le marquis de Gouffier de Boisi, grand-écuyer, parut après les maréchaux de France.

L'édit fut porté par le marquis de Saint-Gelais de Lansac au parlement de Paris, pour y être enregistré;

---

[1] Voyez tome XVIII, page 67; c'est à ce cardinal de Châtillon que Rabelais dédia le quatrième livre de Pantagruel; voyez dans les *Mélanges*, année 1767, la fin de la première des *Lettres à son altesse monseigneur le prince de****, et aussi tome XXVI, p. 268. B.

« mais, dit le président De Thou, ce parlement le re-
« fusa; il députa Christophe De Thou (son père), Ni-
« colas Prévôt, président des enquêtes, et le conseiller
« Guillaume Viole, pour représenter qu'aucun édit
« ne devait passer en aucun parlement du royaume,
« sans avoir été auparavant vérifié à celui de Paris;
« que l'édit sur la majorité du roi portait que les hu-
« guenots auraient liberté de conscience, mais qu'en
« France il ne devait y avoir qu'une religion; que le
« même édit ordonnait à tout le monde de poser les
« armes, mais que la ville de Paris devait être toujours
« armée, parcequ'elle était la capitale et la forteresse
« du royaume. »

Le roi, quoique jeune, mais instruit par sa mère, répondit : « Je vous ordonne de ne pas agir avec un
« roi majeur comme vous avez fait pendant sa mino-
« rité; ne vous mêlez pas des affaires dont il ne vous
« appartient pas de connaître; souvenez-vous que
« votre compagnie n'a été établie par les rois que pour
« rendre la justice suivant les ordonnances du souve-
« rain. Laissez au roi et à son conseil les affaires d'état;
« défaites-vous de l'erreur de vous regarder comme les
« tuteurs des rois, comme les défenseurs du royaume,
« et comme les gardiens de Paris. »

Les députés ayant rapporté à la compagnie les intentions du roi, le parlement délibéra : les sentiments furent partagés. Pierre Séguier, président qu'on nomme à mortier, c'est-à-dire président de la grand'chambre du parlement, et François Dormi, président des enquêtes, allèrent rendre compte de ce partage au roi, qui était alors à Meulan. Le roi cassa, le 24 septembre, cet arrêt de partage, ordonna que la minute serait biffée et lacérée; et enfin le parlement enregistra l'édit de la majorité le 28 septembre de la même année.

CHAPITRE XXVI.

De l'introduction des Jésuites en France.

On sait assez que l'Espagnol Ignace de Loyola, s'étant déclaré le chevalier errant de la Vierge Marie, et ayant fait la veille des armes en son honneur, était venu apprendre un peu de latin à Paris à l'âge de trente-trois ans [1]; que n'ayant pu y réussir, il fit vœu avec quelques uns de ses compagnons d'aller convertir les Turcs, quoiqu'il ne sût pas plus le turc que le latin. Enfin, n'ayant pu passer en Turquie, il se consacra lui et les siens à enseigner le catéchisme aux petits enfants, et à faire tout ce que voudrait le pape; mais peu de gens savent pourquoi il nomma sa congrégation naissante *la Société de Jésus*.

Les historiens de sa vie rapportent que sur le grand chemin de Rome il fut ravi en extase, que le Père éternel lui apparut avec son fils chargé d'une longue croix, et se plaignant de ses douleurs; le Père éternel recommanda Ignace à Jésus, et Jésus à Ignace. Dès ce jour il appela ses compagnons *jésuites*, ou

---

[1] Voyez tome XVII, page 331; et tome XXX, page 286. B.

Compagnie de Jésus. Il ne faut pas s'étonner qu'une compagnie à laquelle on a reproché tant de politique ait commencé par le ridicule : la prudence achève souvent les édifices fondés par le fanatisme.

Les disciples d'Ignace obtinrent de la protection en France. Guillaume Duprat, évêque de Clermont, fils du cardinal Duprat, leur donna dans Paris une maison qu'ils appelèrent le collége de Clermont, et leur légua trente-six mille écus par son testament.

Ils se mirent aussitôt à enseigner. L'université de Paris s'opposa à cette nouveauté, en 1554. L'évêque Eustache du Bellai, à qui le parlement renvoya les plaintes de l'université, déclara que l'institut était contraire aux lois et dangereux à l'état. Le cardinal de Lorraine, qui les protégeait, obtint, le 25 avril 1560, des lettres de François II au parlement de Paris, portant ordre d'enregistrer la bulle du pape et la patente du roi qui établissaient les jésuites. Le parlement, au lieu d'enregistrer les lettres, renvoya l'affaire à l'assemblée de l'Église gallicane. C'était précisément dans le temps du colloque de Poissi. Les prélats qui y étaient assemblés en grand nombre, approuvèrent l'institut sous le nom de Société, et non d'ordre religieux, à condition qu'ils prendraient un autre nom que celui de jésuites.

L'université alors leur intenta procès au parlement, après avoir consulté le célèbre Charles Dumoulin. Pierre Versoris plaida pour eux; le savant Étienne Pasquier, pour l'université. (5 avril 1562) Le parlement rendit un arrêt par lequel, en se remettant à délibérer plus amplement sur leur institut, il leur permettait par provision d'enseigner la jeunesse[a].

Tel fut leur établissement, telle fut l'origine de toutes les querelles qu'ils essuyèrent et qu'ils suscitèrent depuis, et qui enfin les ont chassés du royaume.

CHAPITRE XXVII.

Du chancelier de L'Hospital, et de ses lois.

L'introduction des jésuites en France ne servit pas à éteindre les feux que la religion avait allumés. Ils étaient, par un vœu particulier, dévoués aux ordres du pape; et l'Espagne étant le berceau de leur institut, les premiers jésuites établis à Paris furent les émissaires de Philippe II, qui fondait une partie de sa grandeur sur les misères de la France.

Le chancelier de L'Hospital était presque le seul homme du conseil qui voulût la paix. A peine avait-il donné un édit de pacification, que les prédicateurs catholiques et protestants prêchaient le meurtre dans plusieurs provinces, et criaient aux armes.

L'Hospital, pour dernière ressource, imagina de faire voyager le jeune roi Charles IX dans toutes les provinces de son royaume. On le montra de ville en ville, comme celui qui devait guérir tant de maux. A

---

[a] Le président Hénault dit qu'ils n'ouvrirent leur collége qu'en 1574. Cette méprise est peu importante.

peine avait-on de quoi subvenir aux frais de ce voyage; l'agriculture était négligée, presque toutes les manufactures étaient tombées, la France était aussi pauvre que turbulente.

Ce fut dans ce voyage que le législateur L'Hospital fit la célèbre ordonnance de Moulins, en 1566. On vit les plus sages lois naître des plus grands troubles. Il venait d'établir la juridiction consulaire à Paris et dans plusieurs villes, et par là il abrégeait des procédures ruineuses, qui étaient un des malheurs des peuples. L'édit de Moulins ordonne la frugalité et la modestie dans les vêtements, que la pauvreté publique ordonnait assez, et que le luxe des grands n'observait guère.

C'est depuis cette ordonnance qu'il n'est plus permis de redemander en justice des créances au-dessus de cent livres, sans produire des billets ou des contrats. L'usage contraire n'avait été établi que par l'ignorance des peuples, chez qui l'art d'écrire était très rare. Les anciennes substitutions faites à l'infini furent limitées au quatrième degré. Toutes les donations furent enregistrées au greffe le plus voisin pour avoir une authenticité certaine.

Les mères qui se remariaient n'eurent plus le pouvoir de donner leurs biens à leur second mari. La plupart de ces utiles réglements sont encore en vigueur. Il y en eut un plus salutaire que tous les autres, qui n'essuya que les murmures publics; ce fut l'abolissement des confréries. La superstition les avait établies chez les bourgeois, la débauche les conservait;

on fesait des processions en faveur d'un saint dont on portait l'image grossière au bout d'un bâton; après quoi on s'enivrait, et la fureur de l'ivresse redoublait celle des factions [a].

Ces confréries servirent beaucoup à former la Ligue, dont le cardinal de Lorraine avait fait dès long-temps le projet.

Cet article et quelques autres empêchèrent le parlement de Paris d'enregistrer l'édit de Moulins; mais, après deux remontrances, il fut vérifié le 23 décembre 1566.

Ce qui rendait le parlement difficile était la manière un peu dure dont le chancelier s'était exprimé devant l'assemblée des notables, convoquée à Moulins pour y publier ces lois. Elle était formée de tous les princes du sang, de tous les grands officiers du royaume, et de plusieurs évêques. On avait appelé à ce conseil le premier président du parlement de Paris, Christophe De Thou, et Pierre Séguier, président; Jean Daffis, premier président du parlement de Toulouse; Jacques-Benoît de Largebaston, de celui de Bordeaux; Jean Truchon, de celui de Grenoble; Louis Le Fèvre, de celui de Dijon; et Henri Fourneau, président au parlement d'Aix.

L'Hospital commença sa harangue en disant que presque tous les maux de l'état avaient leur origine dans la mauvaise administration de la justice; qu'on avait trop souffert que des juges résignassent leurs offices à des hommes incapables; qu'il fallait diminuer le nombre inutile des conseillers, supprimer les

[a] 1566.

épices, et soumettre les juges à la censure. Il parla bien plus fortement dans le lit de justice que le roi tint à Bordeaux dans ce voyage.

« Messieurs, dit-il, le roi a trouvé beaucoup de « fautes en ce parlement, lequel étant comme plus « dernièrement institué, car il y a cent et deux ans, « vous avez moindre excuse de vous départir des an- « ciennes ordonnances, et toutefois vous êtes aussi « débauchés que les vieux, par aventure pis.... Enfin « voici une maison mal réglée. La première faute que « je vous vois commettre, c'est de ne garder les or- « donnances, en quoi vous désobéissez au roi. Si vous « avez des remontrances à lui faire, faites-les, et « connaîtrez après sa dernière volonté. C'est votre « faute aussi à vous, présidents et gens du roi, qui « devez requérir l'observation des lois ; mais vous cui- « dez être plus sages que le roi, et estimez tant vos « arrêts que les mettez par-dessus les ordonnances, « que vous interprétez comme il vous plaît. J'ai cet « honneur de lui être chef de justice ; mais je serais « bien marri de lui faire une interprétation de ses « ordonnances de moi-même, et sans lui communi- « quer.

« On vous accuse de beaucoup de violences ; vous « menacez les gens de vos jugements, et plusieurs « sont scandalisés de la manière dont faites vos affai- « res, et surtout vos mariages ; quand on sait quelque « riche héritière, quant et quant c'est pour M. le con- « seiller, et on passe outre....

« Il y en a entre vous lesquels pendant ces troubles « se sont faits capitaines ; les autres commissaires des

« vivres..... Vous baillez même votre argent à intérêt
« aux marchands, et ceux-là devraient laisser leur
« robe, et se faire marchands. D'ambition, vous en
« êtes tous garnis. Eh! soyez ambitieux de la grace
« du roi, et non d'autre. »

Cette inflexible sévérité du chancelier de L'Hospital, qui semblait si opposée à son esprit de tolérance, nuisit plus que ses bonnes lois ne servirent. Il eût dû faire des réprimandes aux particuliers coupables, et ne pas outrager les corps entiers; il les indisposait, il était cause lui-même de la résistance aux édits de paix, et détruisait son ouvrage[1]. Les catholiques attaquèrent impunément les protestants, et bientôt la guerre recommença plus violente qu'auparavant.

CHAPITRE XXVIII.

Suite des guerres civiles. Retraite du chancelier de L'Hospital. Journée de la Saint-Barthélemi. Conduite du parlement.

Auguste De Thou, contemporain, qui fut long-temps le témoin des malheurs de sa patrie, qui voulut en vain les adoucir, et qui les a racontés avec tant de vérité, nous apprend que l'inobservation des édits, les supplices, les bannissements, le dépouillement

---

[1] Ce ne fut point la sévérité de L'Hospital qui le perdit. Jamais la magistrature, en France, n'a eu le crédit de déplacer un ministre; mais souvent elle a été un des instruments dont les intrigants de la cour se sont servis.

Les véritables ennemis de la tolérance, de la paix publique et du chancelier, étaient le cardinal de Lorraine et ses neveux. K.

des biens, les meurtres réitérés et toujours impunis, déterminèrent enfin les protestants à se défendre. Ils étaient alors au nombre de plus d'un million qui ne voulaient plus être persécutés par les quatorze ou quinze autres dont la France était composée. Ils étaient persuadés que dans le voyage de Charles IX par toutes les provinces de la France, le roi et la reine sa mère avaient vû secrètement le duc d'Albe à Bayonne, et qu'excités par le pape et par le cardinal de Lorraine, ils avaient pris des mesures sanglantes avec ce duc d'Albe pour exterminer en France la religion qu'on appelait la réformée et la seule véritable.

On donna d'abord sous les murs de Paris la bataille de Saint-Denys[a], où le connétable de Montmorenci reçut sept blessures mortelles. Le chancelier de L'Hospital, après chaque bataille, trouvait le moyen de faire rendre un édit de pacification. Ils étaient aussi nécessaires qu'ils devinrent inutiles ; celui-ci, qui était très ample, et qui accordait la plus grande liberté de conscience, fut enregistré au parlement de Paris (27 mars 1568); mais quand le roi eut fait porter cet édit au parlement de Toulouse par un gentilhomme nommé Rapin, qui avait appartenu au prince de Condé, le parlement de Toulouse, au lieu de faire vérifier l'édit, fit couper la tête à Rapin. On peut juger si une telle violence servit à concilier les esprits. Elle fut d'autant plus funeste qu'elle demeura impunie. Le meurtre de René de Savoie, comte de Cipierre, assassiné dans la ville de Fréjus avec toute sa suite, pour avoir favorisé la religion protestante

[a] 10 novembre 1566.

qui n'était pas la sienne, fut un nouveau signal de guerre.

Pour comble de malheur, précisément dans ce temps-là, le pape Pie V, Ghisleri, autrefois dominicain, violent persécuteur d'une religion ennemie de son pouvoir, envoya au roi une bulle qui lui permettait d'aliéner le fonds de cinquante mille écus de rente de biens ecclésiastiques, à condition qu'il exterminerait les huguenots dans son royaume.

L'Hospital s'opposa fortement dans le conseil à cette bulle, qui trafiquait du sang des Français; mais le cardinal de Lorraine l'emporta. L'Hospital se retira dans sa maison de campagne, et se démit de sa place de chancelier. Il est à croire que s'il eût gardé cette place, les calamités de la France auraient été moins horribles, et qu'on n'aurait pas vu arriver la journée de la Saint-Barthélemi.

Dès que le seul homme qui inspirait des sentiments de douceur fut sorti du conseil, la cour fut entièrement livrée au cardinal de Lorraine et au pape; on révoqua tous les édits de paix, on en publia coup sur coup, qui défendaient sous peine de la vie toute autre religion que la catholique romaine. On ordonna à tous les prédicants ou ministres calvinistes de sortir du royaume quinze jours après la publication. Les protestants furent privés de leurs charges et de la magistrature. Le parlement de Paris, en publiant ces édits, y ajouta une clause, ce qui ne s'était jamais fait auparavant. Cette clause était qu'à l'avenir tout homme reçu en charge ferait serment de vivre et de mourir dans la religion catholique romaine, et cette loi a subsisté depuis dans toute sa force.

Ces édits, qui ordonnaient à des milliers de citoyens de changer de religion, ne pouvaient produire que la guerre : toute la France fut encore un théâtre de carnage.

La bataille de Jarnac[a], suivie de plus de vingt combats, signala l'année 1569, qui finit par la bataille de Montcontour[1], la plus meurtrière de toutes. L'amiral de Coligni était alors le chef le plus renommé des protestants. (13 septembre 1569) Le parlement de Paris le condamna à la mort, et l'arrêt promettait cinquante mille écus à quiconque le livrerait vivant. (28 septembre) Le procureur général Bourdin requit qu'on donnât la même somme à quiconque l'assassinerait, et que, quand même l'assassin serait coupable de crime de lèse-majesté, on lui promît sa grace. L'arrêt fut ainsi réformé suivant le réquisitoire. On donna un pareil arrêt contre Jean de La Ferrière, vidame de Chartres, et contre le comte de Montgomeri; leurs effigies avec celle de l'amiral furent traînées dans un tombereau, et pendues à une potence; mais les têtes de Ferrière et de Montgomeri ne furent point mises à prix.

Ce fut là le premier exemple des proscriptions, depuis celles du triumvirat romain. Le cardinal de Lorraine fit traduire en latin, en allemand, en italien, et en anglais, cet arrêt de proscription.

Un des valets-de-chambre de Coligni, nommé Do-

[a] 13 mars 1569. — [1] 3 octobre 1569. B.

minique d'Albe, crut pouvoir mériter les cinquante mille écus en empoisonnant son maître; mais il eût été douteux qu'un empoisonnement, difficile d'ailleurs à prouver, lui eût valu la somme promise. Il fut reconnu sur le point d'exécuter son crime, et pendu avec cet écriteau, *Traître envers Dieu, sa patrie, et son maître.*

Le parti protestant, malgré les pertes de Jarnac et de Montcontour, fesait de grands progrès dans le royaume; il était maître de La Rochelle et de la moitié du pays au-delà de la Loire. Le jeune Henri, roi de Navarre, depuis roi de France, et le prince Henri de Condé, son cousin, avaient succédé au prince Louis de Condé, tué à la bataille de Jarnac. Jeanne de Navarre avait elle-même présenté son fils aux troupes et aux députés des églises protestantes, qui le reconnurent pour leur chef, tout jeune qu'il était.

Les protestants reprenaient de nouvelles forces et de nouvelles espérances. La cour manquait d'argent, malgré les bulles du pape. Elle fut obligée d'envoyer demander la paix à Jeanne de Navarre, mère de Henri IV. L'amiral Coligni, chef du parti au nom de ce prince, était très lassé de la guerre : la cour enfin se crut heureuse de revenir au système du chancelier de L'Hospital; elle abolit tous les édits nouveaux qui ôtaient aux calvinistes leurs emplois et la liberté de conscience; on leur laissa tous leurs temples dans Paris et à la cour. On leur permit même dans le Languedoc de ne plus dépendre du parlement de Toulouse, qui avait fait trancher la tête au calviniste Rapin, envoyé du roi lui-même. Ils pouvaient porter toutes leurs causes, des juridictions subalternes du Languedoc aux maîtres des requêtes de l'hôtel. Ils pouvaient, dans les parlements de Rouen, de Dijon, d'Aix, de Grenoble, de Rennes, récuser à leur choix six juges, soit présidents, soit conseillers, et quatre dans Bordeaux. On leur abandonnait pour deux ans les villes de La Rochelle, Montauban, Cognac, et La Charité: c'était plus qu'on n'avait jamais fait pour eux; et cependant l'édit fut enregistré au parlement de Paris et par tous les autres, sans aucune représentation.

La misère publique, causée par la guerre, et devenue extrême, fut la cause de ce consentement général. Cette paix, qu'on appela *mal-assise et boiteuse*[1], fut conclue le 15 auguste 1570. La cour de Rome ne murmura point; son silence fit penser qu'elle était instruite des desseins secrets de Catherine de Médicis et de Charles IX, son fils. La cour accordait des conditions trop favorables aux protestants pour qu'elles fussent sincères. Le dessein était pris d'exterminer pendant la paix ceux qu'on n'avait pu détruire par la guerre. Sans cela, il n'eût pas été naturel que le roi pressât l'amiral Coligni de venir à la cour, qu'on l'accablât de graces extraordinaires, et qu'on rendît sa place dans le conseil au même homme qu'on avait pendu en effigie, et dont la tête était proscrite. On lui permit même d'avoir auprès de lui cinquante gentilshommes dans Paris; c'était probablement cin-

---

[1] Cette paix fut ainsi appelée, parceque, dit Daniel, elle avait été conclue, au nom du roi, par les sieurs de Biron et de Mesmes, dont le premier était boiteux, et l'autre portait le nom de sa seigneurie de Malassise. B.

quante victimes de plus qu'on fesait tomber dans le piége.

Enfin arriva la journée de la Saint-Barthélemi [a], préparée depuis deux années entières; journée dans laquelle une partie de la nation massacra l'autre, où l'on vit les assassins poursuivre les proscrits jusque sous les lits et dans les bras des princesses qui intercédaient en vain pour les défendre, où enfin Charles IX lui-même tirait d'une fenêtre de son Louvre sur ceux de ses sujets qui échappaient aux meurtriers [1]. Les détails de ces massacres, que je dois omettre ici, seront présents à tous les esprits jusqu'à la dernière postérité.

Je remarquerai seulement que le chancelier de Birague [b], qui était garde des sceaux cette année, fut, ainsi qu'Albert de Gondi, depuis maréchal de Retz, un de ceux qui préparèrent cette journée. Ils étaient tous deux Italiens. Birague avait dit souvent que, pour venir à bout des huguenots, il fallait employer des cuisiniers, et non pas des soldats. Ce n'était pas là le chancelier de L'Hospital.

[a] 24 août 1572.

[1] Le texte de Brantome, qui rapporte cette particularité, est transcrit dans une note du chant second de *la Henriade*. On avait, en 1793, placé devant cette fenêtre, qui est sur le quai du Louvre, à l'extrémité méridionale de la galerie d'Apollon, un poteau avec une inscription. Bonaparte, premier consul, fit disparaître, en 1802, ce poteau qui, suivant quelques personnes, aurait dû être placé ailleurs et sur la rue des Poulies. Voici l'inscription qu'on avait mise sur le poteau : *C'est de cette fenêtre que l'infame Charles IX, d'exécrable mémoire, a tiré sur le peuple avec une carabine.* B.

[b] Il est omis comme garde des sceaux dans l'*Abrégé chronologique* du président Hénault.

La journée de la Saint-Barthélemi fut ce qu'il y a jamais eu de plus horrible. La manière juridique dont la cour voulut soutenir et justifier ces massacres fut ce qu'on a vu jamais de plus lâche. Charles IX alla lui-même au parlement le troisième jour des massacres, et pendant qu'ils duraient encore. Il présupposa que l'amiral de Coligni et tous ceux qu'on avait égorgés, et dont on continuait de poursuivre la vie, avaient fait une conspiration contre sa personne et contre la famille royale, et que cette conspiration était prête d'éclater, quand on se vit obligé de l'étouffer dans le sang des complices.

Il n'était pas possible que Coligni, assassiné trois jours avant par Maurevert, presque sous les yeux du roi, et blessé très dangereusement, eût fait dans son lit cette conspiration prétendue.

C'était le temps des vacances du parlement; on assembla exprès une chambre extraordinaire. Cette chambre condamna, le 27 septembre 1572, l'amiral Coligni, déjà mort et mis en pièces, à être traîné sur la claie, et pendu à un gibet dans la place de Grève, d'où il serait porté aux fourches patibulaires de Montfaucon. Par cet arrêt, son château de Châtillon-sur-Loing fut rasé; les arbres du parc coupés; on sema du sel sur le territoire de cette seigneurie; on croyait par là rendre ce terrain stérile, comme s'il n'y eût pas eu dans ces temps déplorables assez de friches en France. Un ancien préjugé fesait penser que le sel ôte à la terre sa fécondité : c'est précisément tout le contraire; mais l'ignorance des hommes égalait alors leur férocité.

Les enfants de Coligni, quoique nés du sang le plus illustre, furent déclarés roturiers [1], privés non seulement de tous leurs biens, mais de tous les droits de citoyens, et incapables de tester. Enfin le parlement ordonna qu'on ferait tous les ans à Paris une procession pour rendre graces à Dieu des massacres, et pour en célébrer la mémoire. Cette procession ne se fit point, parceque les temps changèrent; et cette honte fut du moins épargnée à la nation.

Par un autre arrêt du même jour, deux gentilshommes, amis de l'amiral, Briquemaut et Cavagnes, échappés aux assassins de la Saint-Barthélemi, furent condamnés à être pendus comme complices de la prétendue conspiration; ils furent traînés le même jour dans un tombereau à la Grève, avec l'effigie de l'amiral. De Thou assure que le roi et Catherine sa mère vinrent jouir de ce spectacle à l'hôtel de ville, et qu'ils y traînèrent le roi de Navarre, notre Henri IV.

La cour avait d'abord écrit dans plusieurs provinces que les massacres de Paris n'avaient été qu'un léger tumulte excité par la conspiration de l'amiral: mais, par un second courrier, on envoya dans toutes les provinces un ordre exprès de traiter les protestants comme on les avait traités à Paris [2].

---

[1] On a vu, tome XVIII, page 14, que Philippe II accorda à la famille de l'assassin Gérard des lettres de noblesse dont elle jouit long-temps. B.

[2] Voyez, dans le tome X, l'*Essai sur les guerres civiles de France*. Une lettre de Charles IX, dont une copie fait partie du manuscrit de la bibliothèque du roi, intitulé: *Lettres et dépêches du roi à monsieur de Mandelot*, prouve qu'on avait envoyé dans les provinces des hommes chargés d'ordres verbaux et secrets tout contraires aux dépêches publiques qui avaient été adressées aux gouverneurs. B.

Les peuples de Lyon et de Bordeaux furent ceux qui imitèrent la fureur des Parisiens avec le plus de barbarie. Un jésuite, nommé Edmond Ogier, excitait le peuple de Bordeaux au carnage, un crucifix à la main. Il mena lui-même les assassins chez deux conseillers au parlement dont il croyait avoir à se plaindre, et qu'il fit égorger sous ses yeux [a].

Le cardinal de Lorraine était alors à Rome. La cour lui dépêcha un gentilhomme pour lui porter ces nouvelles. Le cardinal lui fit sur-le-champ présent de mille écus d'or. Le pape Grégoire XIII fit incontinent tirer le canon du château Saint-Ange; on alluma le soir des feux de joie dans toute la ville de Rome. Le lendemain le pape, accompagné de tous les cardinaux, alla rendre graces à Dieu dans l'église de Saint-Marc et dans celle de Saint-Louis; il y marcha à pied en procession; l'ambassadeur de l'empereur lui portait la queue, le cardinal de Lorraine dit la messe; on frappa des médailles sur cet événement (j'en ai eu une entre les mains); on fit faire un grand tableau dans lequel les massacres de la Saint-Barthélemi étaient peints. On lit dans une banderole, au haut du tableau, ces mots : *Pontifex Colinii necem probat* [1].

---

[a] Ils se nommaient Guilloche et Sevin.

[1] Il paraît que Paul, écuyer du duc de Guise, porta à Rome la tête de Coligni. C'est ce qu'on peut conclure de ce passage (publié en 1828 dans le tome VII des *Archives historiques du département du Rhône*, page 432) d'une lettre de Mandelot, gouverneur de Lyon, à Charles IX, en date du 5 septembre 1572 : « J'ai aussi reçu, sire, la lettre qu'il a pleu à V. M. m'es-
« crire, par laquelle elle me mande d'avoir esté avertie qu'il y a un homme
« qui est parti de par-delà avec la teste qu'il auroit prise dudit admiral, après
« avoir été tué, pour la porter à Rome, et de prendre garde, quand ledit
« homme arrivera en ceste ville, de le faire arrester, et lui oster ladite teste;

Charles IX ne survécut pas long-temps à ces horreurs. Il vit que, pour comble de malheurs, elles avaient été inutiles. Les protestants de son royaume, n'ayant plus d'autre ressource que de vendre chèrement leur vie, furent encouragés par leur désespoir. L'atrocité de la Saint-Barthélemi fit horreur à un grand nombre de catholiques qui, ne pouvant croire qu'une religion si sanguinaire pût être la véritable, embrassèrent la protestante.

Charles IX, dévoré de remords et d'inquiétude, tomba dans une maladie mortelle. Son sang s'alluma et se corrompit; il lui sortait quelquefois par les pores; le sommeil le fuyait; et quand il goûtait un moment de repos, il croyait voir les spectres de ses sujets égorgés par ses ordres; il se réveillait avec des cris affreux, tout trempé de son propre sang, effrayé de celui qu'il avait répandu, n'ayant pour consolation que sa nourrice, et lui disant avec des sanglots : « Ah! « ma nourrice, que de sang! que de meurtres! qu'ai-je « fait! je suis perdu. »

Il mourut le 30 mai 1574, n'ayant pas encore vingt-quatre ans[1]. Le président Hénault a remarqué que le

« à quoy j'ay incontinent donné si bon ordre que s'il se présente, le com-
« mandement qu'il plaît à V. M. m'en faire, sera ensuivi. Et n'est passé jus-
« ques icy par ceste ville autre personne pour s'en aller du côté de Rome,
« qu'un escuyer de monsieur de Guise, nommé Paul, lequel estoit parti
« quatre heures auparavant du jour mesme que je reçus ladite lettre de
« V. M. »

Ce fut par les pieds que le corps de l'amiral fut pendu au gibet de Montfaucon. B.

[1] On lit *n'ayant pas encore* vingt-quatre *ans*, dans toutes les éditions données du vivant de Voltaire. Charles IX, né le 27 juin 1550, mourut âgé de 23 ans 11 mois 3 jours. C'est donc par erreur que quelques éditions portent : *n'ayant pas encore* vingt-cinq *ans*. B.

jour de ses obsèques à Saint-Denys, le parlement étant à table, envoya un huissier commander au grand-aumônier Amyot de venir lui dire grace, comme au roi de France. On croit bien que le grand-aumônier refusa de venir à cette cérémonie.

CHAPITRE XXIX.

Seconde régence de Catherine de Médicis. Premiers états de Blois. Empoisonnement de Henri de Condé. Lettre de Henri IV, etc.

Charles IX, douze jours avant sa mort, sentant sa fin approcher, remit le gouvernement entre les mains de Catherine sa mère, le 18 mai. Le lendemain on dressa les patentes qui la déclaraient régente jusqu'à l'arrivée de son frère Henri, qui était alors en Pologne. Ces patentes ne furent enregistrées au parlement de Paris que le 3 juin. L'acte porte : « que la « reine a bien voulu accepter la régence aux instantes « prières du duc d'Alençon, du roi de Navarre, du « cardinal de Bourbon, et des présidents et conseillers « à ce députés. » Ce fut alors seulement qu'elle prit le titre de reine régente.

Henri III, roi de Pologne, s'échappa bientôt de Varsovie pour venir tenir d'une main faible, quoique sanguinaire, les rênes du plus malheureux des états, et du plus mauvais gouvernement qui fût alors au monde.

Le duc Henri de Guise, surnommé *le Balafré*, prit la place de François son père, et son frère Louis, cardinal, celle du cardinal de Lorraine. Tous deux se mirent à la tête de l'ancien parti, toujours opposé aux princes de la maison de Bourbon.

Le cardinal de Lorraine avait imaginé le projet de la Ligue, le duc de Guise et son frère l'exécutèrent. Elle commença en Picardie, en 1576, au milieu même de la paix que Henri III venait d'accorder à ses sujets. Il avait déclaré, dans l'assemblée de Moulins, qu'il désavouait la Saint-Barthélemi à laquelle il n'avait eu que trop de part. Il réhabilitait la mémoire de Coligni et de tous ses amis que le parlement avait condamnés; il donnait des places de sûreté au parti protestant, et même il lui donnait, dans chacun des huit parlements[1] qui partageaient alors la juridiction de tout le royaume,

---

[1] Il n'y avait alors en France que huit parlements, savoir :

I. Paris, établi en	1302
II. Toulouse,	1444
III. Grenoble,	1453
IV. Bordeaux,	1462
V. Dijon,	1494
VI. Aix,	1501
VII. Rouen,	1515
VIII. Rennes,	1553

Il y en avait douze en 1762, lorsque Voltaire publia les *Idées républicaines* (voyez les *Mélanges*, année 1762). Les quatre nouveaux étaient :

IX. Pau, établi en	1620
X. Metz,	1634
XI. Besançon,	1676
XII. Douai,	1686

Un treizième parlement fut érigé par Louis XVI à Nancy, en septembre 1775. Ces parlements ont été supprimés par le décret de l'assemblée nationale du 6 octobre 1790.

Il y avait eu un parlement de Dombes, qui siégea à Lyon, puis à Trévoux, alors enclave, et qui fut supprimé en 1775. B.

une chambre mi-partie de catholiques et de protestants pour juger leurs procès sans partialité. Les Guises prirent ce temps pour faire cette fameuse et longue conspiration sous le nom de sainte Ligue.

Le président Hennequin, un conseiller au châtelet, nommé La Bruyère, et son père, parfumeur sur le Pont-au-Change, furent les premiers qui allumèrent l'embrasement dans Paris. Le roi se trouva, au bout de trois mois, entouré d'un parti formidable dépendant des Guises et du pape.

Cette conspiration de la moitié du royaume n'avait rien qui annonçât la rébellion et la désobéissance au roi. La religion la rendait respectable et dangereuse. Henri III crut s'en rendre maître en s'en déclarant le chef; mais il n'en fut que l'esclave, et ensuite la victime. Il se vit obligé de révoquer tous ses édits, et de faire la guerre au roi de Navarre, qui fut depuis heureusement son successeur, mais pour trop peu de temps, et qui seul pouvait être son défenseur. Il assembla d'abord les premiers états de Blois, le 3 décembre 1576. Le tiers-état y fut assis aussi bien que le clergé et la noblesse. Les princes du sang y prirent place suivant l'ordre de leur naissance, et non pas suivant celui des pairies, comme il se pratiquait autrefois; la proximité de la couronne régla leur rang, et ils prirent le pas sans difficulté sur tous les autres pairs du royaume. On en fit une déclaration qui fut enregistrée le 8 janvier 1577. Le parlement n'eut de place à ces états ni en corps, ni par députés; mais le premier président de la chambre des comptes, Antoine Nicolaï, vint y prendre séance et y parler, et chacun des trois ordres nomma des commissaires pour examiner avec lui les besoins de l'état[a].

Ces premiers états de Blois ne donnèrent point d'argent au roi, qui en avait un extrême besoin; mais le clergé demanda la publication du concile de Trente, dont plus de vingt-quatre décrets étaient directement contraires aux lois du royaume et aux droits de la couronne. La noblesse et le tiers-état s'y opposèrent avec force. Les trois ordres ne se réunirent que pour laisser le roi dans l'indigence où ses profusions et une guerre malheureuse contre son héritier présomptif l'avaient réduit.

On a prétendu qu'à ces premiers états de Blois les députés des trois ordres avaient été chargés d'une instruction approuvée du roi, portant que « les cours « des parlements sont des états généraux au petit « pied. » Cette anecdote se trouve dans l'*Examen* d'une histoire de Henri IV, assez inconnue, composée par un écrivain nommé M. de Bury; mais l'auteur de l'*Examen* [1] se trompe. Il est très faux, et il n'est pas

---

[a] Le P. Daniel ne parle d'aucun de ces faits : c'est qu'il apprenait l'histoire de France à mesure qu'il l'écrivait.

[1] L'*Examen de la nouvelle Histoire de Henri IV, de M. de Bury, par M. le marquis de B****, lu dans une séance d'académie, auquel on a joint une pièce analogue*, Genève, 1768, in-8°, a été attribué à Voltaire. Le ton sur lequel il en parle ici ne permet guère d'adopter cette opinion. J'ai vu un exemplaire de l'*Examen*, avec des notes de la main de Wagnière, secrétaire de Voltaire. Ces notes, où l'auteur de l'*Examen* est combattu sans ménagement, sont presque toutes reproduites dans l'édition de l'*Examen*, qui fait partie du tome II de l'*Évangile du jour*.

La *Pièce analogue*, imprimée à la suite de l'*Examen*, est le morceau intitulé : *Le président De Thou justifié* (voyez les *Mélanges*, année 1766).

Dans le chapitre xi de ses *Fragments sur l'histoire générale* (voyez les *Mé-*

possible que les états généraux aient ordonné à leurs députés de dire au roi que les parlements sont des états généraux. L'instruction porte ces propres paroles : « Il faut que tous édits soient « vérifiés et « comme contrôlés ès cours de parlement, lesquelles, « combien qu'elles ne soient qu'une forme des trois « états, raccourcie au petit pied, ont pouvoir de sus- « pendre, modifier et refuser lesdits édits¹. » Voyez les Mémoires de Nevers, page 449 du premier volume.

langes, année 1773), Voltaire traite l'*Examen* de libelle, et en cite un passage qu'il avait déjà cité dans ses *Questions sur l'Encyclopédie*, au mot QUISQUIS (voyez tome XXXII, page 77).

Il paraît que La Beaumelle, à qui, depuis son exil en Provence, il était défendu d'écrire, pria le marquis de Belestat de se laisser attribuer l'*Examen*.

Si Voltaire eût été auteur de l'*Examen*, il ne l'aurait pas critiqué si souvent, ni si vivement. B.

¹ On commençait alors, en Europe, à s'apercevoir que les hommes avaient des droits antérieurs et supérieurs à toutes les lois positives. A la vérité, au lieu de chercher ces droits dans la nature, on les cherchait dans la Bible, dans la Mythologie, dans les lois des républiques grecques, dans les coutumes des peuples barbares. La science retardait les progrès de la raison. Cependant on sentit aux états de Blois que le roi, n'étant pas obligé d'assembler les états généraux à des époques fixes, et conservant dans l'intervalle le pouvoir de faire des lois, il devenait absolu, à moins que les états ne donnassent à des corps perpétuels le droit de refuser ou de modifier les édits. On choisit les corps qui, composés de seigneurs, de prêtres, et de gradués, étaient une image en raccourci des trois états du royaume. Si les parlements opposaient de la résistance à des édits justes et utiles à la nation, le roi pouvait appeler de leur refus aux états généraux. On est trop éclairé maintenant pour ne pas voir que ce système des états de Blois n'était propre qu'à faire de la France une aristocratie, gouvernement toujours d'autant plus tyrannique, que les membres de l'aristocratie sont moins considérables par eux-mêmes. Il était plus simple de rendre les états généraux périodiques, et de ne regarder comme loi que ce qui serait adopté par eux. Si le duc de Guise eût voulu le bien de l'état, il eût pu faire ce changement; mais il ne voulait qu'avilir Henri III, et flatter le parlement dont il croyait avoir besoin. K.

Ainsi les premiers états de Blois ont dit à peu près le contraire de ce qu'on veut leur faire dire. Il faut, en critiquant une histoire, citer juste, et se mettre soi-même à l'abri de la critique : il faut surtout considérer que c'était alors un temps de troubles et de factions.

Le roi, qui dans la décadence de ses affaires se consolait par les plaisirs, permit à des comédiens italiens, dont la troupe se nommait *Gli Gelosi*, d'ouvrir un théâtre à l'hôtel de Bourbon. Le parlement leur en fit défense sous peine de dix mille livres d'amende. Ils jouèrent malgré l'arrêt du parlement, en avril 1577, avec un concours prodigieux. On ne payait que quatre sous par place. Un fait si petit serait indigne de l'histoire, s'il ne servait à prouver qu'alors l'influence de la cour de Rome avait mis la langue italienne à la mode dans Paris, que l'argent y était extrêmement rare, et que la simple volonté du roi suffisait pour rendre un arrêt du parlement inutile.

Henri III jouait alors une autre comédie. Il s'était enrôlé dans la confrérie des flagellants. On ne peut mieux faire que de rapporter les paroles d'Auguste De Thou. « Ces pénitents, dit-il, ont donné un sens dé-« tourné à ce passage des psaumes où David dit qu'il « est soumis aux fléaux de la colère du Seigneur, *quo-* « *niam ego in flagella paratus sum*[1] ; et, dans leur « mascarade, ils allaient se fouettant par les rues. »

Le parlement ne rendit point d'arrêt contre cet abus dangereux, autorisé malheureusement par le roi même. Le cardinal de Lorraine, qui avait assisté comme lui, pieds nus, à la première procession des

---

[1] Psaume XXXVII, verset 18. B.

flagellants, en 1574, en avait remporté une maladie qui l'avait mis au tombeau. Le roi se crut obligé de donner cette farce au peuple pour imposer silence à la Ligue qui commençait à se former, et au peuple qui le croyait protecteur secret des hérétiques; mais comme il mêlait à cette dévotion ridicule des débauches honteuses trop connues, il se rendit méprisable au peuple même qu'il voulait séduire. Il crut, lorsque la Ligue éclata, qu'il la contiendrait en se mettant lui-même à la tête; mais il ne vit pas que c'était la confirmer solennellement, et lui donner des armes contre lui-même. Toutes ces démarches servirent à creuser son précipice : la Ligue l'obligea à tourner contre Henri de Navarre les armes qu'il aurait voulu employer contre elle.

Ce fut pendant cette guerre, et après la bataille de Coutras, que le prince Henri de Condé mourut empoisonné à Saint-Jean-d'Angeli en Saintonge, le 5 mars 1588. Il faut voir sur cet empoisonnement avéré la lettre de Henri IV à la comtesse de Grammont, Corisande d'Andouin; c'est un des monuments les plus précieux de ces temps horribles [1].

Le grand prévôt de Saint-Jean-d'Angeli fit tirer à quatre chevaux le nommé Ancellin Brillant[a], ancien avocat au parlement de Bordeaux, et maître d'hôtel ou contrôleur du prince, convaincu d'avoir fourni le poison. On exécuta en effigie Belcastel, page de la princesse de Condé; on mit en prison la princesse elle-

---

[1] Les lettres de Henri IV sur cet événement se trouvent à la suite du chapitre CLXXIV de l'*Essai sur les mœurs*, tome XVIII, page 157. B.

[a] C'est ainsi que le nomme Henri IV dans sa lettre.

même; elle en appela à la cour des pairs. Elle fut long-temps prisonnière, et ce ne fut que sous le règne de Henri IV que le parlement, sans être assisté d'aucun pair, la déclara innocente.

CHAPITRE XXX.

Assassinat des Guises. Procès criminel commencé contre le roi Henri III.

Le 9 mai 1588 fut la journée qu'on nomme des *Barricades*, qui eut de si étranges suites. Le duc de Guise était arrivé dans Paris malgré les ordres du roi, en prétextant qu'il ne les avait pas reçus. Henri III, dont les gardes avaient été désarmés et arrêtés, sortit de Paris, et alla tenir les seconds états de Blois. Il n'y eut aucun député du parlement de Paris; presque tout ce qui composait les états était attaché aux Guises.

Le roi fut d'abord obligé de renouveler le serment d'union de la sainte Ligue, triste cérémonie dont il s'était lui-même imposé la nécessité. Cette démarche enhardit le clergé à demander tout d'une voix que Henri de Navarre fût déclaré exclus de tout droit à la couronne. Il fut secondé par le corps de la noblesse et par celui du tiers-état.

L'archevêque d'Embrun, Guillaume d'Avençon, suivi de douze députés de chaque ordre, vint supplier le roi de confirmer leur résolution. Cet attentat contre la loi fondamentale du royaume était encore plus solennel que le jugement rendu contre le roi Charles VII[1], puisqu'il était fait par ceux qui représentaient le royaume entier ; mais Henri III commençait déjà à rouler dans son esprit un autre attentat tout différent.

Il voyait le duc et le cardinal de Guise maîtres de la délibération des états : on le forçait à faire la guerre à Henri de Navarre, et on lui refusait de l'argent pour la soutenir. Il résolut la mort de ces deux frères. Le maréchal d'Aumont lui conseilla de les mettre entre les mains de la justice, et de les faire punir comme criminels de lèse-majesté. Ce parti eût été le plus juste et le plus noble, mais il était impossible. Une grande partie des pairs et des officiers du parlement étaient de la Ligue. On n'aurait pu d'ailleurs rien prouver contre le duc, déclaré par le roi même général de la sainte union. Il s'était conduit avec tant d'art à la journée des Barricades, qu'il avait paru réprimer le peuple au lieu de l'exciter à la révolte. De plus, le roi avait donné une amnistie solennelle, et avait juré sur le Saint-Sacrement d'oublier le passé.

Enfin, dans l'état des choses, au milieu des superstitions qui régnaient, les juges séculiers n'auraient pas osé condamner à la mort le cardinal de Guise. Rome, encore toute puissante par les préjugés des peuples, donnait à un cardinal le droit d'être criminel de lèse-majesté impunément ; et il eût été plus difficile, même selon les lois, de prouver les délits du cardinal que ceux du duc son frère.

Henri III fit assassiner le duc par neuf de ses gentils-

[1] Charles VII n'était encore que dauphin lorsque le parlement procéda contre lui ; voyez tome XVI, page 404 ; et ci-dessus, page 36. B.

hommes, de ceux qu'on nommait les quarante-cinq. Il fallut préparer cette vengeance par beaucoup de perfidie: elle ne pouvait s'exécuter autrement. Le duc de Guise fut tué dans l'appartement du roi[1]; mais cette troupe des quarante-cinq qui avait trempé ses mains dans le sang de leur général, n'osa pas se charger du meurtre d'un prêtre. On trouva quatre malheureux soldats moins scrupuleux, qui le tuèrent à coups de hallebardes.

Ce double assassinat fesait espérer au roi que la Ligue consternée serait bientôt dissipée; mais il s'aperçut qu'il n'avait commis qu'une atrocité imprudente. Le duc de Mayenne, frère des deux princes égorgés, arma pour venger leur mort. Le pape Sixte-Quint excommunia Henri III. Paris tout entier se souleva, et courut aux armes.

Le véridique De Thou nous instruit que Henri de Navarre, ce même Henri IV dont la mémoire nous est si chère, avait toujours rejeté avec horreur les offres que plusieurs gentilshommes de son parti lui avaient faites d'assassiner Henri de Guise. Cependant il avait plus à se plaindre du duc de Guise que Henri III. C'était à lui précisément que Guise en voulait; c'était lui que Guise avait fait déclarer par les états indigne de posséder jamais la couronne de France; c'était lui que la faction de Guise avait fait proscrire à Rome, par une bulle où il était appelé « génération bâtarde « et détestable de la maison de Bourbon »; c'était lui

---

[1] Le 23 décembre 1588. Voyez, tome X, une note du chant III de *la Henriade*; tome XVIII, pages 112-113; et ci-après, page 147. B.

qu'en effet le duc de Guise voulait faire déclarer bâtard, sous prétexte que sa mère, Jeanne de Navarre, avait été autrefois promise en mariage au duc de Clèves. Malgré tant de raisons, Henri IV rejeta constamment une vengeance honteuse, et Henri III l'exerça d'une manière qui devait révolter tous les esprits.

Toute la France, excepté la cour du roi, disait que l'assassinat était un aussi grand crime dans un souverain que dans un autre homme; crime même d'autant plus odieux qu'il n'est que trop facile, et que de si affreux exemples sont capables de porter une nation à les imiter.

Anne d'Est, mère des deux princes assassinés, et Catherine de Clèves, veuve du duc de Guise, présentèrent requête au parlement de Paris contre les assassins. Le parlement répondit :

« Vu par la cour, toutes les chambres assemblées,
« la requête à elle présentée, etc. ; tout considéré,
« ladite cour a ordonné et ordonne commission d'i-
« celle être délivrée à ladite suppliante. »

(Du même jour.) Par un second arrêt, Mes Pierre Michon et Jean Courtin furent nommés commissaires, le dernier janvier 1589, pour informer. Henri III avait ordonné qu'on fît le procès à la mémoire du duc; il expédia une commission dans Blois. Le parlement, sur une nouvelle requête, rendit l'arrêt suivant :

« Vu par la cour, toutes les chambres assemblées,
« la requête à elle présentée par dame Catherine de
« Clèves, duchesse douairière de Guise, etc., qui,

« avertie que ceux qui ont proditoirement meurtri les
« corps (des Guises) s'efforcent de diffamer injurieu-
« sement leur mémoire par une forme de procès, ayant
« à cette fin député certains prétendus commissaires,
« au préjudice de la juridiction qui en appartient no-
« toirement à ladite cour par les lois de France, pri-
« vativement à tous autres juges, quels qu'ils puissent
« être : au moyen de quoi, icelle suppliante a appelé
« et appelle de l'octroi et exécution de ladite commis-
« sion, requérant en être reçue appelante, et de tout
« ce qui s'en est ensuivi et pourra ensuivre, comme
« de procédures manifestement nulles et faites par
« des juges notoirement incompétents, et ordonne
« commission lui être livrée pour intimer sur ledit
« appel, tant ceux qui ont expédié et délivré ladite
« commission que les commissaires ; et néanmoins or-
« donner que dès à présent défenses leur soient faites,
« sur peine d'être déclarés infracteurs des lois cer-
« taines et notoires de France, et comme tels punis
« extraordinairement, de passer outre, ni entreprendre
« aucune cour de juridiction ou connaissance, etc.
« Tout considéré, ladite cour a reçu et reçoit ladite
« de Clèves appelante de l'octroi de ladite commis-
« sion, exécution d'icelle et de tout ce qui s'en est
« ensuivi et pourra ensuivre... et cependant, fait inhi-
« bition et défenses particulièrement aux commis-
« saires et tous autres de passer outre, etc. Fait en
« parlement, le premier jour de février 1589. *Du*
« *Tillet.* »

On rapporte encore une autre pièce imprimée chez
Denis Binet, avec permission, 1589.

AVERTISSEMENT AU PROCÈS.

« Messieurs les députés des provinces du royaume
« de France, demandeurs selon l'exploit et libelle de
« M. Pierre Dufour Lévesque, en date du 12 janvier
« 1589, d'une part, et le peuple et consorts aussi
« joints, demandeurs d'une part, contre Henri de
« Valois, au nom et en la qualité qu'il procède, dé-
« fendeur d'autre part; disent par-devant vous mes-
« sieurs les officiers et conseillers de la couronne de
« France, tenants la cour de parlement à Paris, que,
« pour les causes, raisons et moyens ci-après déduits :

« Ledit Henri de Valois, pour raison du meurtre et
« assassinat commis ès illustrissimes personnes de
« messieurs les duc et cardinal de Guise, sera con-
« damné, pour réparation dudit assassinat, à faire
« amende honorable, nu en chemise, la tête nue et
« pieds nus, la corde au col, assisté de l'exécuteur de
« la haute justice, tenant en sa main une torche ar-
« dente de trente livres, lequel dira et déclarera en
« l'assemblée des états, les deux genoux en terre,
« qu'à tort et sans cause, malicieusement et témérai-
« rement, il a commis ou fait commettre ledit assas-
« sinat aux dessusdits duc et cardinal de Guise,
« duquel il demandera pardon à Dieu, à la justice et
« aux états. Que dès à présent comme criminel et tel
« déclaré, il sera démis et déclaré indigne de la
« couronne de France, renonçant à tout tel droit
« qu'il y pourrait prétendre, et ce, pour les cas plus
« à plein mentionnés et déclarés au procès, dont il se
« trouvera bien et dûment atteint et convaincu; outre

« qu'il sera banni et confiné à perpétuité au couvent
« et monastère des hiéronymites, assis près du bois
« de Vincennes, pour là y jeûner au pain et à l'eau le
« reste de ses jours. Ensemble condamné ès dépens;
« et à ces fins disent, etc. Par ces moyens et autres
« que la cour de grace pourra trop mieux suppléer,
« concluent les demandeurs avec dépens. Pour l'ab-
« sence de l'avocat, signé, *Chicot.* »

Cette pièce est plus que suspecte. Bayle, en la citant [1] à l'article Henri de Guise, aurait dû, ce me semble, faire réflexion qu'elle n'est point tirée des registres du parlement, qu'elle n'est point signée d'un avocat, qu'on la suppose signée par Chicot; c'est le même nom que celui du fou du roi. Il n'y est point fait mention de la mère et de la veuve des princes assassinés. Il n'était point d'usage de spécifier au parlement les peines que la justice peut infliger contre un coupable. Enfin cette requête doit être plutôt considérée comme un libelle du temps, que comme une pièce judiciaire. Elle sert seulement à faire voir quel était l'emportement des esprits dans ces temps déplorables [2].

---

[1] Dans son *Dictionnaire historique et critique.* B.

[2] Cette dernière pièce nous paraît une plaisanterie contre les ligueurs. Les protestants, presque toujours privés en France de la liberté de se défendre, firent un grand usage de ces pièces supposées, dont personne n'a été la dupe lorsqu'elles ont paru, mais dont plusieurs ont été recueillies depuis comme des pièces authentiques.

Les deux autres pièces n'ont rien qui doive en faire soupçonner la vérité. Le duc de Guise avait été assassiné. N'eût-il été qu'un simple citoyen, le parlement devait faire le procès aux meurtriers. L'ordre du roi ne devait pas les mettre à l'abri de la condamnation. Ainsi, le premier arrêt n'est qu'un acte de justice et de courage. Le second a pour objet la défense des lois du royaume et des droits du parlement. La duchesse de Clèves deman-

CHAPITRE XXXI.

Parlement traîné à la Bastille par les factieux. Décret de la Sorbonne contre Henri III. Meurtre de ce monarque.

On peut avec juste raison ne pas regarder comme le parlement de Paris celui qui siégeait alors dans cette ville. C'est ici qu'il faut soigneusement observer les dates. Le duc de Guise avait été assassiné le vendredi 23 mars 1588, et le cardinal le 24.

La Ligue était à Paris toute puissante; la faction nommée des Seize, composée de bourgeois, et vendue à l'Espagne et au pape, était maîtresse de la ville.

Le lundi 16 janvier 1589, Jean Le Clerc dit Bussi, autrefois procureur au parlement, et devenu gouverneur de la Bastille, se transporta à la grand'chambre, suivi de cinquante satellites couverts de cuirasses, et le pistolet à la main; il ordonna au premier président De Harlai, aux présidents De Thou et Potier, de le suivre. Il alla ainsi de chambre en chambre se saisir des magistrats qu'il soupçonnait être attachés au roi. Ils furent conduits à la Bastille au nombre de cinquante, à travers deux haies de bourgeois.

Quelques membres de la chambre des comptes, du grand conseil et de la cour des aides, furent mis dans d'autres prisons.

---

dait que l'on poursuivit ceux qui avaient expédié et délivré la commission, ce qui était inculper les officiers de la chancellerie, et le secrétaire d'état qui avait signé cette commission. Le parlement eut la sagesse de ne point faire droit sur cette partie de la requête. K.

Le parlement était alors composé d'environ cent quatre-vingts membres. Il y en eut cent vingt-six qui firent serment sur le crucifix de ne jamais se départir de la Ligue, et de poursuivre la vengeance de la mort du duc et du cardinal de Guise contre les auteurs et les complices. Les greffiers, les avocats, les procureurs, les notaires, firent le même serment, au nombre de trois cent vingt-six.

Le mardi 17 janvier, qui était le lendemain de l'emprisonnement des cinquante magistrats, le parlement tint ses séances comme à l'ordinaire. L'audience fut tenue par le président Barnabé Brisson, qui accepta ce dangereux poste. Il crut se préparer une ressource contre l'indignation du roi, en protestant secrètement par-devant les notaires Luçon et Le Noir, que c'était malgré lui qu'il présidait à ce parlement, et qu'il cédait à la violence : protestation qui sert rarement d'excuse, et qui ne décèle qu'un esprit faible.

Le premier président Achille de Harlai, plus courageux, aima mieux rester à la Bastille que de trahir son roi et sa conscience [1]. Brisson crut ménager les

---

[1] M. de Voltaire, dans *la Henriade*, chant IV, vers 441-42, dit, en parlant de Harlai :

Il se présente aux Seize, il demande des fers
Du front dont il aurait condamné ces pervers.

Ces vers ne sont point une exagération poétique : ils rendent exactement ce qu'on trouve dans les mémoires du temps. C'est ce même Harlai qui, lorsque le duc de Guise voulut lui faire une grande apologie de sa conduite dans la journée des Barricades, lui dit pour toute réponse : « Monsieur, c'est « grande pitié quand le valet chasse le maître de la maison. »

Il était peu riche; le roi lui avait donné un terrain pour bâtir une maison. Ayant été obligé quelque temps après de s'opposer à un édit qu'il croyait injuste, il renvoya le brevet de ce don. Le roi ne voulut pas l'accepter. Il mourut sous Louis XIII, âgé d'environ quatre-vingts ans. K.

deux partis, et fut bientôt la victime de sa politique malheureuse.

Ce fut dans ce même mois de janvier que la Sorbonne, s'étant assemblée extraordinairement au nombre de soixante et dix docteurs, déclara que le peuple était libre du serment de fidélité prêté au roi, *populus hujus regni solutus est et liberatus a sacramento fidelitatis*, etc. Un tel acte n'aurait été dans d'autres temps qu'un crime de lèse-majesté au premier chef; mais alors c'était un arrêt d'une cour souveraine de conscience, arrêt qui, favorisant l'opinion publique, était exécuté avec zèle [1].

Le jeudi 26 janvier [a], le héraut Auvergne, envoyé de la part du roi, se présenta aux portes de Paris pour interdire le parlement et les autres cours supérieures. On le mit en prison; il fut menacé de la corde, et renvoyé sans réponse. Le roi avait indiqué que son parlement se tiendrait à Tours, comme Charles VII avait tenu le sien à Poitiers; mais il ne réussit pas mieux que Charles VII. Il créa quelques conseillers nouveaux; ceux qui pouvaient lui être affectionnés dans le parlement de Paris n'eurent pas la liberté d'aller à Tours, et cette cour continua ses fonctions sans difficulté.

Le 13 mars [b], le duc de Mayenne prêta dans la grand'chambre le serment de lieutenant général de l'état royal et couronne de France. Le président Brisson lisait le serment, et le duc de Mayenne répétait mot à mot après lui.

---

[1] Ce décret de la Sorbonne se trouve inséré en entier dans les notes de *la Henriade*. (Notes du chant IV.) K. — [a] 1589. — [b] 1589.

Le même esprit de sédition avait gagné presque toutes les villes du royaume. La populace de Toulouse égorgea le premier président Duranti et l'avocat général Daffis, deux magistrats connus par leur fidélité pour le roi et par l'intégrité de leur vie. On pendit le cadavre de Duranti à une potence. Les autres membres du parlement de Toulouse, dont deux conseillers, comme le remarque De Thou, avaient les mains encore teintes du sang de leur premier président, embrassèrent le parti de la Ligue. Henri III fut pendu en effigie dans la place publique par le peuple furieux. On vendait une mauvaise estampe de lui, et on criait : *A cinq sous notre tyran.*

Henri III, qui s'était attiré tant de malheurs pour n'avoir pas voulu s'unir avec Henri de Navarre, et pour s'être imaginé qu'il pourrait triompher à-la-fois de la Ligue et de ce brave prince, fut enfin obligé d'avoir recours à lui. Les deux rois joignirent leurs armées, et vinrent se camper à Saint-Cloud, devant Paris. La duchesse de Montpensier, sœur du duc de Guise et du cardinal de Lorraine, animait avec fureur les Parisiens à soutenir toutes les horreurs du siége.

Il est rapporté dans le *Journal de Henri III*, que le roi lui fit dire qu'il la ferait brûler vive ; à quoi elle répondit : « Le feu est pour des sodomites tels que lui. »

Trois jours après ce discours, le moine Jacques Clément, jacobin, que le président De Thou ne fait âgé que de vingt-deux ans, assassina Henri III dans Saint-Cloud.

On trouve dans les mémoires de ce temps-là que La Guesle, procureur général, qui avait trouvé le moyen de s'évader de Paris, et qui malheureusement présenta lui-même le moine au roi, ne fut point appelé pour faire le procès au cadavre du meurtrier, tué de plusieurs coups de la main des gardes, immédiatement après avoir commis son crime. Il déposa comme un autre dans le procès criminel fait au cadavre par le marquis de Richelieu, grand prévôt de France; et ce fut Henri IV qui porta lui-même l'arrêt, le 2 août 1589, et condamna le corps du moine à être écartelé et brûlé. Le même prince condamna, deux jours après, un cordelier, nommé Jean Le Roi, à être jeté vivant dans un sac au fond de la Seine, pour avoir tué un de ses serviteurs.

A l'égard du moine Jacques Clément, il avait été incité à ce parricide par son prieur, nommé Bourgoin, et par la duchesse de Montpensier. Les mémoires du temps disent que cette princesse s'était abandonnée à lui pour le mieux encourager; mais ce fait est bien douteux. Jacques Clément n'eut pas le temps de s'en vanter; et sans doute la princesse n'en fit pas l'aveu; il faut s'en tenir aux faits publics et constatés.

CHAPITRE XXXII.

Arrêts de plusieurs parlements, après la mort de Henri III. Le premier président Brisson pendu par la faction des Seize.

Après la mort de Henri III, il ne parut pas que Henri IV dût être jamais roi de France. Plusieurs seigneurs catholiques l'abandonnèrent, sous prétexte qu'il était hérétique, mais dans le dessein réel de démembrer le royaume, et d'en saisir quelques ruines. Les prédicateurs remercièrent Dieu, dans Paris, de la mort de Henri de Valois.

Dès le 7 août[a], le duc de Mayenne fit publier dans le parlement, et enregistrer un édit par lequel on reconnaissait pour roi le cardinal Charles de Bourbon, qu'on nomma Charles X. On fit frapper de la monnaie en son nom. Ce Charles X était un vieillard peu capable du rôle qu'on lui fesait jouer, et qui de plus était alors prisonnier d'état à Chinon. Henri IV avait été obligé de s'assurer de sa personne, et la Ligue ne le regardait que comme un fantôme au nom duquel elle s'arrogeait la suprême puissance.

Le parlement de Bordeaux ne reconnut ni Henri IV, ni Charles X; mais celui de Toulouse donna un étonnant exemple: voici comme il s'exprima le 22 août.

« La cour, toutes les chambres assemblées, avertie
« de la miraculeuse, épouvantable et sanglante mort
« de Henri III, advenue le premier de ce mois[1], a ex-
« horté et exhorte tous les évêques et pasteurs.... de
« faire, chacun en leurs églises, rendre graces à Dieu
« de la faveur qu'il nous a faite de la délivrance de la
« ville de Paris et autres villes du royaume; a ordonné
« et ordonne que tous les ans, le premier d'auguste,
« l'on fera procession et prières publiques en recon-
« naissance des bénéfices qu'il nous a faits ledit jour. »

---

[a] 1589.

[1] Henri III, assassiné le 1er août 1589, ne mourut que le 2 du même mois, à deux heures du matin: voyez la note sur le chant V de *la Henriade*, tome X, où il est dit cependant que Henri III est mort le 3. B.

Cet étrange arrêt ajoutait défense, sous peine de mort, de reconnaître Henri de Bourbon, soi-disant roi de Navarre, et enjoignait d'observer exactement la bulle d'excommunication lancée contre ce prince par le pape Sixte-Quint, en vertu de laquelle bulle la cour le déclare une seconde fois indigne et incapable de succéder à la couronne de France, comme atteint et convaincu de plusieurs crimes notoires, mentionnés dans ledit arrêt.

C'est ainsi qu'on foulait aux pieds toutes les lois divines et humaines sous le nom de la justice et de la religion.

Tandis que Henri IV, à peine à la tête de trois mille hommes, battait au combat d'Arques[1], près de Dieppe, le duc de Mayenne qui en avait environ dix mille; tandis que, nuit et jour sous les armes, il regagnait une partie de son royaume par sa valeur et par celle de la noblesse attachée à sa fortune, le cordelier Peretti, devenu pape sous le nom de Sixte-Quint, envoyait un légat à Paris, et lui donnait une juridiction entière sur les laïques, dans presque tous les cas qui sont essentiellement de la juridiction royale. Ce légat était le cardinal Cajetan, de la même maison que ce Boniface VIII dont la mémoire était encore si odieuse en France[2]. Ses lettres de créance et les provisions de sa juridiction suprême furent enregistrées sans difficulté au parlement de Paris, le 20 février 1590, à la requête du procureur général.

Dans le même temps la Sorbonne continuait à se-

---

[1] 21 septembre 1589. B.
[2] Voyez tome XVI, page 276 et suiv. B.

conder cette démence, autant qu'il était en elle. (10 février) Elle déclarait sérieusement que le pape est en droit d'excommunier et de déposer les rois; qu'il n'était pas même permis de traiter avec Henri de Béarn, hérétique et relaps; que ceux qui le reconnaissaient pour roi *étaient en péché mortel;* et elle assurait au nom de la Sainte-Trinité, « que quiconque osait par-
« ler de paix était désobéissant à l'Église, notre sainte
« mère, et en devait être retranché, comme un mem-
« bre pourri et gangréné. »

Le 5 mars de la même année, le parlement fit publier un nouvel arrêt par lequel il était défendu, sous peine de mort, d'avoir la moindre correspondance avec Henri IV, et ordonné de reconnaître le fantôme Charles X pour roi, et le duc de Mayenne, lieutenant général de l'état royal, pour maître.

Henri IV répondait aux parlements et à la Sorbonne en gagnant la bataille d'Ivri[a]. Le cardinal de Bourbon, Charles X, reconnu roi dans Paris et dans une partie de la France, mourut quelque temps après au château de Châtenai[b] en Poitou, où Henri IV l'avait fait transférer. La Ligue ne s'occupa qu'à faire élire un nouveau roi. L'intention de Philippe II était de donner le royaume de France à sa fille Claire-Eugénie, qui devait épouser le duc de Guise, fils du Balafré, assassiné à Blois.

On fesait toujours rendre des arrêts par le parle-

[a] 14 mars 1590.

[b] 9 mai 1590. — Cette date est celle que portent les éditions données du vivant de Voltaire; c'est celle qu'on lit dans l'épitaphe rapportée par Dreux Du Radier, page 469 du tome III de la *Bibliothèque du Poitou.* Ce fut à Fontenai-le-Comte que mourut le cardinal de Bourbon. B.

ment, et ce qu'on appelle des décrets par la Sorbonne. Celle-ci, par son décret du 7 mai 1590, promettait la couronne du martyre à quiconque avait le bonheur de mourir en combattant contre Henri IV.

Ce fut en vertu[a] de ce décret que se fit cette fameuse procession de la Ligue, en présence du cardinal Cajetan, légat du pape, de plusieurs évêques italiens, et du jésuite Bellarmin, depuis cardinal, qui tous avaient suivi le légat.

L'évêque de Senlis, Guillaume Rose, était à la tête, portant un crucifix d'une main, et une hallebarde de l'autre. Après lui venait le prieur des chartreux, suivi de tous ses moines, l'habit retroussé, le capuchon abattu, un casque en tête. Les quatre ordres mendiants, les minimes, les capucins, marchaient dans le même équipage, portant tous de vieux mousquets avec un air menaçant, les yeux enflammés, en grinçant les dents, comme dit le président De Thou.

Le curé de Saint-Côme fesait l'office de sergent; il ordonnait la marche, les haltes, les salves de mousqueterie. Les moines défilant devant le coche du légat, l'un d'eux tua son aumônier d'un coup de fusil chargé à balle. Cet accident ne troubla pas la cérémonie. De Thou rapporte que les moines crièrent que cet aumônier était sauvé, puisqu'il était mort dans une si sainte cérémonie; et le peuple ne prit seulement pas garde à la mort de l'aumônier.

Cependant on pendait sans miséricorde tous ceux qui parlaient de traiter avec le roi. Ce prince, victorieux à Ivri, était déjà devant les portes de Paris avec

---

[a] 5 juin 1590.

des troupes plus formidables que la procession des moines.

Il fit préparer[a] une escalade du côté du faubourg Saint-Jacques, pendant une nuit fort sombre. Cette entreprise allait réussir. Qui croirait qu'un libraire, un avocat et un jésuite[1], empêchèrent Henri IV de se rendre maître de sa capitale? Le jésuite, d'une vieille hache, coupa la main d'un soldat qui avait déjà le poignet appuyé sur la muraille; on jeta de la paille allumée dans le fossé où les royalistes étaient descendus, l'alarme fut donnée partout, et Henri IV fut obligé de se retirer.

La guerre continua de tous côtés. Les Parisiens redoublaient tous les jours leur serment de ne point reconnaître le roi.

Le nouveau pape, Grégoire XIV, envoyait des troupes au secours de la Ligue; il fournissait aux factieux de Paris quinze mille livres par mois du trésor que Sixte-Quint avait amassé. Ces troupes marchaient avec un archevêque nommé Mateucci, qui fesait la fonction de commissaire général de l'armée. La ville de Verdun était son rendez-vous. Le jésuite Jouvenci avoue, dans son *Histoire de la Compagnie de Jésus*,

---

[a] 10 septembre 1590.

[1] P. de L'Étoile n'a pas conservé le nom du jésuite; mais il dit que l'avocat s'appelait Beledens, et le libraire, Nivelle. Il y a eu plusieurs libraires du nom de Nivelle. Cette famille avait sa sépulture dans l'église Saint-Benoit. Sébastien Nivelle, que son épitaphe qualifiait *la perle des libraires*, avait 67 ans en 1590, et mourut en 1603, à 80 ans. Il est donc probable que ce n'est pas lui, mais un de ses fils, *Nicolas* ou *Robert*, qui était de garde le 10 septembre 1590. B.

que le supérieur des novices de Paris, nommé Nigri, rassembla tous les novices de l'ordre, et les mena à Verdun à l'armée papale, dans laquelle ils furent incorporés. Ce trait, qui peut paraître incroyable, ne l'est point après tout ce que nous avons vu.

Au milieu de tant d'événements, les uns horribles, les autres ridicules, la faction qu'on nommait des Seize, qui avait dans Paris beaucoup plus d'autorité que le parlement, et qui balançait même celle du duc de Mayenne, donna un nouvel exemple des excès d'atrocité où les guerres civiles entraînent les hommes. Ces Seize, ayant découvert qu'un procureur de la ville, nommé Brigard, avait envoyé une lettre à Saint-Denys, occupé alors par les troupes royales, le déférèrent au parlement, pour lui faire son procès. Le premier président, Barnabé Brisson, sauva la vie à ce malheureux. Les Seize soupçonnèrent Brisson d'être, dans le cœur, du parti du roi; et voici comme ils s'en vengèrent.

Bussi-le-Clerc, gouverneur de la Bastille, celui-là même qui avait déjà emprisonné une partie du parlement, commença d'abord par exiger un blanc signé de dix des principaux factieux, en leur disant que c'était pour consulter la Sorbonne. Dès qu'il eut leur signature, il remplit le papier d'une sentence de mort contre le premier président. On épia le moment où il avait l'imprudence d'aller à pied dans les rues. Il fut saisi, conduit au Petit-Châtelet; et dès qu'il y fut entré, Cromé, conseiller au grand conseil, se présenta à lui, revêtu d'une cotte d'armes, le fit mettre à genoux, et lui lut la sentence qui le condamnait à être pendu pour crime de lèse-majesté divine et humaine.

C'est une chose assez singulière que Brisson, dans ce moment terrible, l'esprit encore rempli des formalités des lois dans lesquelles il avait été élevé, demanda à être confronté avec les témoins qui l'accusaient. Cromé ne lui répondit que par un grand éclat de rire. Brisson eut la faiblesse de demander qu'on différât l'exécution jusqu'à ce qu'il eût fini un ouvrage de jurisprudence qu'il avait commencé; on rit encore davantage, et il fut pendu à une poutre[a].

Une heure après, le lieutenant du grand-prévôt, nommé Chouillier, alla saisir, dans le palais, Larcher, conseiller de la grand'chambre, sous-doyen des conseillers, vieillard septuagénaire, accusé aussi d'être partisan du roi. Il fut mené au même endroit où était le corps de Brisson. Dès que Larcher aperçut ce spectacle, il demanda lui-même à mourir, et on le pendit à la même poutre.

Le curé de Saint-Côme[1], dans le même temps, suivi d'une troupe de prêtres et de suppôts de l'université, était allé prendre dans son lit le conseiller au châtelet Tardif, dangereusement malade, et qui venait d'être saigné; il le présenta lui-même au bourreau, et le fit périr de la même manière.

C'est encore une des horreurs de la nature humaine, qu'il se trouve des hommes qui fassent de ces exécutions, et dont le métier soit d'arracher la vie à d'autres hommes, sans s'informer seulement ni si cette

---

[a] 16 novembre 1591. — [1] Il s'appelait Hamilton. B.

mort est juste, ni quel est le droit de celui qui la commande.

Le lendemain on exposa les trois corps dans la place de Grève, pendus à une potence avec des écriteaux qui les déclaraient traîtres, ennemis de Dieu, et hérétiques. Le duc de Mayenne était alors absent de Paris; et les Seize, qui se croyaient les maîtres de la ville, prirent ce temps pour écrire au roi d'Espagne. Ils lui dépêchèrent le jésuite Claude Matthieu, pour le supplier de leur donner sa fille pour reine, en la mariant au jeune duc de Guise. La lettre que Matthieu portait fut interceptée et portée au roi. Il ne manqua pas d'en faire tomber une copie entre les mains du duc de Mayenne; c'était le seul moyen de diviser la ligue, en semant la jalousie entre ce duc et son neveu.

Mayenne, arrivé à Paris, commença par ôter à Bussi-le-Clerc son gouvernement de la Bastille; il fit pendre, sans forme de procès, quatre des scélérats qui avaient fait mourir les magistrats. Le même bourreau servit pour eux tous, et fut ensuite pendu lui-même.

Cromé, le plus coupable, échappa; le parlement reprit ses fonctions ordinaires; et le président Le Maître prit la place de Brisson, sans être intimidé par la catastrophe de son prédécesseur.

CHAPITRE XXXIII.

Le royaume démembré. Le seul parlement, séant auprès de Henri IV, peut montrer sa fidélité. Il décrète de prise de corps le nonce du pape.

Pendant que le parlement de Paris était ainsi tour-à-tour l'organe et la victime de la Ligue, il faut voir ce que fesaient alors les autres parlements du royaume. Celui de Provence avait envoyé au duc de Savoie, Philibert-Emmanuel, gendre de Philippe II, une députation solennelle, composée de Chastel, évêque de Riez, du baron d'Ampus, et d'un avocat nommé Fabrègues.

Le duc arriva dans Aix le 14 novembre[a]. On lui présenta le dais, comme au roi; tous les membres du parlement lui baisèrent la main. Honoré du Laurens porta la parole pour toute la compagnie; on le reconnut pour protecteur de la province, et on lui prêta serment de fidélité.

Le parlement de Grenoble était alors partagé; ceux qui étaient fidèles au roi s'étaient retirés au Pertuis; mais Lesdiguières, qui fut depuis connétable, ayant pris la ville, le parlement se réunit, et n'administra plus la justice qu'au nom du roi.

Le parlement de Rouen se trouvait dans une situation toute semblable à celle qu'éprouvait le parlement de Paris; entièrement dominé par la faction de la

[a] 1591.

Ligue, et à la merci des troupes espagnoles, il eut le malheur de rendre l'arrêt suivant le premier janvier 1592 :

« La cour a fait et fait très expresses inhibitions et défenses à toutes personnes, de quelque état, dignité et condition qu'elles soient, sans nul excepter, de favoriser, en aucun acte et manière que ce soit, le parti de Henri de Bourbon; mais s'en désister incontinent, à peine d'être pendus et étranglés. Ordonne ladite cour que monition générale sera octroyée au procureur général, *nemine dempto*, pour informer contre ceux qui favoriseront ledit Henri de Bourbon et ses adhérents.... est ordonné que par les places publiques seront plantées potences pour y pendre ceux qui seront si malheureux que d'attenter contre leur patrie. »

Il n'y eut que le parlement du roi, séant tantôt à Tours, tantôt à Châlons, qui pût donner un libre cours à ses sentiments patriotiques. Le pape Grégoire XIV, à son avénement au pontificat, avait d'abord envoyé un nonce à la Ligue pour seconder le cardinal Cajetan, qui fesait à Paris les fonctions de légat. Ce nonce s'appelait Landriano; il apportait des bulles qui renouvelaient les excommunications et les monitoires contre Henri III et Henri IV.

Le petit parlement de Châlons, qui n'avait pas même alors de président à sa tête, déploya toute la vigueur que les autres auraient montrée s'ils avaient été ou plus libres, ou moins séduits. Il décréta de prise de corps Landriano, soi-disant nonce du pape, qui avait osé entrer dans le royaume sans la permission du roi, le fit citer trois jours de marché à son de trompe, accorda dix mille livres de récompense à qui le livrerait à la justice, défendit aux archevêques et évêques de publier ses bulles, sous peine d'être déclarés criminels de lèse-majesté, et enfin appela au futur concile de l'élection de Grégoire XIV.

Cette démarche, qui étonna toute la France, était régulière et simple. C'était en effet une insulte à toutes les lois et à la raison humaine, qu'un évêque étranger osât décider du droit des couronnes. La religion qui lui servait de prétexte condamnait elle-même cette audace, et le bon sens en fesait sentir le ridicule; mais depuis Grégoire VII, l'opinion, qui fait tout, avait enraciné ces funestes idées dans toutes les têtes ecclésiastiques, qui avaient versé ce poison dans celles des peuples. L'ignorance recevait ces maximes, la fraude les appuyait, et le fer les soutenait. Un moine suffisait alors parmi les catholiques pour persuader que l'apôtre Pierre, qui n'alla jamais à Rome[1], et qui ne pouvait savoir la langue latine, avait siégé vingt-cinq ans sous Tibère et sous d'autres empereurs, dans un temps où le titre d'évêché n'était affecté à aucun lieu; et que de ce prétendu siége il avait transmis à Grégoire XIV, qui vint quinze cents ans après lui, le droit de parler en maître à tous les souverains et à toutes les Églises. Il fallait être ligueur effréné, ou imbécile, pour croire de telles fables, et pour se soumettre à une telle tyrannie.

Il se trouva, pour l'honneur de la France, deux car-

---

[1] Voyez *Dictionnaire philosophique*, article Voyage de Saint-Pierre a Rome, tome XXXII, page 482. B.

dinaux et huit évêques qui secondèrent la fermeté du vrai parlement, autant que le permettait leur caractère. Les cardinaux étaient celui de Bourbon, cousin-germain du roi, et de Lenoncourt, quoique Lorrain. Les prélats étaient De Beaune, archevêque de Bourges; Du Bec, évêque de Nantes; De Thou, évêque de Chartres; Fumée, de Beauvais; Sourdis, de Maillezais[a]; D'Angennes, du Mans; Clausse, de Châlons; D'Aillon, de Bayeux. Leurs noms méritent d'être consacrés à la postérité.

(21 septembre 1591) Ils firent ensemble un mandement à Chartres, adressé à tous les catholiques du royaume. « Nous sommes informés, disent-ils, que « Grégoire XIV, mal instruit, et trompé par les arti-« fices des ennemis de l'état, a envoyé des bulles et des « monitoires pour interdire et excommunier les évê-« ques, les princes et la noblesse, qui ne sont pas re-« belles à leur roi... Après une mûre délibération, « nous déclarons ces excommunications nulles dans « la forme et dans le fond, injustes, dictées par les « ennemis de la France... sans préjudicier à l'honneur « du pape. »

Le parlement du roi, alors séant à Tours, fit mieux : il fit brûler par la main du bourreau les bulles du pape, et déclara Grégoire, soi-disant pape, perturbateur du repos public, et complice de l'assassinat de Henri III, puisqu'il l'avait approuvé.

Le parlement de Paris, de son côté, pressé par les ligueurs, fit brûler l'arrêt de celui de Tours au pied du

[a] Évêché qui ne subsiste plus, et qui fut transféré à La Rochelle dès l'année 1649.

grand escalier, et lui donna les qualifications d'*exécrable* et d'*abominable*.

Le parlement de Tours traita de même l'arrêt du parlement de Paris. Il fallait que la victoire jugeât de ces disputes; mais Henri IV, à qui le duc de Parme avait fait lever le siége de Paris et de Rouen, n'était pas encore en état d'avoir raison[a].

Le premier président, Achille de Harlai, était alors auprès du roi; c'était lui qui soutenait la dignité du parlement de Tours et de Châlons. Il s'était enfin racheté de la prison de la Bastille, et avait trouvé le moyen de se rendre auprès de Henri IV. Il conçut le premier l'idée de secouer enfin pour jamais le joug du pape, et de créer un patriarche. Le cardinal de Lenoncourt et l'archevêque de Bourges entraient dans ce dessein; mais il était impraticable. Il eût fallu changer tout d'un coup l'opinion des hommes, qui ne change qu'avec le temps, ou avoir assez de troupes et assez d'argent pour commander à l'opinion.

Cependant, ce parlement statua des réglements dignes de la liberté de l'Église gallicane. Toutes les nominations du roi aux évêchés et aux abbayes devaient être confirmées par l'archevêque de la métropole, sans recourir à une bulle du pape; tout le clergé conserverait ses droits, indépendamment des ordres de Rome; les évêques accorderaient les mêmes dispenses que le pape. Ce réglement était aussi sage que hardi; il réprimait l'ambition d'une cour étrangère, et flattait le

---

[a] Daniel supprime ou étrangle tous ces faits rapportés par De Thou. Ce n'est pas la peine d'écrire l'histoire de France pour oublier des choses si capitales.

clergé national; et cependant, à peine eut-il lieu quelques mois : l'Église était aussi déchirée que l'état; la même ville était prise tour-à-tour par des catholiques et par des protestants; l'ordre et la police ne sont pas le partage d'une guerre civile.

CHAPITRE XXXIV.

États généraux tenus à Paris par des Espagnols et des Italiens. Le parlement soutient la loi salique. Abjuration de Henri IV.

Au milieu de tous les reflux orageux de la fortune de Henri IV, le temps était arrivé où Philippe II croyait donner un maître à la France. Du fond de l'Escurial il fesait tenir les états généraux à Paris, convoqués par les menées de son ambassadeur et par celles du cardinal légat, plus encore que par les ordres du duc de Mayenne. Paris avait une garnison espagnole; Philippe promettait une armée de vingt-quatre mille hommes, et beaucoup d'argent. Henri IV n'en avait point, et son armée était peu considérable. Il était campé à Saint-Denys, d'où il pouvait voir arriver dans Paris les députés de ces états généraux qui allaient donner son patrimoine à un autre.

Le pape Clément VIII, qui avait succédé à Grégoire XIV [1], envoya, le 15 avril [a], un bref au cardinal légat, par lequel il lui ordonnait de procéder à

---

[1] Entre Clément VIII et Grégoire XIV, régna Innocent IX; voyez, tome XXIII, la liste des papes, à la tête des *Annales de l'Empire*. B.

[a] 1592.

l'élection d'un roi. Le bref ne fut enregistré que le 28 octobre. Le parlement de Châlons signala son zèle ordinaire contre cette insolence; mais il ne décréta point de prise de corps le légat, comme il avait décrété Landriano. Ce titre de *légat* en imposait encore, et il y a des préjugés que la fermeté la plus grande n'ose quelquefois attaquer.

Cet arrêt du parlement de Châlons fut encore brûlé par celui de Paris le 24 décembre. Ces deux parlements se fesaient la guerre par leurs bourreaux, et toute la France en armes attendait quel roi les états opposeraient au roi légitime.

Le parlement de Paris n'eut point de séance dans ces états. Ils s'ouvrirent, le 25 janvier 1593, dans le Louvre. On y voyait un Jean Boucher, curé de Saint-Benoît, séditieux, emporté jusqu'à la démence; un curé de Saint-Germain-l'Auxerrois; un Cueilli, docteur de Sorbonne; mais le président De Neuilli, le président Le Maître, et le conseiller Guillaume Du Vair, y avaient place au nom du parlement. Les harangues qui furent prononcées étaient aussi ridicules que celles de la *satire Ménippée*. Ce ridicule n'empêchait pas qu'on ne se disposât à nommer un roi. L'or de l'Espagne et les bulles de Rome pouvaient beaucoup. Des troupes espagnoles s'avançaient encore. Le duc de Feria, ambassadeur d'Espagne, admis dans ces états, y parlait comme un protecteur parle à des peuples malheureux et désunis qui ont besoin de lui. Enfin il déclara qu'il fallait élire l'infante d'Espagne, et qu'on lui donnerait pour mari le jeune duc de Guise, ou le duc de Nemours de Savoie, son frère utérin; mais c'était sur le duc de Guise que le choix devait tomber.

Trois Espagnols dominèrent dans ces états généraux de France, le duc de Feria, ambassadeur extraordinaire, don Diego d'Ibarra et Taxis, ambassadeur ordinaire, et le licencié Mendoza. Taxis et Mendoza firent chacun un long discours contre la loi salique. On l'avait déjà foulée aux pieds du temps de Charles VI[1]. Elle avait reçu auparavant de rudes atteintes; et si les Espagnols, secondés du pape, avaient réussi, cette loi n'était plus qu'une chimère, Henri IV était perdu; mais heureusement le duc de Mayenne était aussi intéressé que Henri IV à prévenir ce coup fatal. L'élection d'une reine espagnole le fesait tomber des degrés du trône où il était assis le premier. Il se voyait le sujet du jeune Guise son neveu, et il n'était pas possible qu'il consentît à ce double affront.

Le parlement de Paris, dans cette extrémité, secourut à la fin Henri IV et le duc de Mayenne, et sauva la France.

Le Maître, que le duc de Mayenne avait créé premier président, assembla toutes les chambres le 29 juin 1593. On déclara la loi salique inviolable; on protesta de nullité contre l'élection d'un prince étranger; et le président Le Maître fut chargé de signifier cet arrêt au duc de Mayenne, et de lui faire les représentations les plus fortes. Le duc de Mayenne les reçut avec une indignation simulée; car pouvait-il être affligé que le parlement rejetât une élection qui

[1] Voyez tome XVI, page 405. B.

lui aurait ôté son pouvoir? Ces remontrances même le flattaient beaucoup. Le parlement lui disait avec autant d'adresse que de fermeté[a] : « Imitez le roi « Louis XII, votre bisaïeul, que son amour pour la « patrie a fait surnommer le Père du peuple. » Ces paroles fesaient assez entendre qu'on ne le regardait pas comme un prince étranger ; et, tant qu'on éloignait le choix de l'infante, il demeurait revêtu de l'autorité suprême, sous le titre de protecteur et de lieutenant général de l'état royal de France[1].

Dans cette incertitude des états généraux, il se formait plusieurs partis : celui d'Espagne et de Rome était encore le plus considérable ; mais les meilleurs citoyens, parmi lesquels on comptait plusieurs mem-

---

[a] De Thou, livre CVI.

[1] A la mort du duc de Guise, le parlement était composé d'environ cent quatre-vingts membres. Bussi en met en prison cinquante, les plus connus par leur fidélité au roi et par leur courage. Brisson se voit forcé à regret de paraître ligueur. Larcher et lui sont pendus peu de temps après, et, en 1593, le parlement rend un arrêt pour le maintien de la loi salique. On peut conclure de ces faits que le parti de Henri IV, le parti des lois et de la justice dominait dans le parlement ; et que si cette compagnie eût été libre, elle ne se fût pas écartée de la fidélité qu'elle devait au roi. Le fanatisme de quelques membres, la corruption de quelques autres vendus aux Guises et à l'Espagne, la terreur du reste, la dispersion ou la mort de tous ceux qui avaient du courage, furent cause que ce débris du parlement, renfermé dans Paris, rendit des arrêts contraires aux principes reconnus de la magistrature. Cependant l'arrêt qui reconnaissait pour roi le cardinal de Bourbon conservait la succession dans la ligne catholique ; et il faut songer que depuis plusieurs siècles l'idée qu'un prince hérétique perd ses droits au trône était celle de toute l'Europe. Les protestants eux-mêmes n'étaient pas éloignés de cette doctrine ; aussi sévères contre l'hérésie que les plus zélés partisans de Rome, ils se bornaient à soutenir que la doctrine qu'ils prêchaient ne devait pas être regardée comme hérétique. On voit enfin que le parlement profita, pour déclarer la loi salique inviolable, du premier moment où il put faire cette déclaration sans s'exposer à la violence des ligueurs. K.

bres du parlement, étaient en secret pour Henri IV, et penchaient à le reconnaître pour roi, de quelque religion qu'il pût être : ils croyaient qu'il tenait son droit à la couronne de la nature, qui rend tout homme héritier du bien de ses ancêtres. Si on ne doit point demander à un citoyen ce qu'il croit de l'eucharistie et de la confession pour qu'il jouisse des biens de son père, à plus forte raison ne devait-on pas demander cette condition à l'héritier naturel de tant de rois. Henri IV n'exigeait point des ligueurs qu'ils se fissent protestants ; pourquoi vouloir que Henri IV se fît catholique? pourquoi gêner la conscience du meilleur des hommes et du plus brave des princes, qui ne gênait la conscience de personne?

Tels étaient les sentiments des gens raisonnables, et c'est toujours le plus petit nombre.

Une grande partie du peuple, qui sentait sa misère et qui ne raisonnait point, souhaitait ardemment Henri IV pour roi, mais ne le voulait que catholique. Pressé à-la-fois par l'équité, qui tôt ou tard parle au cœur de l'homme, mais encore plus dominé par la Sorbonne et par les prêtres, partagé entre la superstition et son devoir, il n'eût jamais reconnu un roi qui priait Dieu en français, et qui communiait sous les deux espèces.

Henri IV prit enfin le seul parti qui convenait à sa situation et à son caractère. Il fallait se résoudre ou à passer sa vie à mettre la France à feu et à sang et hasarder sa couronne, ou ramener les esprits en changeant de religion. Des princes d'Orange, des Gustave-Adolphe, des Charles XII, n'auraient pas pris ce dernier parti. Il y aurait eu plus d'héroïsme à être inflexible; mais il y avait plus d'humanité et plus de politique dans sa condescendance. Cette négociation, qui coûtait à son cœur, mais qui était nécessaire, avait commencé dès la première tenue des états. Les évêques de son parti avaient eu de fréquentes conférences à Surène avec les évêques du parti contraire, en dépit de la Sorbonne, qui avait eu l'insolence et la faiblesse de déclarer ces conférences illicites et impies, mais dont les décrets méprisés par tous les bons citoyens commençaient à l'être par la populace même.

On tint donc ces conférences pendant une trêve accordée par le roi et le duc de Mayenne. Les deux principaux chefs de ces négociations étaient Renaud, archevêque de Bourges, du côté du roi; et d'Espinac, archevêque de Lyon, pour la Ligue; le premier, respectable par sa vertu courageuse; l'autre, diffamé par son inceste avec sa sœur, et odieux par ses intrigues.

Quelques détours que d'Espinac pût prendre pour s'opposer à la conclusion, quelques efforts qu'il tentât avec ses collègues pour intimider les évêques royalistes, quelques menaces qu'il fît de la part du pape, il ne put empêcher les prélats du parti du roi de recevoir son abjuration. L'Espagne, Rome, le duc de Mayenne, et la Ligue, combattaient pour le papisme; et tout ce qu'ils craignaient était que Henri IV ne se fît catholique. Il franchit ce pas, le 25 juillet 1593, dans l'église de Saint-Denys.

Ce n'est pas un trait indigne de cette histoire, d'apprendre qu'un curé de Saint-Eustache, avec six de ses confrères, ayant demandé au duc de Mayenne la permission d'aller à Saint-Denys voir cette cérémonie, le duc de Mayenne les renvoya au légat de Rome, et ce légat les menaça de les excommunier s'ils osaient être témoins de la conversion du roi. Ces bons prêtres méprisèrent la défense du légat italien; ils sortirent de Paris à travers une foule de peuple qui les bénissait; ils assistèrent à l'abjuration, et le légat n'osa les excommunier.

Il n'est pas nécessaire de sacrer un roi qui l'est uniquement par le droit de sa naissance. Le sacre n'est qu'une cérémonie, mais elle en impose au peuple; et elle était indispensable pour un roi à peine réuni à l'Église dominante. Henri ne pouvait être sacré à Reims, cette ville était possédée encore par ses ennemis. On proposa Chartres. On fit voir que ni Pépin, ni Charlemagne, ni Robert, fils de Hugues Capet, tige de la maison régnante, ni Louis-le-Gros, ni plusieurs autres rois, n'avaient été sacrés à Reims. La bouteille d'huile nommée sainte-ampoule, révérée des peuples, fesait naître quelque difficulté. Il fut aisé de prouver que si un ange avait apporté cette bouteille d'huile du haut du ciel, saint Remi n'en avait jamais parlé; que Grégoire de Tours, qui rapporte tant de miracles, avait gardé le silence sur cette ampoule[1]. S'il fallait absolument de l'huile apportée par un ange, on en avait une bonne fiole à Tours, et cette fiole valait bien mieux que celle de

---

[1] Voyez *Essai sur les mœurs*, chapitres XIII et XLII, tome XV, page 388, et tome XVI, page 41. B.

Reims, parceque long-temps avant le baptême de Clovis[a], un ange l'avait apportée pour guérir saint Martin d'un rhumatisme. Enfin l'ampoule de Reims n'avait été donnée que pour le baptême de Clovis, et non pour le sacre. On emprunta donc la fiole de Tours. Nicolas De Thou, évêque de Chartres, oncle de l'historien, eut l'honneur de sacrer le plus grand roi qui ait gouverné la France, et le seul de sa race à qui les Français aient disputé sa couronne.

CHAPITRE XXXV.

Henri IV reconnu dans Paris.

Henri IV, converti et sacré, n'en était pas plus maître de Paris ni de tant d'autres villes occupées par les chefs de la Ligue. C'était beaucoup d'avoir levé l'obstacle et détruit le préjugé des citoyens catholiques qui haïssaient sa religion, et non sa personne. C'était encore plus d'avoir réussi par son changement à diviser les états; mais sa conversion ni son onction ne lui donnaient ni troupes ni argent.

Le légat du pape, le cardinal Pellevé, tous les autres prélats ligueurs combattaient dans Paris la conversion du roi par des processions et par des libelles; les chaires retentissaient d'anathèmes contre ce même prince devenu catholique; on traitait son changement de simulé, et sa personne d'apostat. Des armes plus

[a] De Thou, livre CVIII.

dangereuses étaient employées contre lui, on subornait de tous côtés des assassins. On en découvrit un entre plusieurs, nommé Pierre Barrière, de la lie du peuple, bigot et intrépide, employé autrefois par le duc de Guise-le-Balafré, pour enlever la reine Marguerite, femme de Henri IV, au château d'Usson. Il se confessa à un dominicain, à un carme, à un capucin, à Aubri, curé de Saint-André-des-Arcs, ligueur des plus fanatiques, et enfin à Varade, recteur du collége des jésuites de Paris. Il leur communiqua à tous le dessein qu'il avait de tuer le roi pour expier ses péchés; tous l'encouragèrent et lui gardèrent le secret, excepté le dominicain. C'était un Florentin[1], attaché au parti du roi, et espion de Ferdinand, grand-duc de Toscane.

Si les autres se servaient de la confession pour inspirer le parricide, celui-ci s'en servit pour l'empêcher; il révéla le secret de Barrière. On dit que c'est un sacrilége; mais un sacrilége qui empêche un parricide est une action vertueuse. Le Florentin dépeignit si bien cet homme, qu'il fut arrêté à Melun, lorsqu'il se préparait à commettre son crime.

Dix commissaires, nommés par le roi, le condamnèrent à la roue. Il déclara, avant de mourir[a], que ceux qui lui avaient conseillé ce crime lui avaient assuré « que son ame serait portée par les anges à la « béatitude éternelle, s'il venait à bout de son entre- « prise. »

---

[1] P. de L'Étoile dit que ce Florentin s'appelait Séraphin Bianchi, et qu'il était envoyé secret du grand duc. B.

[a] 28 août 1593.

Ce fut là le premier fruit de la conversion de Henri IV. Cependant les négociations de Brissac[1], créé maréchal de France par le duc de Mayenne, et le zèle de quelques citoyens de Paris, donnèrent à Henri IV cette capitale que la victoire d'Ivri, la prise de tous les faubourgs, et l'escalade aux murs de la ville, n'avaient pu lui donner.

Le duc de Mayenne avait quitté la ville, et y avait laissé pour gouverneur le maréchal de Brissac. Ce seigneur, au milieu de tant de troubles, avait conçu d'abord le dessein de faire de la France une république; mais un échevin, nommé Langlois, homme qui avait beaucoup de crédit dans la ville, et des idées plus saines que le maréchal de Brissac, traitait déjà secrètement avec le roi. L'Huillier, prévôt des marchands, entra bientôt dans le même dessein; ils y entraînèrent Brissac; plusieurs membres du parlement se joignirent secrètement à lui. Le premier président Le Maître était à la tête; le procureur général Molé, les conseillers Pierre D'Amours et Guillaume Du Vair, s'assemblaient secrètement à l'Arsenal. Le reste du parlement n'était point dans le secret; il rendit même un arrêt[a], par lequel il défendait toute sorte d'assemblées et d'amas d'armes. L'arrêt portait que les maisons où ces assemblées secrètes auraient été tenues seraient rasées; toute entreprise, tout discours contre la *sainte Ligue* était réputé crime d'état.

Cet arrêt calmait les inquiétudes des ligueurs. Le légat et le cardinal Pellevé, qui fesaient promener

---

[1] Voyez ma note, page 185. B.
[a] 21 mars 1594.

dans Paris la châsse de sainte Geneviève, les ambassadeurs d'Espagne, la faction des Seize, les moines, la Sorbonne, étaient rassurés et tranquilles, lorsque le lendemain, 22 mars, à quatre heures du matin, un bruit de mousqueterie et des cris de *vive le roi* les réveillèrent.

Le prévôt des marchands, L'Huillier, l'échevin Langlois, avaient passé la nuit sous les armes avec tous les bourgeois qui étaient du complot. On ouvrit à-la-fois la porte des Tuileries, celle de Saint-Denys, et la Porte-Neuve [1] ; les troupes du roi entraient par ces trois côtés et vers la Bastille. Il n'en coûta la vie qu'à soixante soldats de troupes étrangères postées au-delà du Louvre, et Henri IV était déjà maître de Paris avant que le cardinal légat fût éveillé.

On ne peut mieux faire que de rapporter ici les paroles de ce respectable Français Auguste De Thou. « On vit presque en un moment les ennemis de l'état « chassés de Paris, les factions éteintes, un roi légi- « time affermi sur son trône, l'autorité du magistrat, « la liberté publique et les lois rétablies. »

Henri IV mit ordre à tout. Un de ses premiers soins fut de charger le chancelier Chiverni d'arracher et de déchirer au greffe du parlement toutes les délibérations, tous les arrêts attentatoires à l'autorité royale produits par ces temps malheureux. Le savant Pierre Pithou s'acquitta de ce ministère par l'ordre du chancelier. C'était un homme d'une érudition presque universelle ; il était, dit De Thou, le conseil des mi-

---

[1] La Porte-Neuve était située entre le Louvre et les Tuileries, à peu près à l'endroit où sont aujourd'hui les trois guichets. B.

nistres d'état, et le juge perpétuel des grandes affaires, sans magistrature.

(28 mars 1594) Le chancelier vint au parlement accompagné des ducs et pairs, des grands officiers de la couronne, des conseillers d'état et des maîtres des requêtes. Ce même Pierre Pithou, qui n'était point magistrat, fit les fonctions de procureur général. Le chancelier apportait un édit qui pardonnait au parlement, qui le rétablissait, et qui fesait en même temps l'éloge de l'arrêt qu'il avait donné en faveur de la loi salique, malgré le légat et les ambassadeurs d'Espagne, après quoi tous les membres du corps prêtèrent serment de fidélité entre les mains du chancelier.

Les officiers du parlement de Châlons et de Tours revinrent bientôt après. Ils reconnurent ceux de Paris pour leurs confrères, et leur seule distinction fut d'avoir le pas sur eux.

Le même jour le parlement, rétabli par le roi, annula tout ce qui avait été fait contre Henri III et Henri IV. Il cassa les états de la Ligue; il ordonna au duc de Mayenne, sous peine de lèse-majesté, d'obéir au roi; il institua à perpétuité cette procession à laquelle il assiste tous les ans, le 22 mars [1], en robes rouges, pour remercier Dieu d'avoir rendu Paris à Henri IV, et Henri IV à Paris. Dès ce jour il passa de la rébellion à la fidélité, et reprit surtout ses anciens sentiments de patriotisme qui ont été le plus ferme rempart de la France contre les entreprises de la cour de Rome.

[1] Depuis la suppression des parlements, cette procession n'a plus lieu. B.

CHAPITRE XXXVI.

Henri IV assassiné par Jean Châtel. Jésuites chassés. Le roi maudit à Rome, et puis absous.

Le roi était maître de sa capitale; il était prêt de l'être de Roüen; mais la moitié de la France était encore à la Ligue et à l'Espagne : il était reconnu par le parlement de Paris, mais non pas par les moines; la plupart des curés de Paris refusaient de prier pour lui. Dès qu'il entra dans la ville, il eut la bonté de faire garder la maison du cardinal légat, de peur qu'elle ne fût pillée; il pria ce ministre de venir le voir; le légat refusa de lui rendre ce devoir : il ne regardait Henri ni comme roi ni comme catholique, et sa raison était que ce prince n'avait point été absous par le pape. Ce préjugé était enraciné chez tous les prêtres, excepté dans le petit nombre de ceux qui se souvenaient qu'ils étaient Français avant d'être ecclésiastiques.

S'il ne suffit pas de se repentir pour obtenir de Dieu miséricorde, s'il est nécessaire qu'un homme soit absous par un autre homme, Henri IV l'avait été par l'archevêque de Bourges. On ne voit pas ce que l'absolution d'un Italien pouvait ajouter à celle d'un Français, à moins que cet Italien ne fût le maître de toutes les consciences de l'univers. Ou l'archevêque de Bourges avait le droit d'ouvrir le ciel à Henri IV, ou le pape ne l'avait pas; et quand ni l'un ni l'autre n'aurait eu cette puissance, Henri IV n'était pas moins roi par sa naissance et par sa valeur. C'était bien là le cas d'en appeler comme d'abus. Henri IV affermi sur le trône n'aurait pas eu besoin de la cour de Rome, et tous les parlements l'auraient déclaré roi légitime et bon catholique, sans consulter le pape; mais on a déjà vu ce que peuvent les préjugés.

Henri IV fut réduit à demander pardon à l'évêque de Rome, Aldobrandin, nommé Clément VIII, de s'être fait absoudre par l'évêque de Bourges, alléguant qu'il n'avait commis cette faute que pressé par la nécessité et par le temps, le suppliant de le recevoir au nombre de ses enfants. Ce fut par le duc de Nevers, son ambassadeur, qu'il fit porter ces paroles; mais le pape ne voulut point recevoir le duc de Nevers comme ambassadeur de Henri IV; il l'admit à lui baiser les pieds comme un particulier. Aldobrandin, par cette dureté, fesait valoir son autorité pontificale, et montrait en même temps sa faiblesse. On voyait dans toutes ses démarches sa crainte de déplaire à Philippe II, autant que la fierté d'un pape. Le duc de Nevers ne recevait de réponse à ses mémoires que par le jésuite Tolet, depuis peu promu au cardinalat.

Il n'est pas inutile d'observer les raisons que ce jésuite cardinal alléguait au duc de Nevers : « Jésus-« Christ, lui disait-il, n'est pas obligé de remettre les « errants dans le bon chemin; il leur a commandé de « s'adresser à ses disciples : c'est ainsi que saint André « en usa avec les Gentils [a]. »

[a] De Thou, livre CVIII.

Le bon-homme Tolet ne savait ce qu'il disait, il prenait André pour Philippe; lequel Philippe ayant rencontré l'eunuque de Candace, reine d'Éthiopie, lisant dans son chariot un chapitre d'*Isaïe*, apparemment traduit en éthiopien, et n'y entendant rien du tout, Philippe, qui, sans doute, était savant, lui expliqua le passage, le convertit, le baptisa; après quoi il fut enlevé par l'esprit [1].

Mais quel rapport de cet eunuque à Henri IV, et de Philippe au pape Clément VIII? et pourquoi Renaud de Beaune, archevêque de Bourges, ne pouvait-il pas ressembler au Juif Philippe aussi bien que Clément? C'était se jouer étrangement de la religion que de vouloir soutenir par de telles allégories, la conduite de l'évêque souverain de Rome, qui exposait la France à retomber dans les horreurs des guerres civiles. Le duc de Nevers sortit de Rome en colère; et tandis que Du Perron et d'Ossat allaient renouveler cette singulière négociation, le même esprit qui avait dicté les refus de Clément VIII aiguisait les poignards levés sur Henri IV.

Un jeune insensé, nommé Jean Châtel, fils d'un gros marchand de drap de Paris, et assez bien apparenté dans la ville, où la famille de sa femme est encore assez nombreuse, ayant étudié aux jésuites, avait été admis dans une de leurs congrégations, et à certains exercices spirituels qu'on fesait dans une chambre appelée la chambre des méditations. Les murailles étaient couvertes de représentations affreuses de l'enfer, et de diables tourmentant des damnés. Ces

---

[1] *Actes des apôtres*, chap. VIII, versets 27-39. B.

images, dont l'horreur était encore augmentée par la lueur d'une torche allumée, avaient troublé son imagination. Il était tombé dans des excès monstrueux, il se croyait déjà une victime de l'enfer. On prétend qu'un jésuite lui dit, dans la confession, qu'il ne pouvait échapper aux châtiments éternels qu'en délivrant la France d'un roi toujours hérétique. Ce malheureux, âgé de dix-neuf ans, se persuada que du moins s'il assassinait Henri IV, il rachèterait une partie des peines que l'enfer lui préparait. « Je sais bien que « je serai damné, disait-il, mais j'ai mieux aimé l'être « comme quatre que comme huit. » Il y a toujours de la démence dans les grands crimes : il voulait mourir; l'excès de sa fureur alla au point que, de son aveu même, il avait résolu de commettre en public le crime de bestialité, s'imaginant que sur-le-champ on le ferait mourir dans les supplices. Ensuite, ayant changé d'idée, et détestant toujours la vie, il reprit le dessein d'assassiner le roi.

Il se mêla dans la foule des courtisans [a] dans le moment que le roi embrassait le sieur de Montigni : il portait le coup au cœur; mais le roi s'étant beaucoup baissé le reçut dans les lèvres. La violence du coup était si forte qu'elle lui cassa une dent, et le roi fut sauvé pour cette fois [1].

On trouva dans la poche de Jean Châtel un écrit contenant sa confession. Il était bien horrible qu'une

---

[a] 1594, 27 décembre, à six heures du soir.

[1] D'Aubigné, protestant fanatique, écrivit à Henri IV : «Vous avez renié « Dieu de bouche, et il a frappé votre bouche; prenez garde à le jamais re- « nier de cœur. » K.

institution aussi ancienne, établie pour expier ou pour prévenir les crimes, servît si souvent à les faire commettre. C'est un malheur attaché à la confession auriculaire.

Le grand-prévôt se saisit d'abord de ce misérable; mais Auguste De Thou, l'historien, obtint que le parlement fût son juge. Le coupable ayant avoué dans son interrogatoire qu'il avait étudié chez les jésuites, qu'il se confessait à eux, qu'il était de leur congrégation, le parlement fit saisir et examiner leurs papiers. On trouva dans ceux du jésuite Jean Guignard ces paroles : « On a fait une grande faute à la Saint-Barthélemi de ne point saigner la veine basilique : » basilique veut dire royale, et cela signifiait qu'on aurait dû exterminer Henri et le prince de Condé. Ensuite on trouvait ces mots : « Faut-il donner le nom de « roi de France à un Sardanapale, à un Néron, à un « renard de Béarn? L'acte de Jacques Clément est « héroïque. Si on peut faire la guerre au Béarnais, il « faut le guerroyer; sinon, qu'on l'assassine. »

Châtel fut écartelé, le jésuite Guignard fut pendu ; et ce qui est bien étrange, Jouvenci, dans son *Histoire des jésuites*, le regarde comme un martyr, et le compare à Jésus-Christ. Le régent de Châtel, nommé Guéret, et un autre jésuite, nommé Hay, ne furent condamnés qu'à un bannissement perpétuel.

Les jésuites avaient dans ce temps-là même un grand procès au parlement contre la Sorbonne, qui avait conclu à les chasser du royaume[a]. Le parlement

---

[a] Il faut lire avec beaucoup de défiance tout ce qui regarde les jésuites, dans les remarques de l'abbé de L'Écluse sur les *Mémoires de Sulli*. Non seu-

les chassa en effet par un arrêt solennel qui fut exécuté dans tout le ressort de Paris, et dans celui de Rouen et de Dijon. Cette exécution ne devait pas plaire au pape, que Du Perron et D'Ossat sollicitaient alors de donner au roi cette absolution si long-temps refusée ; mais ce prince remportait tous les jours de si grands avantages, et commençait à réunir avec tant de prudence les membres de la France déchirée, que le pape ne pouvait plus être inflexible. D'Ossat lui mandait : « Faites bien vos affaires de par-delà, et je « vous réponds de celles de par-deçà. » Henri IV suivait parfaitement ce conseil. Clément VIII, pourtant, mettait d'abord à la prétendue grace qu'il fesait, des conditions qu'il était impossible d'accepter. Il voulait que le roi fît serment de renoncer à tous ses droits à la couronne, si jamais il retombait dans l'erreur, et de faire la guerre aux Turcs au lieu de la faire à Philippe II. Ces deux propositions extravagantes furent rejetées ; et enfin le pape se borna à exiger qu'il réciterait son chapelet tous les jours, les litanies le mercredi, et le rosaire de la Vierge Marie le samedi.

lement L'Écluse a falsifié les *Mémoires de Sulli* en plusieurs endroits ; mais comme il imprimait en 1740, et que les jésuites étaient alors fort puissants, il les flattait lâchement. Il cite toujours mal à propos, en fait de finances, le *Testament* attribué au cardinal de Richelieu, ouvrage d'un faussaire ignorant qui ne savait pas même l'arithmétique.—La première édition des *Mémoires de Sulli*, arrangés par L'Écluse, est de 1745, 3 volumes in-4°, ou 8 volumes in-12. Ce n'est pas l'ouvrage de Sulli. L'Écluse a mis à la troisième personne le récit qui était à la seconde, et dont la lecture, il faut l'avouer, est très fatigante. On ne réimprime plus que le travail de L'Écluse, qui a changé le fond tout aussi bien que la forme ; mais pour juger le travail de Sulli, c'est dans sa forme primitive qu'il faut le lire ; ces éditions sont intitulées : *Mémoires des sages et royalles œconomies d'estat*. B.

Clément prétendit encore insérer dans sa bulle que « le roi, en vertu de l'absolution papale, était réhabi- « lité dans ses droits au royaume. » Cette clause qu'on glissait adroitement dans l'acte était plus sérieuse que l'injonction de réciter le rosaire.

D'Ossat, qui ne manqua pas de s'en apercevoir, fit réformer la bulle ; mais ni lui ni Du Perron ne purent se soustraire à la cérémonie de s'étendre le ventre à terre, et de recevoir des coups de baguettes sur le dos au nom du roi, pendant qu'on chantait le *miserere*.

La fatalité des événements avait mis aux pieds d'un autre pape un autre Henri IV, il y avait plus de cinq cents ans.

L'empereur Henri IV, ressemblant en beaucoup de choses au roi de France, valeureux, galant, entreprenant, et sachant plier comme lui, s'était vu dans une posture encore plus humiliante ; il s'était prosterné pieds nus, et couvert d'un cilice, aux genoux de Grégoire VII [1]. L'un et l'autre prince furent la victime de la superstition, et moururent de la manière la plus déplorable.

CHAPITRE XXXVII.

Assemblée de Rouen. Administration des finances.

On ne regarde communément Henri IV que comme un brave et loyal chevalier, valeureux comme les Du-

[1] Voyez, tome XXIII, les *Annales de l'Empire*, année 1077. K.

guesclin, les Bayard, les Crillon; aussi doux, aussi facile dans la société qu'ardent et intrépide dans les combats; indulgent à ses amis, à ses serviteurs, à ses maîtresses; le premier soldat de son royaume, et le plus aimable gentilhomme : mais quand on approfondit sa conduite, on lui trouve la politique des D'Ossat et des Villeroi.

La dextérité avec laquelle il négocia la reddition de Paris, de Rouen, de Reims, de plusieurs autres villes, marquait l'esprit le plus souple et le plus exercé dans les affaires; démêlant tous les intérêts divers des chefs de la Ligue opposés les uns aux autres; traitant à-la-fois avec plus de vingt ennemis, employant chacun de ses agents suivant leur caractère; domptant à tout moment sa vivacité par sa prudence; allant toujours droit au bien de l'état dans cet horrible labyrinthe. Quiconque examinera de près sa conduite avouera qu'il dut son royaume autant à son esprit qu'à son courage. La grandeur de son ame plia sous la nécessité des temps. Il aima mieux acheter l'obéissance de la plupart des chefs de la Ligue, que de faire couler continuellement le sang de son peuple. Il se servit de leur avarice pour subjuguer leur ambition. Le vertueux duc de Sulli, digne ministre d'un tel maître, nous apprend qu'il en coûta trente-deux millions en divers temps pour réduire les restes de la Ligue [1].

[1] Sulli, page 380 du tome IV de l'édition in-folio de 1663 de ses *Mémoires*, donne le prix auquel se vendirent plusieurs chefs. Louis de Lhopital, seigneur de Vitry, vendit Meaux pour 20,000 écus et l'emploi de bailli; Villeroy vendit Pontoise 476,594 livres; Villars vendit Rouen et la Normandie pour 3,477,800 livres; La Chatre vendit Bourges et Orléans pour 898,900 livres, etc., etc.; Brissac vendit Paris 1,695,400 livres. B.

Henri ne crut pas devoir se dispenser de payer exactement cette somme immense dans le cours de son règne, quoique au fond ces promesses eussent été extorquées par des rebelles ; il joignit à beaucoup d'adresse la bonne foi la plus incorruptible.

Il n'était point encore réconcilié avec Rome; il regagnait pied à pied son royaume par sa valeur et par son habileté, lorsqu'il convoqua dans Rouen une espèce d'états généraux sous le nom d'assemblée de notables. On voit assez par toutes ces convocations différentes qu'il n'y avait rien de fixe en France. Ce n'était pas là les anciens parlements du royaume, où tous les guerriers nobles assistaient de droit. Ce n'était ni les diètes de l'empire, ni les états de Suède, ni les cortès d'Espagne, ni les parlements d'Angleterre, dont tous les membres sont fixés par les lois. Tous les hommes un peu considérables, qui furent à portée de faire le voyage de Rouen, furent admis dans ces états[a]; Alexandre de Médicis, légat du pape, y fut introduit, et y eut voix délibérative. L'exemple du cardinal de Plaisance qui avait tenu les états de la Ligue lui servait de prétexte; et le roi, qui avait besoin du pape, dérogea aux lois du royaume sans craindre les conséquences d'une vaine cérémonie.

L'ouverture des états se fit le 4 novembre 1596 dans la grande salle de l'abbaye de Saint-Ouen : car il est à remarquer que ce n'est guère que chez les moines que se trouvent ces basiliques immenses où l'on puisse tenir de grandes assemblées. Le clergé de France ne tient ses séances à Paris que chez les moines augus-

---

[a] 1596.

tins. Le parlement même d'Angleterre ne siège que dans l'abbaye de Westminster.

Le roi était sur son trône. Au-dessous de lui étaient à droite et à gauche les princes du sang, le connétable Henri de Montmorenci, duc et pair; il n'y avait que deux autres ducs, d'Épernon et Albert de Gondi, avec Jacques de Matignon, maréchal de France. Les quatre secrétaires d'état étaient derrière eux. Le légat avait un siége vis-à-vis le trône du roi; il était entouré d'un grand nombre d'évêques; on eût cru voir un autre roi qui tenait sa cour vis-à-vis de Henri IV. Au-dessous de ces évêques était Achille de Harlai, premier président du parlement de Paris, et Pierre Séguier, président à mortier. Ils n'auraient point cédé aux évêques; mais le cardinal légat leur en imposait. Un président de Toulouse, un de Bordeaux, des maîtres des comptes, des conseillers des cours des aides, des trésoriers de France, des juges, des maires de provinces étaient rangés en grand nombre sur ces mêmes bancs dont Achille de Harlai occupait le milieu.

Ce fut là que Henri IV prononça ce discours célèbre, dont la mémoire subsistera autant que la France : on vit que la véritable éloquence est dans la grandeur de l'ame.

« Je viens, dit-il, demander vos conseils, les croire
« et les suivre, me mettre en tutèle entre vos mains;
« c'est une envie qui ne prend guère aux rois, aux
« barbes grises et aux victorieux; mais mon amour
« pour mes sujets me fait trouver tout possible et tout
« honorable. »

La grande affaire était l'arrangement des finances;

les états, très peu instruits de cette partie du gouvernement, imaginèrent des réglements nouveaux, et se trompèrent en tout. Ils supposèrent d'abord que le revenu du roi allait à trente millions de ce temps-là par année. Ils proposèrent de partager cette somme en deux : l'une serait absolument à la disposition du roi, et l'autre serait perçue et administrée par un conseil que les états établiraient. C'était en effet mettre Henri IV en tutèle. Il accepta, par le conseil de Sulli, cette proposition peu convenable, et crut ne devoir en confondre les auteurs qu'en les chargeant d'un fardeau qu'ils étaient incapables de porter. Le cardinal de Gondi, archevêque de Paris, qui avait le premier ouvert cet avis, fut mis à la tête du nouveau conseil des finances, qui devait recouvrer les prétendus quinze millions, la moitié des revenus de l'état.

Gondi était originaire d'Italie ; il gouvernait sa maison avec une économie qui approchait de l'avarice ; ces deux raisons le firent croire capable de gérer la partie la plus difficile des finances d'un grand royaume : les états et lui oublièrent combien il était indécent à un archevêque d'être financier.

Sulli[a], le plus jeune du conseil des finances du roi, mais le plus capable, comme il était le plus honnête homme, recouvra en peu de temps, et par son infatigable industrie, la partie des finances qui lui était confiée. Le conseil de l'archevêque, qui s'était donné le titre de conseil de raison, ne put, dit Sulli, rien faire de raisonnable. Les semaines, les mois s'écoulèrent sans qu'ils pussent recouvrer un denier. Ils fu-

[a] Il n'était alors que marquis de Rosni.

rent enfin obligés de renoncer à leur administration, de demander pardon au roi, et d'avouer leur ignorance. Ce fut cette aventure qui détermina Henri IV à donner à Sulli la surintendance des finances.

CHAPITRE XXXVIII.

Henri IV ne peut obtenir de l'argent pour reprendre Amiens, s'en passe, et le reprend.

L'article des finances jeta quelquefois de l'ombrage entre le roi et le parlement. Ce prince, comme on l'a dit, n'avait pas regagné tout son royaume par l'épée, il s'en fallait beaucoup. Les chefs de la Ligue lui en avaient vendu la moitié. Sulli commençait à peine à débrouiller le chaos des revenus de l'état; le roi fesait la guerre à Philippe II, lorsqu'un accident imprévu mit la France dans le plus grand danger.

L'archiduc Ernest, gouverneur des Pays-Bas pour le roi Philippe II, s'empara de la ville d'Amiens, avec des sacs de noix, par une surprise peu honorable pour les habitants. Les troupes espagnoles pouvaient faire des courses depuis Amiens jusqu'aux portes de Paris. Il était d'une nécessité absolue de reprendre par un long siége ce que l'archiduc avait pris en un moment.

L'argent, qui est toujours ce qui manque dans de telles occasions, était le premier ressort qu'il fallait employer. Sulli, en qui le roi commençait à prendre une grande confiance, fit en hâte un plan qui produisit les deniers nécessaires. Lui seul mit le roi en état d'avoir promptement une armée et une artillerie formidable ; lui seul établit un hôpital beaucoup mieux servi que ne l'a jamais été celui de Paris, et ce fut peut-être pour la première fois qu'une armée française se trouva dans l'abondance. Mais pour fournir tout l'argent destiné à cette entreprise, Sulli fut obligé d'ajouter aux ressources de son génie quelques impôts et quelques créations de charges qui exigeaient des édits ; et ces édits demandaient un enregistrement au parlement.

Le roi, avant de partir pour Amiens, écrivit au premier président de Harlai, « qu'on devait nourrir « ceux qui défendent l'état. Qu'on me donne une ar- « mée, et je donnerai gaîment ma vie pour vous sauver « et pour relever la France. » Les édits furent rejetés ; il n'eut d'abord au lieu d'argent que des remontrances. Le premier président, avec plusieurs députés, vint lui représenter les besoins de l'état. « Le plus grand « besoin, lui répondit le roi, est de chasser les ennemis « de l'état ; vous êtes comme ces fous d'Amiens, qui, « m'ayant refusé deux mille écus, en ont perdu un « million. Je vais à l'armée me faire donner quelques « coups de pistolet à la tête, et vous verrez ce que c'est « que d'avoir perdu votre roi. » Harlai lui répliqua : « Nous sommes obligés d'écouter la justice, Dieu nous « l'a baillée en main. — C'est à moi, dit le roi, que « Dieu l'a baillée, et non à vous. » Il fut obligé d'envoyer plusieurs lettres de jussion, et d'aller lui-même au parlement faire enregistrer ses édits.

Avant d'aller au parlement, il avait cru devoir faire sortir de la ville le président Séguier et le conseiller

La Rivière, les plus opposés à la vérification; mais ce bon prince révoqua l'ordre immédiatement après l'avoir donné. Il tint son lit de justice avec la hauteur d'un roi, et avec la bonté d'un père. On vit le vainqueur de Coutras, d'Arques, d'Ivri, d'Aumale, de Fontaine-Française, au milieu de son parlement comme s'il eût été dans sa famille, parlant familièrement à ces mêmes magistrats qui, trop occupés de la forme, s'étaient trop opposés à un fond dont le salut public dépendait; louant ceux qui avaient les intentions droites, réprimandant doucement les jeunes conseillers des enquêtes, et leur disant : « Jeunes gens, « apprenez de ces bons vieillards à modérer votre « fougue. »

On peut connaître l'extrême besoin où il était par un seul trait. Il fut obligé, en partant pour le camp d'Amiens, d'emprunter quatre mille écus de sa maîtresse Gabrielle d'Estrées, qu'il fit duchesse de Beaufort, et que le sot peuple appela la duchesse d'ordure. Tout l'argent qu'on lui donnait était pour ses officiers et pour ses soldats; il ne lui resta rien pour sa personne. Les commissaires de ses finances, qui étaient au camp, le laissaient manquer du nécessaire. On sait qu'il mandait au duc de Sulli, « que sa marmite était « renversée, ses pourpoints percés par le coude, ses « chemises trouées : » et c'était le plus grand roi de l'Europe qui écrivait ainsi !

CHAPITRE XXXIX.

D'une fameuse démoniaque.

Le parlement de Paris renfermé dans les bornes de son devoir n'en fut que plus respecté, et il eut beaucoup plus de réputation sous Henri IV que sous la Ligue. Il rendit un très grand service à la France en s'opposant toujours à l'acceptation du concile de Trente. Il y avait en effet vingt-quatre décrets de ce concile si opposés aux droits de la couronne et de la nation, que, si on les eût souscrits, la France aurait eu la honte d'être un pays d'obédience.

L'affaire ecclésiastique dans laquelle il signala le plus sa prudence, fut celle qui fit le moins d'honneur à quelques ecclésiastiques encore ennemis secrets du roi qui avait embrassé leur religion. Ils imaginèrent de produire sur la scène une démoniaque, pour confondre les protestants dont le roi récompensait les services fidèles, et dont plusieurs avaient un grand crédit à la cour. On prétendait exciter les peuples catholiques, en leur fesant voir combien Dieu les distinguait des huguenots. Dieu ne fesait qu'à eux la faveur de leur envoyer des possédés; on contraignait les diables par les exorcismes à déclarer que le catholicisme était la vraie religion; et renoncer au protestantisme, c'était renoncer au diable.

Ce sont presque toujours des filles qu'on choisit pour jouer ces comédies; la faiblesse de leur sexe les soumet plus aisément que les hommes aux séductions de leurs directeurs ; et accoutumées par leur faiblesse même à cacher leurs secrets, elles soutiennent ces rôles singuliers avec plus de constance que les hommes.

Une fille de Romorantin, dont le corps était d'une souplesse extraordinaire, joua le rôle de possédée dans une grande partie de la France. Des capucins la promenaient de diocèse en diocèse. Un nommé Duval, docteur de Sorbonne, accréditait cette farce à Paris ; un évêque de Clermont, un abbé de Saint-Martin [1], voulurent mener cette fille en triomphe à Rome.

Le parlement procéda contre eux tous. On assigna Duval et les capucins ; ils répondirent par écrit que la bulle *In cœna Domini* leur défendait d'obéir aux juges royaux. Le parlement fit brûler leur réponse, condamna la bulle *In cœna Domini*, et interdit la chaire aux capucins. Cette seule interdiction eût en d'autres temps attiré ce qu'on appelle les foudres de Rome sur le roi et sur le parlement ; mais la scène se passait en 1599, temps où le roi était maître absolu de son royaume. Philippe II, qui avait tant gouverné la cour de Rome, n'était plus ; et le pape commençait à respecter Henri IV.

---

[1] L'évêque de Clermont et l'abbé de Saint-Martin, son frère, étaient neveux du comte de La Rochefoucauld, tué à la journée de la Saint-Barthélemi. L'évêque de Clermont a été plus connu, pendant le règne de Louis XIII, sous le nom de cardinal de La Rochefoucauld. C'est lui qui a réformé cette espèce de moines que le public appelle Génovéfains, et qui se donnent le nom de congrégation de France. On prétend qu'à la fin de sa vie il eut la fantaisie de se faire jésuite ; le général le refusa ; mais il lui permit, pour le consoler, d'avoir toujours chez lui un jésuite auquel il serait obligé d'obéir. K.

Il ne faut pas omettre la réponse sage et plaisante du premier président de Harlai à des bourgeoises de Paris. Madame Catherine, sœur du roi, qui n'avait pas été obligée comme lui de se faire catholique, tenait un prêche public dans son palais. Il n'était pas permis d'en avoir dans la ville; mais la rigueur des lois comme la volonté du prince pliait sous de justes égards. Trente ou quarante dévotes, excitées par leurs confesseurs, marchèrent en tumulte dans les rues, demandant justice de cet attentat; armées de crucifix et de chapelets, elles fesaient des stations aux portes des églises, ameutaient le peuple, couraient chez les magistrats. Elles allèrent chez le premier président, et le conjurèrent de remplir les devoirs de sa charge : « Je les remplirai, dit-il, mesdames; envoyez-moi vos « maris, je leur ordonnerai de vous faire enfermer. »

CHAPITRE XL.

De l'édit de Nantes. Discours de Henri IV au parlement. Paix de Vervins.

Les protestants du royaume étaient affligés d'avoir vu leur religion abandonnée par Henri. Les plus sages lui pardonnaient une politique nécessaire, et lui furent toujours fidèles; les autres murmurèrent long-temps; ils tremblèrent de se voir la victime des catholiques, et demandèrent souvent au roi des sûretés contre leurs ennemis. Les ducs de Bouillon et de La Trimouille étaient à la tête de cette faction; le roi contint les plus mutins, encouragea les plus fidèles, et rendit justice à tous.

Il traita avec eux comme il avait traité avec les ligueurs, mais il ne lui en coûta ni argent ni gouvernements, comme les ligueurs lui en avaient extorqué. Il se souvenait d'ailleurs qu'il avait été long-temps leur chef, qu'il avait gagné avec eux des batailles, et que, s'il avait prodigué son sang pour eux, leurs pères et leurs frères étaient morts pour lui.

Il délégua donc trois commissaires plénipotentiaires pour rédiger avec eux-mêmes un édit solennel et irrévocable, qui leur assurât le repos et la liberté d'une religion si long-temps persécutée, afin qu'elle ne fût désormais ni opprimée ni opprimante.

L'édit fut signé le dernier avril 1598 : non seulement on leur accordait cette liberté de conscience qui semble être de droit naturel, mais on leur laissait pour huit années les places de sûreté que Henri III leur avait données au-delà de la Loire, et surtout dans le Languedoc. Ils pouvaient posséder toutes les charges comme les catholiques. On établissait dans les parlements des chambres composées de catholiques et de protestants[1].

Le parlement rendit alors un grand service au roi et au royaume, en se joignant aux évêques pour remontrer au roi le danger d'un article de l'édit que le roi avait signé avec une facilité trop précipitée. Cet article portait qu'ils pourraient s'assembler en tel lieu et en tel temps qu'ils voudraient, sans demander permission ; qu'ils pourraient admettre les étrangers dans

[1] Voyez, tome XX, le chapitre xxxvi du *Siècle de Louis XIV*. B.

leurs synodes, et aller hors du royaume aux synodes étrangers.

Henri IV vit qu'il avait été surpris, et supprima cette concession qui ouvrait la porte aux conspirations et aux troubles. Enfin, il concilia si bien ce qu'il devait de reconnaissance aux protestants, et de ménagements aux catholiques, que tout le monde dut être satisfait; et il prit si bien ses mesures, que de son temps la religion protestante ne fut plus une faction.

Cependant le parlement, craignant les suites de la bonté du roi, refusa long-temps d'enregistrer l'édit. Il fit venir deux députés de chaque chambre au Louvre. Il est triste que le président De Thou, dans son histoire écrite avec tant de candeur, n'ait jamais rapporté les véritables discours de Henri IV. Cet historien, écrivant en latin, non seulement ôtait aux paroles du roi cette naïveté familière qui en fait le charme, et qu'on ne peut traduire; mais il imitait encore les anciens auteurs latins, qui mettaient leurs propres idées dans la bouche de leur personnage, se piquant plutôt d'être orateurs élégants que narrateurs fidèles. Voici la partie la plus essentielle du discours que tint Henri IV au parlement.

« Je prends bien les avis de tous mes serviteurs;
« lorsqu'on m'en donne de bons, je les embrasse; et
« si je trouve leur opinion meilleure que la mienne,
« je la change fort volontiers. Il n'y a pas un de vous
« que quand il me voudra venir trouver et me dire,
« Sire, vous faites telle chose qui est injuste à toute
« raison, que je ne l'écoute fort volontiers. Il s'agit
« maintenant de faire cesser tous faux bruits; il ne

« faut plus faire de distinction de catholiques et de
« huguenots; il faut que tous soient bons Français,
« et que les catholiques convertissent les huguenots
« par l'exemple de leur bonne vie; mais il ne faut pas
« donner occasion aux mauvais bruits qui courent
« par tout le royaume : vous en êtes la cause pour n'a-
« voir pas promptement vérifié l'édit.

« J'ai reçu plus de biens et plus de graces de Dieu
« que pas un de vous; je ne desire en demeurer in-
« grat; mon naturel n'est pas disposé à l'ingratitude,
« combien qu'envers Dieu je ne puisse être autre;
« mais pour le moins j'espère qu'il me fera la grace
« d'avoir toujours de bons desseins. Je suis catholi-
« que, et ne veux que personne en mon royaume af-
« fecte d'être plus catholique que moi. Être catholique
« par intérêt, c'est ne valoir rien.

« On dit que je veux favoriser ceux de la religion,
« et on veut entrer en quelque méfiance de moi. Si
« j'avais envie de ruiner la religion catholique, je ne
« m'y conduirais de la façon; je ferais venir vingt
« mille hommes; je chasserais d'ici ceux qu'il me plai-
« rait; et quand j'aurais commandé que quelqu'un
« sortît, il faudrait obéir. Je dirais : Messieurs les
« juges, il faut vérifier l'édit, ou je vous ferai mourir;
« mais alors je ferais le tyran. Je n'ai point conquis ce
« royaume par tyrannie, je l'ai par nature et par mon
« travail.

« J'aime mon parlement de Paris par-dessus tous
« les autres; il faut que je reconnaisse la vérité, que
« c'est le seul lieu où la justice se rend aujourd'hui
« dans mon royaume; il n'est point corrompu par ar-

« gent. En la plupart des autres, la justice s'y vend ;
« et qui donne deux mille écus l'emporte sur celui
« qui donne moins : je le sais, parceque j'ai aidé au-
« trefois à boursiller ; mais cela me servait à des des-
« seins particuliers.

« Vos longueurs et vos difficultés donnent sujet de
« remuements étranges dans les villes. L'on a fait des
« processions contre l'édit, même à Tours, où elles se
« devaient moins faire qu'en tout autre lieu, d'autant
« que j'ai fait celui qui en est archevêque. L'on en
« fait aussi au Mans pour inspirer aux juges à rejeter
« l'édit ; cela ne s'est fait que par mauvaise inspiration.
« Empêchez que de telles choses n'arrivent plus. Je
« vous prie que je n'aie plus à parler de cette affaire,
« et que ce soit pour la dernière fois : faites-le, je vous
« le commande et vous en prie. »

Malgré ce discours du roi, les préjugés étaient
encore si forts, qu'il y eut de grands débats dans le
parlement pour la vérification. La compagnie était
partagée entre ceux qui, ayant été long-temps du parti
de la Ligue, conservaient encore leurs anciens sentiments sur ce qui concernait les affaires de la religion,
et ceux qui, ayant été auprès du roi à Tours et à
Châlons, connaissaient mieux sa personne et les besoins de l'état. L'éloquence et la sagesse de deux magistrats ramenèrent tous les esprits. Un conseiller
nommé Coqueley, autrefois ligueur violent, et depuis
détrompé, fit un tableau si touchant des malheurs où
la guerre civile avait réduit la France, et du bonheur
attaché à l'esprit de tolérance, que tous les cœurs en
furent émus. Mais il y avait dans le parlement des

hommes très savants dans les lois, qui, trop frappés des anciennes lois sévères des deux Théodoses contre les hérétiques, pensaient que la France devait se conduire par les institutions de ces empereurs.

Le président Auguste De Thou, encore plus savant qu'eux, les battit par leurs propres armes. « L'empereur Justin, leur dit-il, voulut extirper l'arianisme dans l'Orient; il crut y parvenir en dépouillant les ariens de leurs églises. Que fit alors le grand Théodoric, maître de Rome et d'Italie? Il envoya l'évêque de Rome Jean Ier avec un consul et deux patrices en ambassade à Constantinople, déclarer à Justin que s'il persécutait ceux qu'on appelait ariens, Théodoric ferait mourir ceux qui se nommaient seuls catholiques. » Cette déclaration arrêta l'empereur, et il n'y eut alors de persécution ni dans l'Orient ni dans l'Occident.

Un si grand exemple rapporté par un homme tel que De Thou, l'image frappante d'un pape allant lui-même de Rome à Constantinople parler en faveur des hérétiques, firent une si puissante impression sur les esprits, que l'édit de Nantes passa tout d'une voix, et fut ensuite enregistré dans tous les parlements du royaume [1].

---

[1] L'édit de Nantes avait les mêmes inconvénients que les édits de pacification du chancelier de L'Hospital. Ce n'était pas une loi de tolérance destinée à maintenir tous les membres de l'état dans le droit de professer librement la croyance et le culte qu'ils ont adoptés ; droit donné par la nature, droit auquel jamais un homme n'a pu renoncer sans être fou, et dont par conséquent aucune loi positive ne peut légitimement priver un seul citoyen, fût-elle portée du consentement unanime de tous les autres : l'édit de Nantes n'était qu'un traité de paix entre les sectateurs des deux religions, et par

Henri IV donnait en même temps ª la paix à la religion et à l'état. Il fesait alors le traité de Vervins avec le roi d'Espagne. Ce fut le premier traité qui fut avantageux à la France. La paix de Cateau-Cambresis¹, sous Henri II, lui avait coûté beaucoup de villes. Celles que firent François Ier et ses prédécesseurs furent ruineuses. Henri IV se fit rendre tout ce que Philippe II avait usurpé dans les temps malheureux de la Ligue; il fit la paix en victorieux; la fierté de Philippe II fut abaissée; il souffrit qu'au congrès de Vervins ses ambassadeurs cédassent en tout la préséance aux ambassadeurs de France, en couvrant son humiliation du vain prétexte que ses plénipotentiaires n'étaient que ceux de l'archiduc Ernest, gouverneur des Pays-Bas, et non pas ceux du roi d'Espagne.

Ce même monarque qui du temps de la Ligue disait, « Ma ville de Paris, ma ville de Reims, ma ville « de Lyon, » et qui n'appelait Henri IV que le *prince de Béarn*, fut forcé de recevoir la loi de celui qu'il avait méprisé, et qu'il respectait dans son cœur, s'il connaissait la gloire.

Henri IV vint jurer cette paix sur les Évangiles dans l'église cathédrale de Paris[b]. Cette cérémonie se fit avec autant de magnificence que Henri mettait de simplicité dans sa vie privée. (4 et 21 juin 1598) Les ambassadeurs d'Espagne étaient accompagnés de quatre cents gentilshommes. Le roi, à cheval, à la tête

---

conséquent il ne pouvait subsister qu'aussi long-temps que les forces des deux partis se contre-balanceraient. K.

ª 7 juin 1598. — ¹ Voyez tome XVII, pages 522-23. B. —[b] 21 juin 1598.

de tous les princes, des ducs et pairs, et des grands officiers, suivi de six cents gentilshommes des plus distingués du royaume, signa le traité et prononça le serment ayant le légat du pape à sa droite, et les ambassadeurs d'Espagne à sa gauche.

Il n'est point dit que le parlement assista à cette cérémonie, ni qu'il ait enregistré le traité[1] ; soit qu'on regardât cette grande solennité du serment comme suffisante, soit qu'on crût que les enregistrements n'étaient nécessaires que pour les édits dont les juges devaient maintenir l'observation. Ce jour fut une des plus célèbres époques du règne trop court de Henri IV.

CHAPITRE XLI.

Divorce de Henri IV.

Le parlement n'eut aucune part au divorce de Henri IV avec Marguerite de Valois, sa première femme[a]. Elle passait pour stérile, quoique peut-être elle ne l'eût pas été en secret. Elle était âgée de quarante-six ans, et il y en avait quinze qu'une extrême incompatibilité réciproque la séparait de son mari. Il

---

[1] Le traité de paix de Vervins, du 2 mai 1598, a été enregistré au parlement le 31 août de la même année, l'avocat général Servin portant la parole. Dès le mois de juin le parlement l'avait publié ; c'est ce qu'on voit par une lettre de Boissy-d'Anglas à François de Neufchâteau, imprimée dans le *Journal de Paris*, du 26 septembre 1808. Un des articles du traité portait qu'il serait enregistré. B.

[a] 19 décembre 1599.

était nécessaire que Henri IV eût des enfants, et on présumait qu'ils seraient dignes de lui. Une affaire si importante, qui dans le fond est entièrement civile, et qui n'est un sacrement qu'en vertu d'une grace de Dieu, accordée aux époux mariés dans l'Église, semblait devoir être naturellement du ressort des lois. Les sacrements sont d'un ordre surnaturel qui n'a rien de commun avec les intérêts des particuliers et des souverains.

Cependant l'ancien usage prévalut sans difficulté; on s'adressa au pape comme au juge souverain, sans l'ordre duquel il n'était pas permis en ce cas à un roi d'avoir des successeurs. L'exemple du roi d'Angleterre Henri VIII n'effraya point, parcequ'on se crut sûr du pape. La reine Marguerite donna son consentement. Le pape fit examiner cette cause par des commissaires, qui furent le cardinal de Joyeuse, un Italien, évêque de Modène, et un autre Italien, évêque d'Arles. Ils vinrent à Paris interroger juridiquement le roi et la reine. On fit des perquisitions simulées pour parvenir à un jugement déjà tout préparé; et on se fonda sur des raisons dont aucune assurément n'était comparable à la raison d'état, et au consentement des deux parties. On fit revivre l'ancienne défense ecclésiastique d'épouser la fille de son parrain. Henri II, père de Marguerite, avait été parrain de Henri IV. La loi était visiblement abusive, mais on se servait de tout.

On allégua encore que le roi et Marguerite étaient parents au troisième degré, et qu'on n'avait point demandé de dispense, parceque le roi, au temps de son mariage, était d'une religion qui regarde le mariage comme un contrat civil, et non comme un sacrement, et qui ne croit point qu'en aucun cas on ait besoin de la permission du pape pour avoir des enfants.

Enfin l'on supposa que Marguerite avait été forcée par sa mère à épouser Henri. C'était à-la-fois recourir à un mensonge et à des puérilités. Ce n'était pas ainsi qu'en usaient les anciens Romains, nos maîtres et nos législateurs, dans des occasions pareilles. Le dangereux mélange des lois ecclésiastiques avec les lois civiles a corrompu la vraie jurisprudence de presque toutes les nations modernes : il a été long-temps bien difficile de les concilier. Henri IV fut heureux que Marguerite de Valois fût raisonnable, et le pape politique.

CHAPITRE XLII.

Jésuites rappelés.

Le pape qui avait donné au roi la permission d'épouser une autre femme, et auquel on demandait encore une autre dispense pour le mariage de Madame Catherine toujours protestante, avec le fils du duc de Lorraine, exigeait toujours que pour prix de ces deux cérémonies on reçût en France le concile de Trente, et qu'on rappelât les jésuites. Pour le concile de Trente, cela était impossible; on se soumettait sans difficulté à tout ce qui regardait le dogme; mais il y a vingt-quatre articles[1] qui choquent les droits de tous les souverains, et particulièrement les lois de la France. On n'osa pas seulement proposer au parlement une acceptation si révoltante; mais pour le rétablissement des jésuites, le roi crut devoir au pape cette condescendance.

Ils s'adressèrent, pour mieux réussir, à La Varenne, homme dont le métier n'avait pas été jusque-là de se mêler des affaires des moines. Il avait été en premier lieu cuisinier de la sœur du roi, et avait servi ensuite de courrier au frère auprès de toutes ses maîtresses. Ce nouvel emploi lui procura des richesses et du crédit; les jésuites le gagnèrent. Il était gouverneur du château de La Flèche appartenant au roi, et avait trouvé le moyen d'en faire une ville. Il voulait la rendre considérable par un collége de jésuites, et avait déjà proposé de leur donner un revenu qui se monta depuis à quatre-vingt mille francs, pour entretenir douze pauvres écoliers, et marier tous les ans douze filles. C'était beaucoup; mais le plus grand point était de faire revenir les jésuites à Paris. Leur retour était difficile après le supplice du jésuite Guignard, et l'arrêt du parlement qui les avait chassés.

Le duc de Sulli représenta au roi combien l'admission des jésuites était dangereuse; mais Henri lui ferma la bouche en lui disant : « Ils seront bien plus « dangereux encore si je les réduis au désespoir; me « répondez-vous, dit-il, de ma personne, et ne vaut-il « pas mieux s'abandonner une fois à eux que d'avoir « toujours à les craindre? »

---

[1] Voyez page 192 ; et tome XVIII, page 348. B.

Rien n'est plus étonnant que ce discours; on ne conçoit pas qu'un homme tel que Henri IV rappelât uniquement les jésuites par la crainte d'en être assassiné. Il est vrai que depuis le parricide de Jean Châtel, plusieurs moines avaient conspiré pour arracher la vie à ce bon prince. Un jacobin de la ville d'Avesnes s'était offert à le tuer il n'y avait que quatre ans. Il reçut de l'argent de Malvezzi, nonce du pape à Bruxelles; il se présenta ensuite à un jésuite, nommé Hodum, confesseur de sa mère, qui était fort dévote, et qui, ne croyant pas qu'en effet Henri IV fût bon catholique, encourageait son fils à suivre l'exemple du jacobin Jacques Clément[a]. Le jésuite Hodum répondit qu'il fallait un homme plus fort et plus robuste.

Cependant l'assassin, espérant que Dieu lui donnerait la force nécessaire, s'en alla à Paris dans l'intention d'exécuter son crime. Il fut découvert et rompu vif en 1599.

Dans le même temps, un capucin[1], nommé Langlois, du diocèse de Toul, ayant été suborné pour le même dessein, expira par le même supplice. Enfin, il n'y eut pas jusqu'à un chartreux nommé Ouin, qui ne fût atteint de la même fureur. Le roi, fatigué de ces attentats et de ces supplices, s'était contenté de le faire enfermer comme un insensé, et n'avait pas voulu qu'un chartreux fût exécuté comme un parricide.

Comment, après tant de preuves funestes des sentiments horribles qui régnaient alors dans les ordres religieux, pouvait-il en admettre un qui était généra-

[a] 1599.—[1] Voyez tome XVIII, page 147. B.

lement plus soupçonné que les autres? Il espérait se l'attacher par des bienfaits. Si le roi avait quelquefois parlé en père au parlement, le parlement dans cette circonstance lui parla en fils qui craignait pour les jours d'un père. Il joignait à ce sentiment une grande aversion pour les jésuites. Le premier président, de Harlai, animé par ces deux motifs, prononça au Louvre[a] des remontrances si pathétiques et si fortes que le roi en parut ébranlé; il remercia le parlement, mais il ne changea point d'avis. « Il ne faut plus reprocher, « dit-il, la Ligue aux jésuites; c'était l'injure du temps. « Ils croyaient bien faire, et ont été trompés comme « plusieurs autres; je veux croire que ç'a été avec moin- « dre malice que les autres, et m'assure que la même « conscience, jointe à la grace que je leur fais, les « rendra autant, voire même plus affectionnés à mon « service qu'à la Ligue. L'on dit que le roi d'Espagne « s'en sert, je dis que je m'en veux servir, et que la « France ne doit pas être de pire condition que l'Es- « pagne. Puisque tout le monde les juge utiles, je « les tiens nécessaires à mon état; et s'ils y ont été « par tolérance, je veux qu'ils y soient par arrêt. Dieu « m'a réservé la gloire de les y rétablir; ils sont nés « en mon royaume et sous mon obéissance; je ne veux « pas entrer en ombrage de mes naturels sujets, et si « l'on craint qu'ils communiquent mes secrets à mes « ennemis, je ne leur communiquerai que ce que je « voudrai. Laissez-moi conduire cette affaire, j'en ai « manié d'autres bien plus difficiles; et ne pensez plus « qu'à faire ce que je dis et ordonne. »

[a] 24 décembre 1603.

Le parlement vérifia enfin avec regret[a] les lettres-patentes; il y mit des restrictions nécessaires que le crédit des jésuites fit ensuite supprimer.

CHAPITRE XLIII[1].

Singulier arrêt du parlement contre le prince de Condé, qui avait emmené sa femme à Bruxelles.

Henri IV était le plus grand homme de son temps, et cependant il eut des faiblesses impardonnables. On ne peut l'excuser d'avoir, à l'âge de cinquante-sept ans, fait l'amour à la princesse de Condé qu'il venait de marier lui-même. Voici ce que le conseiller d'état, Lenet, nous dit avoir appris de la bouche de cette princesse. Le prince de Condé, son mari, s'était retiré avec elle à l'entrée de la Picardie. Un des confidents de Henri IV, nommé De Trigni, sut engager la mère et la femme du prince à venir voir chasser la meute du roi, et à vouloir bien accepter une collation dans sa maison.

Elles y allèrent: un piqueur de la livrée du roi s'approcha de la portière, avec un emplâtre sur l'œil, sous prétexte de les conduire. C'était Henri IV lui-même. Celle qui était l'objet de cet étrange déguisement avoua depuis à Lenet qu'elle n'en avait pas été fâchée,

---

[a] 2 janvier 1604.

[1] Ce chapitre ne se trouve ni dans la première, ni dans la seconde édition, toutes deux de 1769. Mais il est au plus tard de 1770. Il fait partie d'une édition sous cette date, intitulée *huitième*, et portant pour adresse, *à Francfort, chez Jean Pontet*. B.

non qu'elle pût aimer le roi, mais elle était flattée de plaire au souverain, et même de l'avilir. Dès qu'elle fut arrivée au château du sieur De Trigni, elle vit le roi qui l'attendait et qui se jeta à ses pieds. Elle fut effrayée : sa belle-mère eut l'imprudence d'en avertir le prince de Condé, qui bientôt après s'étant plaint inutilement au roi, et l'ayant appelé tyran, comme les Mémoires de Sulli l'avouent, obligea sa femme de s'enfuir avec lui, et de le suivre en croupe à Bruxelles.

Si on s'en rapporte à toutes les lois de l'honneur, de la bienséance, aux droits de tous les maris, à ceux de la liberté naturelle, le prince de Condé n'avait nul reproche à se faire, et le roi seul avait tort. Il n'y avait point encore de guerre entre la France et l'Espagne; ainsi on ne pouvait reprocher au prince de s'être retiré chez les ennemis. Mais apparemment il y a pour ceux du sang royal des lois qui ne sont pas pour les autres hommes. Henri IV alla lui-même au parlement sans pompe, sans cérémonie, s'assit aux bas siéges, le parquet étant gardé par les huissiers ordinaires; là il fit rendre un arrêt par lequel *le prince était condamné à subir tel châtiment qu'il plairait à sa majesté d'ordonner.* Le parlement était sûr, sans doute, que le roi n'en ordonnerait aucun; mais par l'énoncé il semblait que le roi fût en droit d'ordonner la peine de mort. Cependant l'équité naturelle et le respect pour le genre humain ne doivent laisser un tel pouvoir à personne, fût-ce à un Henri IV.

Heureusement il est très faux que ce grand roi ait ajouté à sa faiblesse celle de vouloir, à son âge, faire la guerre pour arracher une jeune femme à son mari ; il n'était capable ni d'une si grande injustice ni d'un tel ridicule. Vittorio Siri l'en accuse ; mais cet Italien, attaché à Marie de Médicis, ne l'était pas à Henri IV[1]. Ce qui n'est que trop vrai, c'est que cette aventure nuisit beaucoup à sa réputation. Les restes de la Ligue, les factions italienne et espagnole qui dominaient dans le royaume, le décrièrent ; son économie nécessaire fut taxée d'avarice, sa prudence d'ingratitude, ses amours ne le firent pas estimer ; il ne fut point connu tant qu'il vécut, il le disait lui-même, et on ne l'aima qu'après sa mort déplorable.

CHAPITRE XLIV.

Meurtre de Henri IV[2]. Le parlement déclare sa veuve régente.

La France goûtait depuis la paix de Vervins une

[1] Henri IV s'était préparé depuis long-temps à cette guerre. Il voyait que si la maison d'Autriche réussissait dans le projet de s'emparer de tous les petits états d'Allemagne et d'Italie, la France, enclavée dans ce nouvel empire, serait exposée à devenir une de ses provinces. Il s'était déclaré le protecteur des princes de l'Italie et de l'Empire ; et il ne voulait pas souffrir que l'empereur s'emparât, sous le nom de séquestre, de l'héritage des ducs de Clèves et de Juliers. L'humeur que lui causa la fuite du prince de Condé à Bruxelles augmenta sans doute son ardeur contre les Espagnols, comme la résolution qu'il avait formée de déclarer la guerre à l'Espagne augmentait la colère que lui causait l'évasion du prince. Et si une guerre offensive, qui n'a pour objet que la sûreté présente d'une nation, peut être une guerre juste, celle que Henri IV entreprenait était légitime. Les petites passions des rois les trompent souvent, et peuvent leur faire adopter de mauvais plans de politique : elles attisent les guerres ; mais c'est la politique et l'ambition qui les allument. K.

[2] Voyez tome XVIII, page 152. B.

félicité qu'elle n'avait presque jamais connue. Les factions catholiques et protestantes étaient contenues par la sagesse de ce roi, qui serait regardé comme un grand politique si sa valeur et sa bonté n'avaient pas éclipsé ses autres mérites. Le peuple respirait, les grands étaient moins tyrans, l'agriculture était partout encouragée, le commerce commençait à fleurir, les lois reprenaient leur autorité. Les dix dernières années de la vie de ce prince ont été peut-être les plus heureuses de la monarchie. Il allait changer la face de l'Europe, comme il avait changé celle de la France. Prêt à partir pour secourir ses alliés, et pour faire le destin de l'Allemagne, à la tête de la plus florissante armée qu'on eût encore vue, il fut assassiné, comme on ne le sait que trop, par un de ces misérables de la lie du peuple, à qui le fanatisme de la canaille des ligueurs et des moines inspira seul cette frénésie.

Tout ce que l'insatiable curiosité des hommes a pu rechercher sur le *crime de Ravaillac*, tout ce que la malignité a inventé, doit être mis au rang des fables. Il est constant que Ravaillac n'eut d'autre complice que la rage de la superstition. On a remarqué que le premier assassin enthousiaste qui tua François de Guise par dévotion, et Ravaillac qui tua Henri IV par le même principe, étaient tous deux d'Angoulême[1].

Il avait entendu dire que le roi allait faire la guerre aux catholiques en faveur des huguenots; il croyait même, d'après les bruits populaires, qu'il allait attaquer le pape : ce fut assez pour déterminer ce mal-

[1] C'est-à-dire Angoumois : voyez page 118. B.

heureux : il en fit l'aveu dans ses interrogatoires, il persista jusqu'au milieu de son supplice.

Son second interrogatoire porte expressément, « qu'il a cru que, fesant la guerre contre le pape, c'é- « tait la faire à Dieu, d'autant que le pape est Dieu, « et Dieu est le pape. » Ces paroles doivent être éternellement présentes à tous les esprits; elles doivent apprendre de quelle importance il est d'empêcher que la religion, qui doit rendre les hommes sages et justes, n'en fasse des monstres insensés et furieux [1].

Les historiens peuvent-ils avoir une autre opinion que les juges sur un point si important et si discuté? Il y a de la démence à soupçonner la reine sa femme, et la marquise de Verneuil sa maîtresse, d'avoir eu part à ce crime. Comment deux rivales se seraient-elles réunies pour conduire la main de Ravaillac?

Il n'est pas moins ridicule d'en accuser le duc d'Épernon. Les rumeurs populaires ne doivent pas être les monuments de l'histoire. Ravaillac seul, il faut en convenir, changea la destinée de l'Europe entière.

---

[1] Dans un ouvrage publié par un moine en 1780, on lit que Ravaillac était un fanatique d'état; et on ajoute que ces fanatiques d'état sont très dangereux, et beaucoup plus communs qu'on ne pense.

Il est clair que Ravaillac n'était et ne pouvait être qu'un fanatique de religion : ce n'était point du tout un Timoléon, un Brutus, un Sidney, un Padilla, un Nassau, un Tell, un chef d'insurgents, mais un fou, à qui les moines avaient tourné la tête. Quand Brutus soufflait le feu, il ne voyait pas de petits Jupiters sortir de son soufflet, comme Ravaillac voyait de petites hosties sortir du sien. M. le prieur de Château-Renard ne persuadera à personne que Henri IV ait été assassiné par l'effet du zèle patriotique, ni que ce zèle soit très commun, et encore moins qu'il soit dangereux. K. — L'ouvrage, sujet de cette note, est *l'Intrigue du cabinet sous Henri IV et sous Louis XIII, terminée par la Fronde*, 1780, 4 volumes in-12, dont l'auteur est L. P. Anquetil, mort en 1806. B.

Cette horrible aventure arriva le vendredi 14 mai 1610, sur les quatre heures du soir. Le parlement s'assembla incontinent dans la salle des Augustins, parcequ'alors on fesait des préparatifs au palais pour les fêtes qui devaient suivre le sacre et le couronnement de la reine. Le chancelier Silleri va d'abord prendre l'ordre de Marie de Médicis.

On a fort vanté la réponse que lui fit ce magistrat quand elle lui dit en pleurant : « Le roi est donc « mort : » Madame, les rois ne meurent point en France. Un tel discours n'était ni juste, ni consolant, ni vrai, ni placé. C'est une équivoque pédantesque, fondée sur ce que l'héritier du sang succède de droit ; mais s'il n'y avait point eu d'héritier du sang, la réponse eût été fausse ; et d'ailleurs le fils succède à son père en Espagne et en Angleterre, comme en France.

Le duc d'Épernon arrive au parlement sans porter le manteau, qui était un habillement de cérémonie et de paix ; et ayant conféré quelques moments avec le président Séguier, mettant la main sur la garde de son épée : « Elle est encore dans le fourreau, dit-il « d'un air menaçant ; si la reine n'est pas déclarée ré- « gente avant que la cour se sépare, il faudra bien « l'en tirer. Quelques uns de vous demandent du « temps pour délibérer ; leur prudence n'est pas de « saison : ce qui peut se faire aujourd'hui sans péril « ne se fera peut-être pas demain sans carnage. »

Le couvent des Augustins était entouré du régiment des gardes ; on ne pouvait résister, et le parlement n'avait nulle envie de renoncer à l'honneur de nommer à la régence du royaume. Jamais on ne fit plus volontairement ce que la force exigeait. Il n'y avait point d'exemple que le parlement eût rendu un pareil arrêt. Cette nouveauté allait conférer au parlement le plus beau de tous les droits. On délibéra pour la forme, on déclara la reine régente. Il n'y eut que trois heures entre le meurtre du roi et cet arrêt.

Dès le lendemain, le jeune roi Louis XIII, âgé de huit ans et neuf mois, vint tenir aux mêmes Augustins, avec sa mère, ce qu'on appelle un lit de justice. Deux princes du sang, quatre pairs laïques et trois maréchaux de France étaient à droite du roi sur les hauts siéges; à gauche, quatre cardinaux et quatre évêques. Le parlement était sur les bas siéges, selon l'usage des lits de justice. Ce ne fut qu'une cérémonie.

Les grands desseins de Henri IV, la gloire et le bonheur des Français, périrent avec lui. Ses trésors furent bientôt dissipés, et la paix dont il avait fait jouir ses sujets fut changée en guerre civile.

La France fut livrée au Florentin Concini, et à Galigaï, sa femme, qui gouvernait la reine. Le parlement, après avoir donné la régence, ne fut consulté sur rien : c'était un meuble dont on s'était servi pour un appareil éclatant, et qu'on renfermait ensuite. Il remplit son devoir en condamnant tous les livres ultramontains qui contenaient ces folles opinions de l'autorité du pape sur les rois, et ces maximes affreuses qui avaient mis le couteau à la main de tant de parricides; livres aujourd'hui en horreur à toute la nation, et aussi ennuyeux qu'exécrables.

CHAPITRE XLV.

Obsèques du grand Henri IV.

C'est un usage de ne célébrer les funérailles des rois de France que quarante jours après leur mort. Le corps embaumé est enfermé dans un cercueil de plomb, sur lequel on élève une figure de cire qui le représente au naturel autant qu'on le peut. Vis-à-vis cette figure on sert la table royale à l'heure ordinaire des repas, et les viandes sont abandonnées aux pauvres. Des prêtres jour et nuit chantent des prières autour de l'image. Cette coutume est venue d'Asie dans nos climats. Il faut remonter jusqu'aux anciens rois de Perse pour en apercevoir l'origine; elle est rarement observée. Les dépenses qu'elle exige sont trop fortes dans un pays où souvent l'argent manque pour les choses les plus nécessaires. Henri IV avait laissé de grands trésors. Plus sa mort était déplorable, plus sa pompe funèbre fut magnifique.

Le 29 juin[a] le corps fut porté de la grande salle du Louvre à Notre-Dame, où on le laissa en dépôt, et le lendemain à Saint-Denys. L'effigie en cire était portée sur un brancard après le cercueil. Tous les corps de l'état assistaient en deuil à cette cérémonie; mais le parlement était en robes rouges, pour marquer que la mort d'un roi n'interrompt pas la justice.

Il voulut suivre immédiatement la figure de cire;

[a] 1610.

mais l'évêque de Paris prétendit que c'était son droit. Cette contestation troubla long-temps la cérémonie. Les huissiers du parlement voulurent faire retirer l'évêque de Paris Henri de Gondi, et l'évêque d'Angers Miron, qui fesait les fonctions de grand-aumônier.

Le convoi s'arrêta, le peuple fut étonné et scandalisé, l'ordre de la marche devait avoir été réglé pour prévenir toute dispute; mais de pareilles querelles n'ont été que trop fréquentes dans ces cérémonies. Il fallut recourir à la décision de la reine, et que le comte de Soissons, à la tête d'une compagnie des gardes, maintînt les deux évêques dans le poste qui leur semblait dû, puisqu'il s'agissait de la sépulture, qui est une fonction ecclésiastique. Les gardes même saisirent un conseiller qui fesait résistance; c'était Paul Scarron, le père du fameux poëte burlesque Paul Scarron, plus célèbre encore par sa femme [1].

Lorsqu'on fut arrivé à Saint-Denys, les gentilshommes ordinaires du roi portèrent le cercueil dans le caveau. De somptueux repas sont toujours la fin de ces grands appareils. Le cardinal de Joyeuse qui officia dans Saint-Denys, l'évêque d'Angers qui prononça l'oraison funèbre, dînèrent au réfectoire des religieux avec tout le clergé. On dressa trois tables dans la salle du chapitre : la première, pour les princes et les grands officiers de la couronne; la seconde, pour le parlement; et la troisième, pour tous les officiers de la maison du roi.

Il semble que, si le parlement avait été regardé

---

[1] Devenue madame de Maintenon, et femme de Louis XIV. B.

dans ces cérémonies comme cour des pairs, il aurait dû manger avec les princes du sang qui sont pairs ; et que, siégeant avec eux dans la même cour de justice, il pouvait se mettre avec eux à la même table : mais il y a toujours quelque chose de contradictoire dans tous les usages. On prétendait que le parlement n'était la cour des pairs que quand les princes et pairs venaient tenir cette cour ; et l'étiquette ne souffrait pas alors que les princes, et surtout les princes du sang, admissent à leur table les conseillers au parlement.

Ces détails concernant les rangs sont le plus mince objet de l'histoire ; et tous les détails des querelles excitées pour la préséance sont les archives de la petitesse plutôt que celles de la grandeur.

CHAPITRE XLVI.

États généraux. Étranges assertions du cardinal Duperron. Fidélité et fermeté du parlement.

La régence de Marie de Médicis fut un temps de confusion, de faiblesse et de rigueur mal placée, de troubles civils et de continuels orages. L'argent que Henri IV avait amassé avec tant de peine fut abandonné à la rapacité de plusieurs seigneurs qu'il fallut gagner, ou des favoris qui l'extorquèrent.

Le Florentin Concini, bientôt maréchal de France, sans avoir jamais commandé un seul bataillon, sa femme Galigaï, qui gouvernait la reine, amassèrent en peu d'années plus de trésors que plusieurs rois ensemble n'en possédaient alors. Dans cette déprédation universelle, et dans ce choc de tant de factions, on assembla sur la fin de 1614[1] les états généraux dans cette même salle des Augustins de Paris, où le parlement avait donné la régence. Jamais il n'y eut d'états plus nombreux ni plus inutiles. La chambre de la noblesse était composée de cent trente-deux députés, celle du clergé de cent quarante, celle du tiers-état de cent quatre-vingt-deux. Le parlement n'eut point encore de séance dans cette grande assemblée. L'université présenta requête pour y être admise, et fit signifier même une assignation; mais sa requête fut rejetée avec un rire universel, et son assignation regardée comme insolente. Elle se fondait sur des priviléges qu'elle avait eus dans des temps d'ignorance. On lui fit sentir que les temps étaient changés, et que les usages changeaient avec eux.

L'université n'ayant fait qu'une démarche imprudente, le parlement en fit une qui mérite dans tous les âges les applaudissements de la nation entière, et qui cependant fut très mal reçue à la cour.

Le tiers-état est sans doute la nation même, et alors il l'était plus que jamais. On n'avait point augmenté le nombre des nobles comme aujourd'hui; le peuple était en nombre, par rapport à la noblesse et au clergé, comme mille est à deux. La chambre du

---

[1] L'ouverture s'en fit le 26 octobre 1614; et pendant trop long-temps ce fut les *derniers*, comme Voltaire l'a dit tome XVIII, page 171, et ci-après, page 222. Depuis lors, il n'y a eu d'autre tenue des états généraux que celle dont l'ouverture eut lieu le 5 mai 1789. B.

tiers-état proposa de recevoir, comme loi fondamentale, que nulle puissance spirituelle n'est en droit de déposer les rois, et de délier les sujets de leur serment de fidélité. Il était déjà honteux qu'on fût obligé de proposer une telle loi, que le seul bon sens et l'intérêt de tous les hommes ont dû rendre de tout temps sacrée et inviolable; mais ce qui fut bien plus honteux, et ce qui étonnera la dernière postérité, c'est que les chefs de la chambre du clergé la regardèrent comme hérétique.

Il suffisait d'avoir passé dans la rue de la Ferronnerie, et d'avoir jeté un regard sur l'endroit fatal où Henri IV fut assassiné, pour ne pas frémir de voir la proposition du tiers-état combattue.

Le cardinal Duperron, qui devait tout ce qu'il était à ce même Henri IV, intrigua, harangua dans les trois chambres pour empêcher que l'indépendance et la sûreté des souverains, établie par tous les droits de la nature, ne le fût par une loi du royaume. Il convenait qu'il n'est pas permis d'assassiner son prince, mais il disait qu'il est de foi que l'Église peut le déposer.

Cet homme, si indigne de la réputation qu'il avait usurpée, devait bien voir qu'en donnant à des prêtres ce droit absurde et affreux de dépouiller les rois, c'était en effet les livrer aux assassins ; car il est bien rare d'ôter à un roi sa couronne sans lui ôter la vie. Étant déposé, il n'est plus roi; s'il combat pour son trône, il est un rebelle digne de mort. Duperron devait voir encore que c'était la cause du genre humain qu'il combattait; et que si l'Église pouvait dépouiller un souverain, elle pouvait à plus forte raison dépouiller le reste des hommes.

« Mais, disait Duperron dans ses harangues, si un « roi qui a juré à son sacre d'être catholique se fesait « arien ou musulman, ne faudrait-il pas le déposer? » Ces paroles étonnèrent et confondirent le corps de la noblesse. Elle pouvait aisément répondre que le sacre ne donne pas la royauté, que Henri IV calviniste avait été reconnu roi par la plus saine partie de cette même noblesse, par quelques évêques même, par la république de Venise, par le duc de Florence, par l'Angleterre, par les rois du Nord, par tous les princes qui n'étaient pas dans les fers du pape et de la maison d'Autriche. Tous les chrétiens avaient obéi autrefois à des empereurs ariens. Ils ne se révoltèrent point contre Julien-le-Philosophe devenu païen, qu'ils appelaient apostat[1]. La religion n'a rien de commun avec les droits civils. Un homme, pour être mahométan, n'en doit pas moins être l'héritier de son père. Deux cent mille chrétiens de la religion grecque, établis dans Constantinople, reconnaissent le sultan turc. En un mot, la terre entière devait élever sa voix contre le cardinal Duperron.

Cependant lui et ses collègues persuadèrent à la chambre de la noblesse qu'on avait besoin de la cour de Rome, qu'il ne fallait pas la choquer par des questions épineuses, qui au moins étaient inutiles; et que dans tout état il y a des mystères qu'on doit laisser

---

[1] Voyez, dans le *Dictionnaire philosophique*, les articles Apostat et Julien, tome XXVI, page 481, et tome XXX, page 493. B.

derrière un voile. Ces funestes harangues éblouirent la noblesse, d'ailleurs mécontente du tiers-état.

La nation, rebutée dans ceux qui portaient ses plaintes, s'adressa au parlement par l'organe de l'avocat général Servin, citoyen sage, éloquent, et intrépide. Le parlement, assemblé sans qu'il y eût aucun pair, donna un arrêt[a] qui renouvelait toutes les anciennes lois sur ce sujet important, et qui assurait les droits de la couronne. Tout Paris le reçut avec des acclamations [1]. Si on en croit les mémoires, le cardinal Duperron, en se plaignant de cet arrêt à la reine, protesta que si on ne le cassait, il serait obligé de se servir de la voie de l'excommunication.

Il paraît inconcevable qu'un sujet ait dit à son souverain : « Si vous ne punissez ceux qui soutiennent « vos droits, je les excommunierai. » La reine, aveuglée par la crainte du pape et de l'Église, entourée de factions, eut la faiblesse de faire casser l'arrêt par son conseil, et même de mettre en prison l'imprimeur du parlement [2]. Le prétexte était qu'il n'appartenait pas à ce corps de statuer sur un point que les états examinaient. Le parlement avait pris la sage précaution de se borner à renouveler les anciens arrêts : elle fut inutile; une politique lâche l'emporta sur l'intérêt du roi et du royaume. On avait vu jusqu'alors en

---

[a] 2 janvier 1615.

[1] Voyez, tome XX, le chapitre xxxv du *Siècle de Louis XIV*, et le *Supplément au Siècle de Louis XIV*, première partie, n° 23. B.

[2] Voyez, tome XVIII, pages 172-174, et tome XX, le chapitre xxxv du *Siècle de Louis XIV*; et dans le même volume, le *Supplément au Siècle de Louis XIV*, première partie. B.

France de plus grandes calamités, mais jamais plus d'opprobre.

Cette honte ne fut effacée qu'en 1682, lorsque l'assemblée du clergé, inspirée par le grand Bossuet, arracha de ses registres la harangue de Duperron, et détruisit, autant qu'il était en elle, ce monument de bassesse et de perfidie [1].

---

[1] Voici comment raisonnait Duperron : « La crainte de la mort n'arrête pas les fanatiques, c'est leur conscience qu'il faut détromper. » Mais une décision des états, adoptée même par le clergé, ne peut faire impression sur les fanatiques, s'ils ne la regardent pas comme une décision de l'Église universelle. Or, l'article proposé par le tiers-état comme une loi fondamentale contient trois parties. La première, qu'il n'est pas permis d'assassiner les rois : toute l'Église en convient, c'est un article de foi.

La deuxième, que l'autorité des rois de France est indépendante quant au temporel ; on en convient encore, selon Duperron ; mais pourtant ce n'est pas un article de foi.

La troisième, qu'il n'y a aucun cas où les sujets puissent être dispensés du serment de fidélité ; ce point paraît contentieux à Duperron. D'abord, jusqu'à la venue de Calvin, on a cru, dans toute l'Église, qu'on était absous du serment de fidélité envers tout prince qui violait le serment fait à Dieu et à son peuple, de vivre et mourir en la religion catholique, et qu'un tel prince pouvait être déclaré déchu de tous ses droits, comme coupable de félonie envers le Christ.

Le principe qu'il n'est pas permis d'assassiner les rois, perdrait sa force si on le mêlait avec une proposition problématique comme cette dernière. D'ailleurs, on ne pourrait adopter en France ce principe sans faire schisme avec le pape et le reste de l'Église catholique, qui croit le contraire. Enfin le tiers-état, en proposant cette loi, attribuait aux personnes laïques le droit de juger des choses de la religion ; ce qui est un sacrilége.

Nous ne ferons aucune réflexion sur ces principes, extraits fidèlement du discours de Duperron. K.

CHAPITRE XLVII.

Querelle du duc d'Épernon avec le parlement. Remontrances mal reçues.

Pendant que ces derniers [1] états généraux étaient assemblés en vain, que cent intrigues opposées agitaient la cour, et que les factions ébranlaient les provinces, il survint entre le duc d'Épernon et le parlement une querelle également désagréable à l'un et à l'autre.

Le duc d'Épernon, autrefois favori de Henri III, ayant forcé le grand Henri IV à le ménager, ayant fait donner la régence à sa veuve, bravait Concini et sa femme qui gouvernaient la reine. Il la fatiguait par ses hauteurs, mais il conservait encore cet ascendant que lui donnaient ses services, ses richesses, ses dignités, et surtout sa place de colonel général de l'infanterie. Toujours intrigant, mais encore plus fier, il mettait dans toutes les affaires un orgueil insupportable, au lieu de cette hauteur noble et décente qui subjugue quand elle est placée.

Il arriva qu'un soldat du régiment des gardes tua un de ses camarades près de l'abbaye de Saint-Germain-des-Prés. Le droit du colonel général était de faire juger le coupable dans son conseil de guerre. Le bailli de l'abbaye s'était saisi du mort et du meurtrier. C'est sans doute un grand abus que des

---

[1] Voyez ma note, page 217. B.

moines soient seigneurs, et qu'ils aient une justice, mais enfin il était établi que le premier juge qui avait commencé les informations demeurât maître de l'affaire. On est très jaloux de ce malheureux droit. Le duc d'Épernon, encore plus jaloux du sien, redemanda son soldat pour le juger militairement; le bailli refusa de le rendre. D'Épernon fait briser les portes de la prison et enlever le meurtrier avec le mort. Le bailli porte sa plainte au parlement : ce tribunal assigna d'Épernon pour être ouï.

Ce seigneur croyait que ce n'était pas au parlement, mais au conseil du roi à décider de la compétence; il regardait l'assignation comme un affront plutôt que comme une procédure légale. Il ne comparut que pour insulter au parlement, menant cinq cents gentilshommes à sa suite, bottés, éperonnés, et armés. Le parlement, le voyant arriver en cet équipage, leva la séance. Les juges en sortant furent obligés de défiler entre deux haies de jeunes officiers qui les regardaient d'un air outrageant, et déchiraient leurs robes à coups d'éperons.

Cette affaire fut très difficile à terminer. D'un côté, le bon ordre exigeait qu'on fît au parlement une réparation authentique; d'un autre, la cour avait besoin de ménager le duc d'Épernon, pour l'opposer au prince de Condé qui menaçait déjà de la guerre civile.

On prit un tempérament; on ordonna, par une lettre de cachet, que le parlement suspendrait ses procédures contre le duc d'Épernon, et qu'il recevrait ses excuses.

Il vint donc se présenter au parlement une seconde

fois[a], toujours accompagné d'un grand nombre de noblesse.

« Messieurs, dit-il, je vous prie d'excuser un pau-
« vre capitaine d'infanterie, qui s'est plus appliqué à
« bien faire qu'à bien dire. »

Cet exemple fut une des preuves que les lois ne sont pas faites pour les hommes puissants. Le duc d'Épernon les brava toujours. Ce fut lui qui, à peu près dans le même temps, ne pouvant souffrir que le garde des sceaux, Du Vair, précédât les ducs et pairs dans une cérémonie à la paroisse du Louvre, le prit rudement par le bras, et le fit sortir de sa place et de l'église, en lui disant qu'un bourgeois ne devait pas se méconnaître.

Ce fut lui qui, quelques années après, alla avec cent cinquante cavaliers enlever la reine-mère au château de Blois, la conduisit à Angoulême, et traita ensuite avec le roi de couronne à couronne. Les exemples de pareilles témérités n'étaient pas rares alors. La France retombait insensiblement dans l'anarchie dont Henri IV l'avait tirée par tant de travaux et avec tant de sagesse.

Les états généraux n'avaient rien produit : les factions redoublaient. Le maréchal de Bouillon, qui voulait se faire un parti puissant, engagea le parlement à convoquer les princes et les pairs pour délibérer sur les affaires publiques. La reine alarmée défendit aux seigneurs d'accepter cette invitation dangereuse. Les présidents et les plus anciens conseillers furent mandés au Louvre. Le chancelier de Silleri leur dit ces

---

[a] 14 novembre 1614.

paroles[a] : « Vous n'avez pas plus de droit de vous mê-
« ler de ce qui regarde le gouvernement, que de con-
« naître des comptes et des gabelles. » Le parlement
prépara des remontrances[b]. La reine manda encore
quarante magistrats au Louvre : « Le roi est votre
« maître, dit-elle, et il usera de son autorité, si vous
« contrevenez à ses défenses. » Elle ajouta qu'il y avait
dans le parlement une troupe de factieux ; elle défendit les remontrances, et aussitôt le parlement alla en
dresser de très fortes.

Le 22 mai[c], le premier président, De Verdun, vint
les prononcer à la tête du parlement. Elles regardaient précisément le gouvernement de l'état : elles
furent écoutées et négligées. Tout finit par enregistrer des lettres-patentes du roi, qui ordonnaient aux
Juifs étrangers de sortir de la France. C'étaient pour
la plupart des Juifs portugais qui étaient venus en-
vahir tout le commerce que les Français n'entendaient pas encore. Ils restèrent pour la plupart à Bordeaux, et continuèrent ce commerce qui leur était
défendu.

Une autre affaire qui regardait plus particulièrement le parlement fut celle de la paulette. C'était un
droit annuel, imaginé par un nommé Paulet sous
l'administration du duc de Sulli. Tous ceux qui avaient
obtenu des charges de judicature payaient par an la
soixantième partie du revenu de leurs charges, moyennant quoi elles étaient assurées à leurs héritiers, qui
pouvaient les garder ou les vendre à d'autres, comme
on vend une métairie. Cet abus ne fesait pas honneur

[a] 9 avril 1615. — [b] 11 avril 1615. — [c] 1615.

au duc de Sulli. C'était peut-être l'unique tache de son ministère [1].

Les états de 1614 et 1615 demandèrent fortement l'abolition de ce droit et de cette vénalité; le ministère la promit en vain. L'avantage de laisser sa charge à sa famille l'emporta sur le fardeau du droit annuel. Il y a eu beaucoup de changements dans la perception de ce droit; on l'a modifié de vingt manières, comme presque toutes les lois et tous les usages. Mais la honte d'acheter le droit de vendre la justice, et celui de le transmettre à ses héritiers, a subsisté toujours. On a prétendu depuis que le cardinal de Richelieu approuva cet opprobre dans son prétendu Testament politique. On ne s'apercevait pas encore que ce Testament est l'ouvrage d'un faussaire aussi ignorant qu'absurde [2].

CHAPITRE XLVIII.

Du meurtre du maréchal d'Ancre et de sa femme.

De plus grands événements se préparaient; les factions s'aigrissaient; Concini, maréchal d'Ancre, n'entrait pas au conseil, mais il le dirigeait; il était le

---

[1] Voyez, dans l'*Essai sur l'Histoire générale*, une note de l'éditeur sur Sulli. K. — Les éditeurs de Kehl, auteurs de cette note, n'en ont mis aucune sur Sulli dans l'*Essai sur les mœurs*, publié précédemment sous le titre d'*Essai sur l'Histoire générale*. Mais ils ont fait une *Addition* à l'une des notes du chant VIII de *la Henriade*. L'établissement de la *paulette* est de 1604. B.

[2] Voyez ma note, tome XXVI, page 323. B.

maître des affaires; et le prince de Condé, premier prince du sang, en était exclu. Il eut le malheur de se croire obligé à prendre les armes comme son père et son grand-père. Cette guerre civile dura peu; elle fut suivie du traité de Loudun[a], qui donnait au prince de Condé un pouvoir presque égal à celui de la régente. A peine le prince de Condé crut-il jouir de ce pouvoir, que Concini le fit mettre à la Bastille. La prison de ce prince, au lieu d'étouffer les restes des guerres civiles, les ralluma; chaque seigneur, chaque prince, chaque gouverneur de province prenait le parti qu'il croyait le plus convenable à ses intérêts, et en changeait le lendemain. Chacun ravissait ce qui était à sa bienséance. Le duc d'Épernon, qui était retiré dans l'Angoumois, tenta de se rendre maître de La Rochelle. Le maréchal de Lesdiguières était véritablement souverain dans le Dauphiné. Le duc de Nevers, de la maison de Gonzague, se cantonnait dans ses terres. Le duc de Vendôme, fils de Henri IV et de Gabrielle d'Estrées; le duc de Mayenne, fils du chef de la Ligue; le maréchal duc de Bouillon, prince de Sedan, unissaient leurs troupes; et tous disaient que c'était contre le Florentin Concini, et non pas contre le roi.

Au milieu de tant d'alarmes, un jeune gentilhomme du comtat d'Avignon[1], introduit auprès de Louis XIII, et s'étant rendu nécessaire aux amusements de son enfance, préparait une révolution à laquelle personne ne s'attendait. Le roi avait alors seize ans et

[a] Mai 1616.
[1] Voyez tome XVIII, page 175. B.

demi; il lui persuada qu'il était seul capable de bien gouverner son royaume, que sa mère n'aimait ni sa personne ni son état, que Concini était un traître. Ce Concini dans ce temps-là même fesait une action qui méritait une statue. Enrichi par les profusions de Marie de Médicis, il levait à ses dépens une armée de cinq à six mille hommes contre les révoltés; il soutenait la France, comme si elle avait été sa patrie. Le jeune gentilhomme, nommé Charles d'Albert, connu sous le nom de Luines, rendit si suspect le service même que Concini, maréchal de France, venait de rendre, qu'il fit consentir le roi à l'assassiner, et à mettre en prison la reine sa mère.

Louis XIII, à qui on donnait déjà le nom de *Juste* [1], approuva l'idée de faire tuer le maréchal dans son propre appartement, ou dans celui de sa mère. Concini, ne s'étant pas présenté ce jour-là au Louvre, ne prolongea sa vie que d'un jour. Il fut tué à coups de pistolet le lendemain [a] en entrant dans la cour du château. Vitri et quelques gardes du corps furent les meurtriers. Vitri eut le bâton de maréchal de France pour récompense. Marie de Médicis fut emprisonnée dans son appartement, dont on mura les portes qui donnaient sur le jardin, et bientôt après on l'envoya prisonnière à Blois, dont le duc d'Épernon la tira trois ans après, comme on l'a déjà dit [2].

Éléonore Galigaï, maréchale d'Ancre, dame d'a-

---

[1] Ce nom lui avait été donné dès son enfance, parcequ'il était né sous le signe de la balance. Voyez, tome XIX, le chapitre II du *Siècle de Louis XIV*. B.

[a] 24 avril 1617. — [2] Voyez tome XVIII, page 179. B.

tours de la reine, fut incontinent saisie, dépouillée de tout, conduite à la Bastille, et de là transférée à la Conciergerie.

Le favori de Luines, qui dévorait déjà en espérance les grands biens du mari et de la femme, fit donner ordre au parlement d'instruire le procès du maréchal assassiné, et de sa malheureuse veuve. Pour le maréchal, son corps ne pouvait pas se retrouver; le peuple en fureur l'avait déterré; on l'avait mis en pièces, on avait même mangé son cœur : excès de barbarie digne du peuple qui avait exécuté les massacres de la Saint-Barthélemi, et inconcevable dans une nation qui passe aujourd'hui pour si frivole et si douce. Il était difficile de trouver de quoi juger à mort la maréchale. C'était une Italienne de qualité, venue en France avec la reine; comblée à la vérité de ses bienfaits, insolente dans sa fortune, et bizarre dans son humeur; défauts pour lesquels on n'a jamais fait couper la tête à personne.

On fut obligé de lui faire un crime d'avoir écrit quelques lettres de compliments à Madrid et à Bruxelles; mais ce forfait ne suffisant pas, on imagina de la faire déclarer sorcière. On croyait alors aux sortiléges et à la magie comme à un point de religion. Cette superstition est la plus ancienne de toutes, et la plus universelle. Elle passa des païens et des Juifs chez les premiers chrétiens, et s'est conservée jusqu'au temps où un peu de philosophie a commencé à ouvrir les yeux des hommes aveuglés par tant de siècles.

La maréchale d'Ancre avait fait venir d'Italie un

médecin juif, nommé Montalto ; elle avait même eu la scrupuleuse attention d'en demander la permission au pape. Les médecins de Paris n'étaient pas alors en grande réputation dans l'Europe. Les Italiens étaient en possession de tous les arts. On prétendit que le Juif Montalto était magicien, et qu'il avait sacrifié un coq blanc chez la maréchale ; cependant il ne put la guérir de ses vapeurs : elles furent si fortes, qu'au lieu de se croire sorcière, elle se crut ensorcelée. Marie de Médicis lui dit que le dernier cardinal de Lorraine, Henri, ayant eu la même maladie, s'était fait exorciser par des moines de Milan. Elle eut la faiblesse de faire venir deux de ces exorcistes milanais qui dirent des messes aux Augustins pour la vaporeuse maréchale, et qui l'assurèrent qu'elle était guérie.

On l'interrogea sur le meurtre de Henri IV, on lui demanda si elle n'en avait point eu connaissance ; après avoir ri sur les accusations de magie, elle pleura à cet interrogatoire sur la mort du feu roi, et fit sentir aux juges tout ce que cette imputation contre la confidente de la reine pouvait avoir d'atroce.

Des deux rapporteurs qui instruisaient le procès, l'un était Courtin, vendu au nouveau favori, et qui sollicitait des graces ; l'autre était Deslandes Payen, homme intègre, qui ne voulut jamais conclure à la mort, ni même consentir à ne pas se trouver au jugement. Cinq juges s'absentèrent, quelques uns opinèrent pour le seul bannissement ; mais Luines sollicita avec tant d'ardeur, que la pluralité fut pour brûler une maréchale de France, comme sorcière. Elle fut traînée dans un tombereau à la Grève, comme une femme de la lie du peuple[a]. Toute la grace qu'on lui fit fut de lui couper la tête avant de jeter son corps dans les flammes.

On croirait qu'un tel arrêt est du dixième siècle. Le parlement, en condamnant la mémoire du maréchal, eut soin d'insérer dans l'arrêt que désormais aucun étranger ne serait admis au conseil d'état; cette clause était plus qu'on ne demandait. Luines, qui eut beaucoup plus de pouvoir que Concini, était étranger lui-même, étant né sujet du pape[1].

[a] 8 juillet 1617.

[1] « L'avocat général Le Bret m'a dit (au cardinal de Richelieu) que les « imputations qu'on fesait à la défunte étaient si frivoles, et les preuves si « faibles, que, quelques sollicitations qu'on lui fit qu'il était nécessaire pour « l'honneur et la sûreté de la vie du roi qu'elle mourût, il ne voulut jamais « donner ses conclusions à la mort, que sur l'assurance qu'il eut, par la pro- « pre bouche de Luines, qu'étant condamnée, le roi lui donnerait sa grace.» *Histoire de la Mère et du Fils*, année 1617.

Elle mourut avec courage au milieu des larmes du peuple, dont son malheur et l'avide cruauté de ses ennemis avaient changé les sentiments.

Le 2 juin 1617, l'évêque de Mâcon, portant la parole au nom du clergé assemblé, dit au roi que la première action de son règne lui ayant mérité le nom de Juste, il doit faire rendre aux églises catholiques les biens des églises protestantes de Béarn. Ainsi l'on vit un évêque louer un prince d'avoir commis un assassinat, afin d'obtenir de lui la permission de commettre un vol.

Un homme accusé d'avoir écrit un libelle contre Luines fut rompu vif; un autre, qui en avait fait une copie, fut pendu.

On en roua un troisième, sous prétexte qu'il avait voulu assassiner la reine-mère. Mais au contraire c'était Luines qu'il voulait assassiner; il s'en était ouvert à un espion de Luines, qui fesait semblant d'en être ennemi; et pour ne pas rendre cet espion suspect au parti de la reine, Luines imagina de substituer un projet contre la reine à un projet contre lui. On eut la précaution d'ordonner de brûler le procès de ce malheureux avec son corps. Il était prêtre, et l'espion qui le dénonçait était un homme de la cour.

On poursuivit avec fureur Bardin, secrétaire d'état sous Concini. Enfermé à la Bastille, il fut interrogé par des conseillers d'état. Luines mon-

CHAPITRE XLIX.

Arrêt du parlement en faveur d'Aristote. Habile friponnerie d'un nonce. Mort de l'avocat général Servin, en parlant au parlement.

Cette cruelle démence, de condamner aux flammes pour un crime qu'il est impossible de commettre, n'était pas particulière à la France. Presque toute l'Europe était alors infectée de la croyance à la magie,

tra ses réponses au conseiller du grand conseil, Lasnier, qui promit, d'après ces pièces, de faire rendre un arrêt de mort contre Bardin. Lasnier et La Greslière furent nommés ses rapporteurs. Bardin demanda d'être renvoyé au parlement en sa qualité de secrétaire du roi. On lui refusa son renvoi. Il est singulier qu'en France on crût alors avoir besoin d'un privilége pour demander ce qui, dans tous les pays, est le droit de chaque citoyen. Bardin protesta contre les réponses extrajudiciaires qu'il avait faites aux conseillers d'état. Ses protestations ne furent pas écoutées.

Luines sollicita ouvertement tous les juges. Ceux qui résistèrent à la corruption crurent être obligés, pour le sauver, de le condamner à un bannissement ; exemple qu'imitèrent depuis les juges du surintendant Fouquet. Cependant déjà une voix de plus l'avait condamné à la mort, lorsqu'un des juges s'évanouit ; revenu à lui, on le ramena dans l'assemblée : « Messieurs, « dit-il, vous voyez en quel état j'ai été ; Dieu m'a fait voir la mort, qui est « une chose si horrible et si effroyable, que je ne puis me porter à condam- « ner un innocent comme celui-ci, de qui il s'agit. J'ai ouï quelques opi- « nions qui vont au bannissement ; s'il y en a quelqu'une plus douce, je prie « le conseil de me le dire, afin que j'en sois. » Alors les jeunes conseillers revinrent presque tous à l'avis du bannissement ; le président de Bercis, seul parmi les présidents, se joignit à eux, et Bardin fut sauvé. Voyez l'*Histoire de la Mère et du Fils*. K. — L'*Histoire de la Mère et du Fils*, que citent les éditeurs de Kehl, fut publiée sous le nom de Mézeray, 1730, un volume in-4°, ou deux volumes. C'est la première partie des *Mémoires du cardinal de Richelieu*, imprimés pour la première fois en 1823, 10 volumes in-8°. Dans le tome Ier, pages 447 et 509, se retrouvent textuellement les deux passages que les éditeurs de Kehl ont guillemettés. Voyez aussi, tome XIX, le chapitre II du *Siècle de Louis XIV*. B.

aux possessions du diable, aux sortiléges de toute espèce. On condamnait même quelquefois des sorciers dans les pays protestants. Cette superstition était malheureusement liée à la religion. La raison humaine n'avait pas encore fait assez de progrès pour distinguer les temps où Dieu permettait que les Pharaons eussent des magiciens, et Saül une pythonisse, d'avec les temps où nous vivons.

Il y a une autre espèce de superstition moins dangereuse, c'est un respect aveugle pour l'antiquité. Ce respect, qui a nui aux progrès de l'esprit pendant tant de siècles, était poussé pour Aristote jusqu'à la crédulité la plus servile. La fortune de ses écrits était bien changée de ce qu'elle avait été quand elle parut en France pour la première fois, du temps des Albigeois. Un concile alors avait condamné Aristote comme hérétique, mais depuis il avait régné despotiquement dans les écoles.

Il arriva qu'en 1624 deux chimistes parurent à Paris. La chimie était une science assez nouvelle. Ces chimistes admettaient cinq éléments différents des quatre éléments d'Aristote. Ils n'étaient pas non plus de son avis sur les catégories ni sur les formes substantielles. Ils publièrent des thèses contre ces opinions du philosophe grec. L'université cria à l'hérésie; elle présenta requête au parlement. La rumeur fut si grande que les nouveaux docteurs furent mis en prison, leurs thèses lacérées en leur présence par un huissier, les deux délinquants condamnés au bannissement du ressort du parlement; enfin il fut défendu par le même arrêt, sous peine de la vie, de soutenir aucune thèse sans la permission de la Faculté.

Il faut plaindre les temps où l'ignorance, et la fausse science, encore pire, avilissaient ainsi la raison humaine : et malheureusement ces temps étaient bien proches du nôtre. Nous avions eu cependant des Montaigne, des Charron, des De Thou, des L'Hospital ; mais le peu de lumière qu'ils avaient apportée était éteinte, et cette lumière même n'éclaira jamais qu'un petit nombre d'hommes.

Si le parlement, ayant plus étudié les droits de la couronne et du royaume que la philosophie, tombait dans ces erreurs, qui étaient celles du temps, il continuait toujours à détruire une autre erreur que la cour de Rome avait voulu introduire dans tous les lieux et dans tous les temps, et qui était l'erreur de presque tous les ordres monastiques ; c'était ce préjugé incroyable, établi depuis le pape Grégoire VII, que les rois sont justiciables de l'Église. On a vu [1] qu'aux états de 1614 et 1615 ce préjugé avait triomphé des vœux du peuple et du zèle du parlement. Cette odieuse question se renouvela encore à l'occasion d'un libelle imputé au jésuite Garasse, le plus dangereux fanatique qui fût alors chez les jésuites [2]. On reprochait dans ce libelle au roi et au cardinal de Richelieu les alliances de la France avec des princes protestants, comme si des traités que la politique ordonne pouvaient avoir quelque rapport à la religion. On poussait l'insolence dans ces libelles jusqu'à dire

---

[1] Chapitre XLVI. B. — [2] 1626.

que le roi et ses ministres méritaient d'être excommuniés. Le parlement ne manqua ni à l'inutile cérémonie de brûler le libelle [1], ni au soin plus sérieux de rechercher l'auteur.

L'assemblée du clergé remplit son devoir en condamnant le livre; mais Spada, nonce du pape, se servit d'une ruse digne d'un prêtre italien, en fesant faire une traduction latine de cette censure, traduction infidèle, et dans laquelle la condamnation était totalement éludée. Il la fit signer par quelques évêques, et l'envoya à Rome comme un monument de la soumission de la couronne de France à la tiare.

Le parlement découvrit la supercherie; non seulement il condamna la traduction latine, mais il inséra dans la condamnation qu'on procéderait contre les étrangers qui avaient conduit cette fourberie. Le clergé prit alors le parti du nonce Spada; il s'assembla : comme son assemblée légale était finie, le parlement lui ordonna de se séparer, et enjoignit, selon les lois, aux évêques d'aller résider dans leurs diocèses; mais alors le pape avait tant d'influence dans les cours de sa communion, que le cardinal de Richelieu était obligé de le ménager et comme cardinal et comme ministre. On évoqua toute cette affaire au conseil du roi, on l'assoupit, jusqu'à la première occasion qui la ferait renaître; il n'y avait point alors d'autre politique.

[1] Le libelle dont parle ici Voltaire était intitulé: *Mysteria politica*, 1625, in-4°; l'auteur n'est pas le jésuite Garasse, mais le jésuite Keller. Ensuite de la condamnation par le lieutenant civil de Paris, le livre fut jeté au feu le 30 octobre 1625, et défense fut faite, sous peine de vie, d'en conserver des exemplaires. B.

Précisément dans ce temps-là même il fallait de l'argent, et ce sont là de ces affaires qui ne s'assoupissent pas. Les guerres civiles contre les huguenots, sous le ministère du duc de Luines; la guerre de la Valteline, sous le cardinal de Richelieu, avaient épuisé toutes les ressources. Les huguenots du royaume, maltraités par Richelieu, recommençaient encore la guerre. Le roi fut obligé d'aller lui-même au palais faire vérifier des édits bursaux. On consultait souvent dans ces édits plutôt la nécessité pressante que la proportion égale des impôts, et l'utilité du peuple. L'avocat général Servin fut frappé de mort subite, en prononçant sa harangue au roi : « Vous « acquérez, disait-il, une gloire plus solide en gagnant « le cœur de vos sujets, qu'en domptant vos ennemis. » A ces dernières paroles la voix lui manqua, une apoplexie le saisit, et on l'emporta expirant.

Le jésuite d'Avrigni, auteur des *Mémoires chronologiques*, d'ailleurs exacts et curieux, prétend qu'il mourut en parlant contre les jésuites dans une affaire qui survint immédiatement après.

Il était toujours question de cet horrible système de la puissance du pape sur les rois et sur les peuples. Il semblait que le sang de Henri IV eût fait renaître les têtes de cette hydre. Sanctarelli, jésuite italien, publia cette doctrine dans un nouveau livre approuvé par Vitelleschi, général de cet ordre, et dédié au cardinal de Savoie [1]. Jamais on ne s'était

---

[1] Son livre est intitulé : *Antonii Sanctarelli tractatus de hæresi, schismate, apostasia, sollicitatione in sacramento pœnitentiæ*, etc., *et de potestate romani pontificis in his delictis puniendis*, Rome, Zanetti, 1625, in-4°. B.

exprimé d'une manière si révoltante. Le livre fut brûlé à Paris selon l'usage [a]; mais ces exécutions ne produisant rien, il fut agité dans le parlement si on chasserait les jésuites une seconde fois. Il ordonne au provincial, à trois recteurs et à trois profès de comparaître le lendemain. Ils arrivent au milieu du peuple indigné qui bordait les avenues du palais. Le jésuite Cotton, alors provincial, porte la parole. On lui demande s'il croit que le pape puisse excommunier et déposséder le roi de France. « Ah! répondit-« il, le roi est fils aîné de l'Église, il ne fera jamais « rien qui oblige le pape à en venir à cette extrémité. » Mais, lui dit le premier président, ne pensez-vous pas comme votre père général qui attribue au pape cette puissance? « Ah! notre père général suit les « opinions de Rome où il est, et nous celles de France « où nous sommes. » Et si vous étiez à Rome que feriez-vous? « Nous ferions comme les autres. » Ces réponses pouvaient attirer aux jésuites l'abolition de leur ordre en France : ils en furent quittes pour signer quatre propositions concernant les libertés de l'Église gallicane, ou plutôt de toute Église, qui sont en partie celles que nous verrons en 1682. Le roi défendit au parlement de passer outre.

La Sorbonne, redevenue française après avoir été ultramontaine sous Henri III et sous Henri IV, fit non seulement un décret contre Sanctarelli et contre toutes ces prétentions de Rome, mais ordonna que ce décret serait lu publiquement tous les ans. La cour ne permit pas cette clause, tant il paraissait encore

---

[a] 13 mars 1626.

important de ménager ce qu'on ne pouvait assez réprimer.

CHAPITRE L.

La mère et le frère du roi quittent le royaume. Conduite du parlement.

Le cardinal de Richelieu gouvernait la France despotiquement. Le hasard qui est presque toujours l'origine des grandes fortunes, ou pour parler plus juste, cette chaîne inconnue de tous les événements, qu'on appelle hasard, avait d'abord produit l'abbé de Chillon (Richelieu) auprès de Marie de Médicis pendant sa régence. Elle le fit évêque de Luçon, secrétaire d'état, et surintendant de sa maison. Ensuite ayant partagé les persécutions qu'essuya cette reine après les meurtres du maréchal d'Ancre et de sa femme, il obtint, par sa protection, la dignité de cardinal, et enfin une place au conseil.

Dès qu'il eut affermi son autorité, il ne souffrit pas que sa bienfaitrice la partageât, et dès-lors elle devint son ennemie.

Louis XIII, faible, malade, nullement instruit, incapable de travail, ne pouvant se passer de premier ministre, fut obligé de choisir entre sa mère et le cardinal. Sa mère, plus faite pour les intrigues que pour les affaires, plus jalouse de son crédit qu'habile à le conserver, faible et opiniâtre comme son fils, mais plus inconstante encore, plus gouvernée, inquiète, inhabile, ne pouvant pas même régir sa maison, était bien loin de pouvoir régir un royaume. Richelieu était ingrat, ambitieux, tyrannique; mais il avait rendu de très grands services. Louis XIII sentait combien ce ministre détesté lui était nécessaire. Plus sa mère et Gaston son frère se plaignirent, plus Richelieu fut puissant. Les favoris de Marie de Médicis et de Gaston agitèrent la cour et le royaume par des factions qui, dans d'autres temps, auraient dégénéré en guerres civiles. Richelieu étouffa tout par son habileté active, par des rigueurs et par des supplices qui ne furent pas toujours conformes aux lois.

Gaston, frère unique du roi, quitta la France[a] et se retira en Lorraine. Marie, sa mère, s'enfuit à Bruxelles, et se mit ouvertement sous la protection du roi d'Espagne, dont l'inimitié était déclarée contre la France, si la guerre ne l'était pas encore.

Il n'en était pas de même du duc de Lorraine : la cour de France ne pouvait le regarder comme un prince ennemi. Cependant le cardinal publia une déclaration du roi, dans laquelle tous les amis et les domestiques de Monsieur, qui l'avaient accompagné dans sa retraite, étaient regardés comme criminels de lèse-majesté. Cette déclaration paraissait trop sévère : des domestiques peuvent suivre leur maître sans crime dans ses voyages; et quand ils n'ont fait aucune entreprise contre l'état, on n'a point de reproche à leur faire. Cette question fut long-temps débattue au parlement de Paris, lorsqu'il fallut enregistrer la déclaration du roi. Gayant et Barillon, prési-

[a] 1631.

dents aux enquêtes, et Lenet, conseiller, parlèrent avec tant d'éloquence, qu'ils entraînèrent la moitié des voix[a], et il y eut un arrêt de partage.

Dans le temps même qu'on allait aux opinions, Monsieur fit présenter une requête par Roger, son procureur général. Elle commençait par ces mots : « Supplie humblement Gaston, fils de France, frère « unique du roi. » Il alléguait, dans sa requête, qu'il n'était sorti du royaume que parceque le cardinal de Richelieu l'avait voulu faire assassiner, et il en demandait acte au parlement.

Le premier président Le Jai empêcha que la pièce ne fût présentée; il la remit entre les mains du roi qui la déclara calomnieuse et la supprima. Si elle avait été lue dans la grand'chambre, le parlement se trouvait juge entre l'héritier présomptif de la couronne et le cardinal de Richelieu.

Le roi, indigné de l'arrêt de partage, manda le parlement[b] au Louvre, et lui ordonna de venir à pied. Tous les membres du parlement se mirent à genoux[c] devant le roi. Le garde des sceaux, Châteauneuf, leur dit qu'il ne leur appartenait pas de délibérer sur les déclarations du roi. L'avocat général Talon ayant dit que la compagnie demeurerait dans l'obéissance dont elle avait toujours fait profession : « Ne me par- « lez pas de l'obéissance de vos gens, dit le roi; si je « voulais former quelqu'un à cette vertu, je le met- « trais dans une compagnie de mes gardes, et non pas « au parlement. »

[a] 25 avril 1631. — [b] 12 mai 1631.— [c] Tous les mémoires du temps le certifient. Le président Hénault ne parle pas même de cet événement.

Il exila Gayant, Barillon, Lenet ; il leur interdit pour cinq ans l'exercice de leur charge, et déchira lui-même l'arrêt de partage, dont il jeta les morceaux par terre.

La reine-mère, avant de partir pour les Pays-Bas, implora le parlement comme son fils Gaston, et aussi inutilement. La compagnie n'osa recevoir ni ses lettres ni ses requêtes; elle les fit imprimer; on les trouve aujourd'hui dans les mémoires du temps. L'une de ces requêtes commence par ces mots :

« Supplie Marie, reine de France et de Navarre....
« disant qu'Armand Jean Du Plessis, cardinal de Ri-
« chelieu, par toutes sortes d'artifices et de malices
« étranges, tâche d'altérer, comme il avait déjà fait
« l'année passée, la santé du roi, l'engageant par ses
« mauvais conseils dans la guerre, l'obligeant à se
« trouver en personne dans les armées pleines de con-
« tagions, aux plus grandes chaleurs, et le jetant tant
« qu'il peut dans des passions et appréhensions extra-
« ordinaires contre ses plus proches et contre ses plus
« fidèles serviteurs, ayant dessein de s'emparer d'une
« bonne partie de l'état, remplissant les charges les
« plus importantes de ses créatures, et étant sur le
« point d'ajouter un grand nombre de places mari-
« times et frontières aux gouvernements de Bretagne
« et de Provence, pour tenir la France assiégée par
« ces deux extrémités, et pouvant, par ce moyen,
« avoir le secours des étrangers chez lesquels il a des
« intelligences secrètes. »

La requête finit par ces paroles : « Ladite dame reine
« vous supplie de faire vos très humbles remon-

« trances, tant sur le scandale que produisent les vio-
« lences qui sont et pourront être faites à la personne
« de ladite dame reine contre l'honneur dû à son
« mariage, et à la naissance du roi, par un serviteur
« ingrat, que sur tout ce qui est contenu en la pré-
« sente requête sur la dissipation des finances, et
« achats d'armes, places fortes et provinces entières,
« violements des lois de l'état, et d'autres faits qui
« vous sont connus et publiés à tout le royaume : et
« vous ferez bien. MARIE. »

Il n'y a point de lecteur qui ne voie que le ressenti-
ment de Marie de Médicis l'emportait au-delà de toute
borne. On n'est pas d'ailleurs étonné qu'elle s'adresse
en suppliante à ce même parlement qu'elle avait traité autrefois avec tant de hauteur; elle avait parlé en
souveraine quand elle était régente, et elle parle dans
sa requête en femme infortunée.

Le cardinal fit ériger une chambre de justice à l'Arsenal pour condamner ceux que le parlement de Paris n'avait pas voulu condamner sans les entendre.
Cette chambre était composée de deux conseillers d'é-
tat, de six maîtres des requêtes, et de six conseillers
du grand conseil. Elle commença ses séances le 10
septembre 1631.

Le parlement lui défendit par un arrêt de s'assembler[a]. L'arrêt fut cassé, et le parlement obligé encore
de venir demander pardon au roi à Metz, où il était
alors. On le fit attendre quinze jours, on le réprima-
da, et les arrêts de la chambre de l'Arsenal furent exécutés.

[a] 12 octobre 1631.

Ces vaines tentatives servirent à fortifier le pouvoir du cardinal, qui humilia tous les corps, tint la reine-mère dans l'exil et dans la pauvreté jusqu'à sa mort, le frère du roi dans la crainte et le repentir, les princes du sang dans l'abaissement, et le roi, qui ne l'aimait pas, dans la dépendance de ses volontés. Aucun de ceux qui s'élevèrent contre lui ne fut condamné que par des commissaires; il eut même l'insolence de faire juger à Ruel, dans sa propre maison de campagne, le maréchal de Marillac par des commissaires qui étaient ses esclaves; et quand l'illustre Molé, alors procureur général, voulut agir pour le maintien des lois si indignement violées, le cardinal le fit décréter d'ajournement personnel au conseil, et l'interdit des fonctions de sa charge. Enfin il se fit détester de tous les corps de l'état; mais le succès de presque toutes ses entreprises fit mêler le respect à la haine.

CHAPITRE LI.

Du mariage de Gaston de France avec Marguerite de Lorraine, cassé par le parlement de Paris et par l'assemblée du clergé.

Gaston, frère unique de Louis XIII, avait épousé en 1631, à Nanci, Marguerite, sœur du duc de Lorraine Charles IV. Toutes les formalités alors requises avaient été observées. Il n'était âgé que d'environ vingt-quatre ans; mais la reine sa mère et le duc de Lorraine avaient autorisé et pressé ce mariage. Le contrat avait été communiqué au pape Urbain VIII, et en conséquence le cardinal de Lorraine, évêque de Toul, dans le diocèse duquel Nanci se trouvait alors, donna les dispenses de la publication des bans. Les époux furent mariés en présence de témoins; et deux ans après, quand Gaston eut vingt-cinq ans, ils ratifièrent solennellement cette cérémonie dans l'église cathédrale de Malines, pour suppléer d'une manière authentique à tout ce qui pouvait avoir été omis. Ils s'aimaient, ils étaient bien éloignés l'un et l'autre de se plaindre d'une union que le pape et toute l'Europe regardaient comme légitime et indissoluble. Mais ce mariage alarmait le cardinal de Richelieu, qui voyait la reine-mère, le frère du roi, héritier présomptif, et le duc de Lorraine, ligués contre lui.

Louis XIII ne pensa pas autrement que son ministre. Il fallut faire penser le parlement et le clergé comme eux, et les engager à casser le mariage. On alléguait que Gaston s'était marié contre la volonté du roi son frère; mais il n'y avait point de loi expresse qui portât qu'un mariage serait nul quand le roi n'y aurait pas consenti. Gaston avait personnellement offensé son frère; mais le mariage d'un cadet était-il nul par cette seule raison qu'il déplaisait à l'aîné? Louis XI, étant dauphin, avait épousé la fille d'un duc de Savoie malgré le roi son père, et avait fui du royaume avec elle, sans que jamais Charles VII entreprît de traiter cette union d'illégitime.

On regardait le mariage comme un sacrement et comme un engagement civil. En qualité de sacrement c'était « le signe visible d'une chose invisible, un mys-
« tère, un caractère indélébile, que la mort seule peut

« effacer ; » et quelque idée que l'Église puisse attacher à ce mot de *chose invisible*, cette question ne paraissait pas du ressort des jugements humains.

A l'égard du contrat civil, il liait les deux époux par les lois de toutes les nations. Annuler ce contrat solennel, c'était ouvrir la porte aux guerres civiles les plus funestes ; car s'il naissait un fils du mariage de Gaston, le roi n'ayant point d'enfants, ce fils était reconnu légitime par le pape et par les nations de l'Europe, et déclaré bâtard en France ; et encore aurait-il eu la moitié de la France dans son parti.

Le cardinal de Richelieu ferma les yeux aux dangers évidents qui naissaient de la cassation. Il fit mouvoir tant de ressorts, qu'il obtint du parlement irrité contre lui un arrêt, et de l'assemblée du clergé, qui ne l'aimait pas davantage, une décision favorable à ses vues. Cette condescendance n'est pas surprenante ; il était tout puissant, il avait envahi les états du duc de Lorraine ; tout pliait sous ses volontés.

L'avocat général Omer Talon rapporte que le parlement étant assemblé, il y fut dit que « Phéroras, « frère d'Hérode, accusa Salomé d'avoir traité son « mariage avec Sillène[1], lieutenant d'Arabie. » On cita Plutarque en la vie de Dion, après quoi la compagnie donna un décret de prise de corps contre Charles, duc de Lorraine[a] ; François, nouveau duc de Lorraine (à qui Charles avait cédé son duché), et la princesse de Phalsbourg, leur sœur, comme cou-

---

[1] Toutes les éditions données du vivant de l'auteur portent, les unes *Sillène*, les autres *Silène* : M. Clogenson, en 1825, a remarqué qu'il fallait mettre et a mis *Silléc*. B. — [a] 14 juillet 1634.

pables de rapt envers la personne de Monsieur, frère unique du roi.

Ensuite il les condamna comme coupables de lèse-majesté[a], les bannit du royaume, et confisqua leurs terres.

Deux choses surprenaient dans cet arrêt : premièrement, la condamnation d'un prince souverain qui était vassal du roi pour le duché de Bar, mais qui n'avait point marié sa sœur dans Bar; secondement, le crime de rapt supposé contre Monsieur, qui était venu en Lorraine conjurer le duc de lui donner sa sœur en mariage. Il était difficile de prouver que la princesse Marguerite eût forcé Monsieur à l'épouser.

Tandis que le parlement procédait, l'assemblée du clergé promulguait une loi civile[b] qui déclarait que les héritiers de la couronne ne pouvaient se marier sans le consentement du chef de la maison. On envoya un évêque de Montpellier à Rome pour faire accepter cette décision par le pape, qui la réprouva. Un réglement de police ne parut pas au pape une loi de l'Église. Si le roi, dont la santé était très chancelante, fût mort alors, Gaston eût régné sans difficulté, et il aurait aussi sans difficulté fait regarder comme très valide ce même mariage dont le parlement et le clergé français avaient prononcé la nullité. Heureusement Louis XIII approuva enfin le mariage de son frère. Mais la loi qui défend aux princes du sang de laisser une postérité sans le consentement du roi, a toujours subsisté depuis, et le sentiment de Rome qui tient ces mariages valides a subsisté de même; source

[a] 5 septembre. — [b] 7 juillet 1635.

éternelle de divisions, jusqu'à ce que tous les hommes soient bien convaincus qu'il importe fort peu que ce qui est vrai à Paris soit faux dans le comtat d'Avignon, et que chaque état doit se gouverner selon ses lois, indépendamment d'une théologie ultramontaine.

CHAPITRE LII.

De la résistance apportée par le parlement à l'établissement de l'académie française.

Il est singulier que le parlement n'eût pas hésité à casser et annuler le mariage de l'héritier du royaume, contracté du consentement de sa mère, célébré selon toutes les formalités de l'Église, et qu'il refusât constamment pendant dix-huit mois l'enregistrement des lettres-patentes qui établissaient l'académie française. Les uns crurent qu'après un arrêt rendu en faveur de l'université et d'Aristote, cette compagnie craignait qu'une société d'hommes éclairés, encouragée par l'autorité royale, n'enseignât des nouveautés. D'autres pensèrent que le parlement ne voulait pas qu'en cultivant l'éloquence inconnue chez les Français, la barbarie du style du barreau devînt un sujet de mépris. D'autres enfin imaginèrent que le parlement, mortifié tous les jours par le cardinal, voulait à son tour lui donner des dégoûts.

Le Vassor, compilateur grossier, qui a fait un libelle en dix-huit volumes de l'histoire de Louis XIII, dit que « l'établissement de l'académie est une preuve de

« la tyrannie du cardinal. Il ne put souffrir que d'hon-
« nêtes gens s'assemblassent librement dans une mai-
« son particulière. »

On sent bien que cette imputation ne mérite pas
d'être réfutée, mais on ne doit pas perdre ici l'occasion de remarquer que cet écrivain aurait dû mieux
profiter des premières leçons de l'académie; elles lui
auraient appris à écrire d'un style moins barbare,
avec un fiel moins révoltant, d'une manière plus
judicieuse, et à ne pas blesser à-la-fois la vérité, la
langue, et le bon sens.

L'érection de l'académie française était une imitation de celles d'Italie, et d'autant plus nécessaire,
que tous les genres d'éloquence, et surtout ceux de la
chaire et du barreau, étaient déshonorés alors par le
mauvais goût et par de très mauvaises études, pires
que l'ignorance des premiers siècles. La barbarie qui
couvrait encore la France ne permettait pas aux premiers académiciens d'être de grands hommes; mais
ils frayaient le chemin à ceux qui le devinrent. Ils jetèrent les fondements de la réforme des esprits. Il est
très vrai qu'ils enseignèrent à penser et à s'exprimer.
Le cardinal de Richelieu rendit, par cette institution,
un vrai service à la patrie.

Si le parlement différa une année entière d'enregistrer les lettres[1], c'est qu'il craignait que l'académie ne
s'attribuât quelque juridiction sur la librairie. Le cardinal fit dire au premier président Le Jai, qu'il aime-

---

[1] Le parlement différa l'enregistrement plus d'une année. Les lettres-
patentes sont du mois de janvier 1635, l'enregistrement est du 10 juillet
1637. B.

rait ces messieurs comme ils l'aimeraient. Enfin, quand cet établissement fut vérifié, le parlement ajouta aux patentes du roi que l'académie ne connaîtrait que de la langue française et des livres qu'elle aura faits, ou qu'on exposera à son jugement. Cette précaution, prise par le parlement, prouve assez que l'érection de l'académie avait donné quelque ombrage. Elle n'en pouvait donner, n'ayant que des priviléges honorables, aucun d'utile, et son fondateur même ne lui ayant pas procuré une salle d'assemblée [1].

CHAPITRE LIII.

Secours offert au roi par le parlement de Paris. Plusieurs de ses membres emprisonnés. Combat à coups de poing du parlement avec la chambre des comptes dans l'église de Notre-Dame.

Richelieu, ayant fait déclarer solennellement la guerre à toute la maison d'Autriche dans l'Allemagne

[1] Du vivant de Richelieu, l'académie s'assemblait à divers jours; et, comme le dit Pellisson, *le lieu des assemblées a changé encore plus souvent que le jour.* C'était tantôt chez un académicien, tantôt chez un autre, qu'on se réunissait. A la mort du cardinal (février 1643), le chancelier Séguier fit dire à la compagnie qu'il desirait qu'à l'avenir elle s'assemblât chez lui. En décembre de la même année, on décerna au chancelier le titre de protecteur de l'académie, qu'avait eu Richelieu; et Séguier est le seul particulier qui l'ait eu; car après sa mort (1672), ce titre de protecteur fut offert à Louis XIV, et à depuis été pris par tous les rois de France. Louis XIV, dès 1672, accorda à l'académie une des salles du Louvre, pour y tenir ses séances. C'est au Louvre que siégea l'Institut, lors de sa création en 1796. Ce fut en février 1807, que l'Institut fut transféré au collége des Quatre-Nations; et c'est là que l'académie française, l'une des quatre classes de l'Institut, tient ses assemblées, soit particulières, soit publiques. Voyez, tome XIX, la liste des *Chanceliers*, en tête du *Siècle de Louis XIV*. B.

et dans l'Espagne, en 1635, fut sur le point de voir le royaume ruiné l'année suivante. Les ennemis passèrent la Somme, prirent Corbie, ravagèrent toute la Picardie et la Bourgogne; Paris fut exposé, et plusieurs citoyens en sortirent. Les troupes étaient peu nombreuses, intimidées et dispersées; les meilleurs officiers suspects au cardinal, emprisonnés ou exilés, les finances épuisées. On ne regardait alors ce ministre que comme un tyran maladroit.

Dans cette crise de l'état, la ville de Paris offrit de soudoyer six mille cinq cents hommes; le parlement résolut d'en lever deux mille cinq cents; l'université même promit quatre cents soldats. Le cardinal doutait si ces offres étaient faites contre les ennemis ou contre lui-même.

Le parlement voulut nommer [a] douze conseillers pour avoir soin de la garde de Paris, et pour faire contribuer à la levée des troupes que Paris devait fournir.

Le ministre sentit qu'une telle démarche était une insulte plutôt qu'un secours. La compagnie du parlement ne lui parut pas instituée pour garder les portes de la ville, et pour faire les fonctions du gouverneur et des généraux d'armée. Il savait qu'on avait parlé de lui dans la séance. Le roi manda au Louvre les présidents et les doyens de chaque chambre; il leur renouvela les défenses de se mêler d'aucune affaire d'état. Enfin le ministre et les généraux ayant réparé leurs fautes, et les ennemis ayant été chassés du royaume, le parlement obéit.

[a] 11 août 1636.

On ne put terminer cette campagne qu'avec des frais immenses. Les finances sont le premier ressort de l'administration, et ce ressort est toujours dérangé. Richelieu n'était pas un Sulli qui eût su s'assurer de quarante millions, et préparer les vivres, les munitions, les hôpitaux, avant de faire la guerre. Ni sa santé, ni son génie, ni son ambition, ne lui permettaient d'entrer dans ces détails indispensables, dont la négligence doit diminuer beaucoup sa gloire. Il fut obligé de retrancher trois quartiers d'arrérages que le roi devait aux rentiers de l'hôtel-de-ville. Cette banqueroute était odieuse; il eût mieux valu sans doute établir des impôts également répartis; mais c'est ce qu'on n'a su faire en France qu'après une longue épreuve de moyens aussi honteux que ruineux. Le gouvernement, depuis Sulli, ne savait que créer des charges inutiles, que la vanité achetait à prix d'argent, et se remettre à la discrétion des traitants.

Richelieu avait créé vingt nouveaux offices de conseillers au parlement en 1635. La compagnie en avait été indignée : la banqueroute faite aux rentiers excita les cris de tout Paris. Ces citoyens, privés de leur revenu, vinrent se plaindre chez le chancelier Châteauneuf. Pour réponse on en mit trois à la Bastille. Le parlement s'assemble, on délibère, on parle fortement. Le cardinal avait ses espions; il fait enlever Gayant, Champrond, Sallo, Sevin, Tubeuf, Bouville, Scarron[1]. Un édit du roi interdit la troisième chambre des enquêtes. Les magistrats arrêtés furent ou exilés ou

---

[1] Ce dernier est probablement le même dont il a été question chap. XLV, page 215. B.

enfermés, et les rentiers perdirent leurs arrérages.

Il est évident que le gouvernement du cardinal de Richelieu était à-la-fois vicieux et tyrannique; mais il est vrai aussi qu'il eut toujours à combattre des factions. La fierté sanguinaire du ministre, et le mécontentement de tous les ordres du royaume, furent les semences qui produisirent depuis les guerres de la fronde. Le parlement, ayant perdu sous Richelieu toutes les prérogatives qu'il réclamait, ne combattit dans les dernières années de Louis XIII que contre la chambre des comptes.

Ce monarque ayant ôté la protection de la France à sainte Geneviève, qu'on croyait la patronne du royaume, parcequ'elle l'était de Paris, conféra cette dignité à la vierge Marie[1].

Ce fut une très grande solennité dans l'église de Notre-Dame. Les cours supérieures y assistèrent. Le premier président du parlement marcha le premier à la procession. Les présidents à mortier ne voulurent pas souffrir que le premier président des comptes le suivît. Celui-ci, qui était grand et vigoureux, prit un président à mortier à brasse-corps, et le renversa par terre. Chaque président des comptes gourma un président du parlement, et fut gourmé. Les maîtres s'attaquèrent aux conseillers. Le duc de Montbazon mit l'épée à la main avec ses gardes pour arrêter le désordre, et l'augmenta. Les deux partis allèrent verbaliser chacun de leur côté. Le roi ordonna que dorénavant le parlement sortirait de Notre-Dame par

---

[1] Les lettres-patentes sont du 10 février 1638. B.

la grande porte, et la chambre des comptes par la petite.

CHAPITRE LIV.

Commencement des troubles pendant le ministère de Mazarin. Le parlement suspend pour la première fois les fonctions de la justice.

De l'humiliation où le parlement fut plongé par le cardinal de Richelieu, il monta tout d'un coup au plus haut degré de puissance, immédiatement après la mort de Louis XIII. Le duc d'Épernon l'avait forcé, les armes à la main, de se saisir du droit de donner la régence à Marie de Médicis. Ce nouveau droit parut aux yeux d'Anne d'Autriche aussi ancien que la monarchie. Il l'exerça librement dans toute sa plénitude. Non seulement il déclara la reine régente par un arrêt [a], mais il cassa le testament de Louis XIII comme on casse celui d'un citoyen, qui n'est pas fait selon les lois [1]. La régente et la cour étaient bien loin alors de douter du pouvoir du parlement, et de lui contester une prérogative dont elles tiraient tout l'avantage. Le parlement décida, sans aucune contradiction, du destin du royaume, et le moment d'après il retomba dans l'état dont la mort de Louis XIII l'avait tiré. La reine voulut être toute puissante, et le fut jusqu'au temps des Barricades.

[a] 18 mai 1643.
[1] Voyez, tome XIX, le chapitre III du *Siècle de Louis XIV*. B.

Mais avant que le parlement donnât ainsi la régence, et cassât le testament du roi en qualité de cour des pairs, garnie de pairs, il faut remarquer que par les anciennes lois le parlement n'existait plus. La mort du roi le dissolvait ; il fallait que les présidents et les conseillers fussent confirmés dans leurs charges par le nouveau souverain, et qu'ils fissent un nouveau serment. Cette cérémonie n'avait pas été observée dans le tumulte et l'horreur que l'assassinat de Henri IV répandit. Le chancelier Séguier voulut faire revivre la loi oubliée ; le parlement l'éluda[a]. Il fut présenté dans le Louvre à la reine ; il salua le roi, il protesta de son respect et de son obéissance ; et il ne fut question ni de confirmation d'offices, ni de serment de fidélité.

Le cardinal Mazarin gouverna despotiquement la reine et le royaume, sans qu'aucun grand fît entendre d'abord le moindre murmure ; on était accoutumé à recevoir la loi d'un prêtre ; on ne fit pas même attention que Mazarin était étranger. Les victoires du duc d'Enghien, si célèbre sous le nom de grand Condé, fesaient l'allégresse publique, et rendaient la reine respectable. Mais cet article important des finances, qui est la base de tout, qui seul fait naître souvent les révolutions, les prévient et les étouffe, commença bientôt à préparer les séditions.

Mazarin entendait cette partie du gouvernement plus mal encore que Richelieu. Il borna sa science sur ce point essentiel, dans tout le cours de son ministère, à se procurer une fortune de cent millions ; c'é-

[a] *Mémoires de Talon.*

tait le premier homme du monde pour l'intrigue, et le dernier pour le reste. Ceux qui administraient l'argent de l'état sous ses ordres, n'eurent d'autres vues que de procurer de prompts secours par des moyens toujours petits, mal imaginés, et souvent injustes. Les plus pauvres habitants de Paris avaient bâti de chétives maisons ou des cabanes hors des anciennes limites de la ville. Un Italien, nommé Particelli d'Émeri[1], favori du cardinal et contrôleur général, s'avisa de proposer une taxe assez forte sur ces pauvres familles. Elles s'attroupèrent[a], elles allèrent porter en foule leurs plaintes à la grand'chambre, non sans y être excitées par plusieurs membres des enquêtes, qui demandèrent l'assemblée des chambres pour juger la cause des pauvres contre le ministère. Cette maladresse du gouvernement indisposa tout Paris; elle apprit au peuple à murmurer, à s'attrouper. Une partie de la grand'chambre dans les intérêts de la cour ne voulut pas souffrir que les enquêtes demandassent les assemblées du parlement.

Les enquêtes persistèrent. Heureusement pour la cour la division se mit alors entre toutes les chambres du parlement[b], requêtes contre enquêtes, enquêtes contre grand'chambre. Les requêtes voulaient être traitées comme les enquêtes, les enquêtes comme les grands chambriers. Il y eut des disputes pour les rangs. Le conseiller doyen du parlement était dans l'usage de précéder les présidents qui ne sont pas pré-

---

[1] Voyez *Siècle de Louis XIV*, chapitre IV. Voltaire y met à 1646 et 1647 les événements qu'il place ici par erreur en 1644. B.

[a] 1644. — [b] Talon, tome III.

sidents à mortier. Il arriva qu'à l'oraison funèbre du maréchal de Guébriant, prononcée à Notre-Dame, les présidents des enquêtes prirent par le bras le vieux doyen Savare, et l'arrachèrent de sa place. Le premier président appela les gardes du roi qui assistaient à la cérémonie, pour soutenir le doyen. L'église cathédrale vit pour la seconde fois des magistrats scandaliser le peuple pour un intérêt de vanité.

La reine s'entremit; le parlement s'en remit à ses ordres pour juger tous ces différents; elle se garda bien de prononcer; la maxime, *Divisez pour régner*, était trop connue de Mazarin. Il crut rendre le parlement méprisable en l'abandonnant à ces contestations; mais il porta le mépris trop loin en fesant saisir le président des enquêtes Barillon par quatre archers, et l'envoyant à Pignerol. Ce Barillon était accoutumé à la prison; il avait déjà été enfermé sous Richelieu. On en exila d'autres. Le ministre se croyait assez puissant pour imiter le cardinal de Richelieu, quoiqu'il n'en eût ni la cruauté, ni l'orgueil, ni le génie.

Le parlement avait encore aliéné de lui les princes du sang et les pairs: les princes du sang, parcequ'il avait osé disputer le pas au père du grand Condé dans la cérémonie d'un *Te Deum;* les pairs, parcequ'il ne voulait pas souffrir que dans les lits de justice le chancelier, allant aux opinions, s'adressât aux pairs du royaume avant de s'adresser au parlement. Tout cela rendait ce corps peu agréable à la cour. On s'était servi de lui pour donner la régence, comme d'un instrument qu'on brisait ensuite quand on cessait d'en avoir besoin.

Les enquêtes, ne pouvant obtenir la liberté de leurs membres emprisonnés, cessèrent pendant quatre mois entiers de rendre la justice. Ce fut là le premier exemple d'une pareille transgression. Quelques plaideurs en souffrirent, d'autres y gagnèrent en retenant plus long-temps le bien d'autrui. La cour ne s'en mit pas en peine; elle crut que le parlement, indisposant à-la-fois les princes, les pairs, et le peuple, n'aurait jamais aucun crédit; c'est en quoi elle se trompa. Elle ne prévoyait pas qu'à la première occasion tout se réunirait contre un ministre étranger qui commençait à déplaire autant qu'avait déplu le maréchal d'Ancre.

La régence d'Anne d'Autriche aurait été tranquille et absolue, si on avait eu un Colbert ou un Sulli pour gouverner les finances, comme on avait un Condé pour commander les armées; encore même est-il douteux si des génies tels que ces deux hommes si supérieurs auraient suffi pour débrouiller alors le chaos de l'administration, pour surmonter les préjugés de la nation alors très ignorante, pour établir des taxes universelles dans lesquelles il n'y eût rien d'arbitraire, pour faire des emprunts remboursables sur des fonds certains, pour encourager à-la-fois le commerce et l'agriculture, pour faire enfin ce qu'on fait en Angleterre.

Il y avait à-la-fois dans le ministère de l'ignorance, de la déprédation, et un empressement obstiné à se servir de moyens précipités pour arracher des peuples un peu d'argent, dont il revenait encore moins à l'état. La taxe sur les maisons bâties dans les faubourgs n'avait presque rien produit. On voulut forcer les citoyens d'acheter pour quinze cent mille livres de nouvelles rentes. Il fallait persuader et non pas forcer. Le cri public, appuyé des refus du parlement, rendit inutiles ces édits odieux.

Le ministère imagina de nouveaux édits bursaux, dont l'énoncé seul le couvrait de honte et de ridicule. C'était une création de conseillers du roi, contrôleurs de bois de chauffage, jurés-crieurs de vin, jurés-vendeurs de foin, agents de change, receveurs des finances quatriennaux, augmentation de gages moyennant finance dans tous les corps de la magistrature, enfin vente de la noblesse.

Il y eut dix-neuf édits de cette espèce. On mena au parlement Louis XIV en robe d'enfant pour faire enregistrer ces opprobres[a]. On le plaça sur un petit fauteuil qui servait de trône, ayant à sa droite la reine sa mère, le duc d'Orléans son oncle, le père du grand Condé, huit ducs; et à sa gauche trois cardinaux, celui de Lyon, frère du cardinal de Richelieu, celui de Ligni, et Mazarin. Il prononça intelligiblement ces paroles : « Mes affaires m'amènent au parlement; « monsieur le chancelier expliquera ma volonté. »

Le chancelier Séguier l'expliqua en lisant les dix-neuf édits. L'avocat général Omer Talon prononça une harangue en portant le genou sur sa banquette selon l'usage; et comme il était le harangueur le plus éloquent de la compagnie, il dit au roi : « qu'il était « un soleil ; que quand le soleil n'envoie que quel-« ques rayons dans une chambre par la fenêtre, sa

---

[a] 7 septembre 1645.

« lumière est féconde et bienfesante; c'est le sym-
« bole de la bonne fortune; mais qu'il est périlleux de
« songer que ce grand astre y entre tout entier, par-
« cequ'il détruit par son activité tout ce qui entre dans
« ses voies, etc.[a] »

Après cette harangue qui fut assez longue surtout pour un roi âgé de sept ans, le chancelier demanda le suffrage des princes et des pairs; les présidents se formalisèrent qu'on n'eût pas commencé par eux; ils furent d'avis de faire des remontrances[b]. Les enquêtes dirent que leur conscience ne leur permettait pas d'enregistrer les édits. Le chancelier répondit que la conscience en affaires d'état était d'une autre nature que la conscience ordinaire, et il fit faire l'enregistrement d'autorité.

CHAPITRE LV.

Commencement des troubles civils, causés par l'administration des finances.

La cour était encore toute puissante. Le cardinal Mazarin ménageait cette célèbre paix de Munster, par laquelle les Français et les Suédois furent les législateurs de l'empire, et qui fut enfin conclue en 1648. Le prince de Condé, par ses victoires, donnait à la France la supériorité qu'elle eut dans ce traité. L'Espagne, encore plus obérée que la France, ne paraissait pas une ennemie dangereuse; ses finances étaient

---

[a] Talon, tome III, page 366. — [b] Ibidem.

aussi épuisées que les nôtres, malgré ses trésors du Nouveau-Monde. C'est le sort des nations d'être presque toujours très mal gouvernées; l'ambition de quelques grands les plonge dans la guerre; de misérables intrigues, qu'on appelle politique, troublent l'intérieur de l'état tandis que les frontières sont dévastées; l'économie est abandonnée; les factions se forment, et les remèdes qu'elles feignent d'apporter au mal sont les plus pernicieux de tous les maux.

Le ministère de France persistait toujours dans cette malheureuse méthode de chercher des secours d'un moment. On augmenta l'impôt sur le pied fourché[1] et sur d'autres denrées; on créa douze nouvelles charges de maîtres des requêtes, et on demanda de payer d'avance le droit annuel appelé *paulette*. Aurait-on pensé qu'une cause si légère dût produire le bouleversement de l'état? Mais l'édifice était ébranlé, le moindre vent pouvait le renverser. La guerre civile qui désolait alors l'Angleterre, et qui fit tomber sous la hache d'un bourreau la tête de Charles Ier, avait commencé par un impôt de deux shellings par tonneau de marchandise.

Mazarin ne pensait pas qu'à l'occasion de son édit le parlement pût s'unir avec les maîtres des requêtes, auxquels il reprochait si souvent de faire casser ses arrêts au conseil. Était-il vraisemblable qu'il se joindrait à la chambre des comptes, contre laquelle il s'était battu dans l'église de Notre-Dame? Il était jaloux du grand conseil qui jugeait les compétences des parlements, et qui leur avait enlevé toutes les af-

---

[1] Droit d'entrée sur les animaux à pied fendu ou fourché. B.

faires ecclésiastiques, excepté les appels comme d'abus. Pouvait-il s'entendre avec la cour des aides dont il avait vu avec chagrin le droit d'enregistrer les édits des finances, et de juger des affaires contentieuses dans cette partie ? Il était encore moins vraisemblable que les pairs du royaume, offensés de l'égalité que les présidents affectaient avec eux, prissent le parti d'une compagnie qui les avait aliénés. Ils se croyaient, en qualité de pairs, non seulement les premiers du parlement, mais l'essence du parlement, qui sans eux n'était qu'un simple tribunal de justice contentieuse, et qui ne pouvait changer de nature que quand il était honoré de leur présence. Ainsi tout concourait à faire penser à la reine et à son ministre que le parlement n'aurait ni la hardiesse ni le crédit de résister à leurs volontés; et cependant ils se trompèrent.

La malheureuse vénalité des charges introduite en France, et la paulette qui perpétuait cette vénalité[1], furent les premières sources du mal. Tous les magistrats du royaume devaient, de neuf ans en neuf ans, payer ce droit de paulette qui assurait la possession de leurs charges à leurs familles.

L'édit nouveau remettait pour les neuf années suivantes le paiement de ce droit; il en délivrait les cours supérieures; mais il leur retranchait par compensation quatre années de gages. Ces gages sont si médiocres, qu'il vaudrait beaucoup mieux n'en pas recevoir. Ce retranchement déplut. La cour, pour apaiser le parlement, l'excepta des autres cours, lui conserva

[1] Voyez page 225. B.

ses gages, et crut par cet expédient le forcer au silence : ce fut tout le contraire[1]. Comment la cour ne s'apercevait-elle pas que le parlement aurait perdu tout son crédit parmi le peuple, si, se laissant amollir par cette petite grace, il avait paru oublier l'intérêt public pour son intérêt particulier, et qu'il ne pouvait se rendre respectable que par un refus ?

Le grand conseil, la chambre des comptes, la cour des aides, s'étant assemblés d'abord par députés, demandèrent au parlement la jonction pour s'opposer aux édits. Le parlement n'hésita pas un moment. Les quatre corps, que la cour croyait incompatibles, s'unirent ensemble. Le ministère, toujours prévenu de sa toute-puissance, cassa cet arrêt d'union[a] que Mazarin, parlant mal français, appelait *l'arrêt d'oignon*, en devenant par là aussi ridicule aux yeux du peuple qu'il était odieux. On méprisa l'ordre de la cour; elle défendit jusqu'aux assemblées des chambres du parlement, et ces chambres s'assemblèrent. La reine fit arrêter cinq conseillers du grand conseil, et deux de la cour des aides. Cette sévérité irrita tous les esprits, mais ne produisit encore aucun mouvement.

Tous les maîtres des requêtes, de leur côté, s'assemblèrent dans la chambre appelée *les Requêtes de l'hôtel*. Ils signèrent un écrit par lequel ils promettaient de ne pas souffrir la création des douze nouvelles charges; ils cessèrent de rapporter les affaires au conseil, comme le parlement cessait de rendre justice.

La reine manda les maîtres des requêtes; elle était

---

[1] Voyez, tome XIX, le chapitre IV du *Siècle de Louis XIV*. B.
[a] 13 mai 1648.

quelquefois un peu aigre dans ses paroles, quoique son caractère fût doux; elle leur dit « qu'ils étaient « de plaisantes gens de vouloir borner l'autorité du « roi. »

Les souverains peuvent faire des actions de fermeté; mais ils doivent bien rarement dire des paroles dures. Les maîtres des requêtes ne furent que plus affermis dans leur résolution. Le chancelier les interdit des fonctions de leurs charges; ils s'interdisaient eux-mêmes.

Ils allèrent en corps au parlement s'opposer à l'enregistrement de l'édit; ils furent reçus comme parties. Toute jalousie de corps cédait alors à la haine contre le ministère. Tous les petits intérêts étaient sacrifiés à l'amour de la nouveauté, et à l'esprit de faction qui animait toute la ville. Le parlement n'avait encore dans son parti aucun prince, aucun pair, ni même aucun seigneur. La reine, outrée contre lui, dit hautement plusieurs fois qu'elle ne souffrirait pas « que « cette canaille insultât la majesté royale[a]. »

Ces paroles ne servirent pas à ramener les esprits. Le parlement demanda une réforme dans l'administration, et surtout la révocation des intendants de provinces, qu'il regardait comme des magistrats sans titre, instruments odieux des rapines du ministère, oppresseurs du peuple établis par la tyrannie du cardinal de Richelieu, et dont il fallait délivrer la France à jamais.

On criait encore davantage contre l'Italien Particelli

---

[a] Mémoires de Motteville.

d'Émeri, devenu surintendant, condamné autrefois à être pendu à Lyon[1], et monté, par les concussions, au faîte de la fortune. La clameur publique fut si forte, les factions si obstinées, que la cour se crut obligée de plier. Elle exila le surintendant dans ses terres, et promit la suppression des intendants de provinces. Cette condescendance enhardit les mécontents au lieu de les calmer. Le duc d'Orléans, oncle du roi, lieutenant général de l'état sous la reine, qui était alors attaché à elle, négocia avec le parlement, alla quelquefois au palais, eut des conférences chez lui avec les députés du corps ; tout fut inutile.

Ces troubles ôtaient au ministère tout son crédit ; il ne pouvait ni emprunter des partisans, ni faire entrer les contributions ordinaires dans le trésor public. On avait encore à soutenir une guerre ruineuse; la reine fut réduite à mettre en gage les pierreries de la couronne et les siennes propres, à renvoyer quelques domestiques du roi et des siens, à diminuer jusqu'à la dépense de la nourriture[a]. Il fallut encore que plusieurs personnes de la cour lui prêtassent de l'argent.

Dans cette extrémité, le cardinal Mazarin, qui ne se roidissait pas contre les difficultés comme Richelieu, lui conseilla de mener une seconde fois le roi son fils

---

[1] Le cardinal de Retz, dans ses Mémoires, dit que Particelli avait été condamné à être pendu. Mais l'arrêt du parlement, du 9 avril 1620, confirmatif d'une sentence de la Conservation de Lyon, porte seulement qu'il était *condamné à faire amende honorable, pieds et tête nus, en chemise, avec un écriteau portant ces mots : Banqueroutier frauduleux.* La Conservation de Lyon, tribunal de commerce, ne prononçait pas la peine de mort. B.

[a] Motteville.

au parlement, pour accorder tout ce que l'état présent des affaires ne permettait pas de refuser.

Ce lit de justice[a] ne réussit pas mieux que le reste. L'avocat général Talon eut beau dire au jeune roi « qu'il fît réflexion sur la diversion naturelle des mai-« sons célestes, sur l'opposition des astres et des aspects « contraires qui composent la beauté de la milice su-« périeure »; le chancelier ayant accordé de la part du roi plus qu'on ne demandait, et défendu seulement les assemblées des chambres, qui ne devaient pas se faire sans la permission de la cour, on s'assembla dès le lendemain.

Cette obstination fut d'autant plus douloureuse pour la reine que, dans ce temps-là même, la fille de Henri IV, femme de Charles Ier, roi d'Angleterre, se réfugiait en France avec ses enfants, et que le parlement d'Angleterre préparait l'échafaud sur lequel Charles Ier porta sa tête. Ce nom seul du parlement troublait le cœur d'Anne d'Autriche, quoique le tribunal de Paris appelé parlement n'eût rien de commun avec le parlement d'Angleterre. Le chagrin la rendit malade, et le peuple n'eut point pitié d'elle.

CHAPITRE LVI.

Des Barricades, et de la guerre de la Fronde.

Non seulement le brigandage des finances avait irrité les tribunaux et les citoyens, mais on était ulcéré

[a] 31 juillet 1648.

de ces emprisonnements et de ces exils, armes de vengeance que les ministres employaient contre leurs ennemis au mépris des lois du royaume. On ne s'en était pas servi sous le gouvernement sage et ferme du grand Henri IV. Elles furent à peine remarquées sous le despotisme de Richelieu, qui occupa les bourreaux encore plus que les geôliers.

Mazarin, plus doux que Richelieu, ne répandit point de sang; mais il avait fait mettre en prison à Vincennes le duc de Beaufort, qui n'avait d'autre crime que de lui disputer son autorité, et d'être à la cour son rival en crédit. Le cardinal de Retz, dans ses Mémoires, dit « qu'on fut saisi d'un étonnement « respectueux, quand on vit Jules Mazarin faire en-« fermer le petit-fils de Henri IV, et exiler toute sa « famille; qu'on se croyait fort obligé au ministre de « ce qu'il ne fésait pas mettre quelqu'un en prison « tous les huit jours; et que Chapelain admirait sur-« tout ce grand événement. »

Ce Chapelain, dont le nom est devenu si ridicule, pouvait, tant qu'il voulait, admirer servilement cet abus du pouvoir. La maison de Vendôme avait des amis dans le parlement, qui n'admiraient point du tout une telle conduite, et qui excitaient toujours la compagnie contre le ministre.

La bataille de Lens, gagnée par le prince de Condé, enhardit la cour à se venger enfin du parlement. On fit arrêter le président Potier de Blancménil [1], le con-

---

[1] Nicolas Potier de Novion de Blancménil; reçu président à mortier en 1645, devint, en 1678, premier président du parlement de Paris. Il fut membre de l'académie française. B.

seiller Broussel; et on envoya saisir plusieurs autres magistrats qui échappèrent [1].

Broussel était un vieillard de soixante et treize ans, vénérable et cher au peuple par ses cheveux blancs, et parcequ'il logeait dans un quartier rempli de populace, mais plus encore parcequ'il était l'instrument des chefs de parti dans le parlement, qui mettaient toujours dans sa bouche ce qu'ils avaient dans l'esprit; il proposait les avis les plus hardis, et croyait les avoir imaginés.

Quand on eut enlevé ce vieillard, la populace se souleva comme si on lui avait arraché son père. Elle ne fut excitée par aucun homme considérable; la servante de Broussel commença l'émeute, et fut la première cause des Barricades. Les bourgeois se joignirent au peuple, le parlement aux bourgeois; et bientôt après une partie de ceux qu'on appelait grands alors s'unit au parlement.

Le lendemain de l'enlèvement des magistrats et de l'émotion du peuple fut la journée des Barricades. Le peuple renouvela ce qu'il avait fait sous Henri III, mais avec encore plus d'emportement et plus d'effusion de sang. Le cardinal de Retz, alors simple coadjuteur de l'archevêque de Paris, se vante, dans ses Mémoires, d'avoir été l'unique auteur de cette sédition mémorable qui commença la guerre civile; il y eut sans doute une très grande part.

Cet archevêque avait trois passions dominantes: la débauche, la sédition, et la vaine gloire. On le vit en

---

[1] Tous ces détails se retrouvent dans le *Siècle de Louis XIV*, chap. IV et V, et dans les Mémoires du temps. K.

même temps se livrer à des amours quelquefois honteux, prêcher devant la cour, et faire la guerre à la reine sa bienfaitrice.

On sait que d'abord le cabinet, alarmé des Barricades, fut obligé de rendre les magistrats emprisonnés. Cette indulgence enhardit les factieux. La reine-mère fut enfin obligée de fuir deux fois de Paris avec le roi son fils, les princes et son ministre. Et la seconde fois qu'elle se tira des mains des factieux, ce fut pour aller à Saint-Germain[a], où toute la cour coucha sur la paille, tant ce voyage fut précipité. Le prince de Condé, touché des larmes de la reine, et flatté d'être le défenseur de la couronne, prépara le blocus de Paris. Le parlement, de son côté, nomma des généraux et leva des troupes. Chaque conseiller du parlement se taxa à cinq cents livres. Vingt membres de ce corps, qui étaient l'objet de la haine de leurs confrères, parcequ'ils avaient acheté leurs charges de la nouvelle création sous le cardinal de Richelieu, donnèrent chacun quinze mille livres pour obtenir la bienveillance du reste de la compagnie. Elle fit payer cinquante écus par chaque maison à porte cochère; elle fit saisir jusqu'à six cent mille livres dans les maisons des partisans de la cour. Avec cet argent extorqué par la rapine et par un arrêt, elle fit des régiments de bourgeois, et on eut plus de troupes contre la cour que la cour n'en eut contre Paris.

Le parlement, en fesant ces préparatifs, déclara le cardinal premier ministre ennemi de l'état et perturbateur du repos public, lui ordonna de sortir du

---

[a] 6 janvier 1649.

royaume dans huit jours; et, passé ce temps, ordre à tous les Français *de lui courre sus*, ancien formulaire des déclarations de guerre de monarque à monarque.

Cependant le grand Condé, avec sept ou huit mille hommes, tenait Paris bloqué et en alarmes. On sait quel mépris il avait pour cette guerre qu'il appelait *la guerre des pots de chambre*, et qui selon lui ne devait être écrite qu'en vers burlesques. On ne se souvient aujourd'hui que du ridicule de cette première campagne de la Fronde; des vingt conseillers au parlement[1], qu'on appela *les quinze-vingts*, parcequ'ils avaient fourni chacun quinze mille livres à l'armée parisienne; du régiment du coadjuteur, nommé le *régiment de Corinthe*, à cause du titre d'évêque de Corinthe que portait alors le cardinal de Retz; de la défaite de ce régiment, appelée *la première aux Corinthiens*; enfin des chansons plaisantes et satiriques qui célébraient les exploits des bourgeois de Paris.

La duchesse de Nemours dit que, dans une conférence accordée à quelques députés des rebelles, on leur fit accroire que le prince de Condé se fesait servir régulièrement à son dîner un plat d'oreilles de Parisiens. Malgré toutes ces plaisanteries qui caractérisaient la nation, il y eut du sang répandu, des villages ruinés, des campagnes dévastées, un brigandage affreux, et beaucoup d'infortunés.

C'était dans ce temps-là même que le cardinal Mazarin venait de mettre la dernière main à la paix de

---

[1] Voyez chapitre IV du *Siècle de Louis XIV*. B.

Vestphalie; il ajoutait l'Alsace à la France, et le parlement le déclarait ennemi de l'état, et ordonnait *qu'on lui courût sus.*

Assez de livres sont remplis des détails de tous ces troubles, des factions de Paris, des intrigues de la cour, et de ce flux et reflux continuel de réconciliations et de ruptures : notre plan est de ne rapporter que ce qui concerne le parlement. Les Mémoires de la duchesse de Nemours nous apprennent qu'un des motifs qui avaient déterminé le grand Condé à favoriser Mazarin, et à se déclarer contre le parlement, fut qu'un jour ayant été aux chambres assemblées pour apaiser les troubles naissants, et ayant accompagné son discours d'un de ces gestes d'un général victorieux, qu'on pouvait prendre pour une menace, le conseiller Quatre-Sous lui dit que c'était un fort vilain geste dont il devrait se défaire. Les murmures de l'assemblée, que le cardinal de Retz appelle si souvent la cohue des enquêtes, excitèrent la colère du prince. Il fallut que ses amis l'excusassent auprès de Quatre-Sous; mais à ce mouvement de colère s'était joint un motif plus noble, celui de secourir l'enfance du roi opprimée, et la reine régente outragée.

Toutes les guerres civiles qui avaient désolé la France furent plus funestes que celle de la Fronde; mais on n'en vit jamais qui fût plus injuste, plus inconsidérée ni plus ridicule. Un archevêque de Paris et une cour de judicature armés contre le roi, sans aucun prétexte plausible, étaient un événement dont il n'y avait point d'exemple, et qui probablement ne sera jamais imité.

Dans cette première petite guerre de la Fronde, on négocia beaucoup plus qu'on ne se battit; c'était le génie du cardinal Mazarin. La cour envoya un héraut d'armes, accompagné d'un gentilhomme ordinaire du roi, au parlement de Paris. Le héraut ne fut point reçu, sous prétexte qu'on n'en envoyait qu'à des ennemis, et que le parlement ne l'était pas; mais quelques jours après le parlement donna audience à un envoyé du roi d'Espagne, qui promit, au nom du roi son maître, dix-huit mille hommes contre le cardinal Mazarin [1].

Cette proposition de l'Espagne hâta la paix de la cour et des frondeurs. La reine-mère ramena son fils à Paris; mais les affaires ne furent que plus brouillées.

Le prince de Condé demanda hautement le prix de ses services. Le cardinal trouva le prix trop exorbitant; et pour réponse à ses griefs, il le fit mettre en prison à Vincennes [a], lui, le prince de Conti son frère, et le duc de Longueville, son beau-frère. Le peuple, qui avait fait des barricades pour l'emprisonnement de Broussel, fit des feux de joie pour celui du grand Condé. Mais cet emprisonnement, qui semblait devoir assurer la tranquillité publique en inspirant la terreur, ne produisit qu'une seconde guerre civile. Le parlement prit enfin parti pour ce même prince contre lequel il avait levé des troupes. On vit la mère du

---

[1] Cet envoyé était un moine bernardin que le gouverneur des Pays-Bas employait dans des détails d'intrigues et d'espionnage. Le coadjuteur fabriqua avec lui de fausses lettres de l'archiduc au parlement, pour qu'il pût jouer le rôle d'ambassadeur, et le parlement fut la dupe de cette comédie. K.

[a] 18 janvier 1650.

grand Condé venir présenter requête à la porte de la grand'chambre, et implorer la protection de tous les conseillers en s'inclinant devant eux à mesure qu'ils passaient.

Le parlement de Bordeaux députa au parlement de Paris, et s'unit avec lui. Mazarin fut obligé de sortir de Paris[a], et d'aller lui-même délivrer les princes qu'il avait fait transférer au Havre-de-Grace. Le parlement le bannit du royaume par arrêt, avec nouvel ordre à tous les sujets du roi *de lui courir sus.*

Par un second arrêt[b], il commit les conseillers Bitaut et Pitou pour aller informer contre lui sur la frontière et pour l'amener prisonnier à la conciergerie, en cas qu'ils le trouvassent.

Par un troisième arrêt, il mit la tête du cardinal à prix, et fixa ce prix à cinquante mille écus.

Par un quatrième arrêt, il fit vendre ses meubles et sa bibliothèque pour avoir de quoi payer cette tête.

Par un cinquième arrêt, quand le cardinal revint dans le royaume, à la tête d'une petite armée, pour se joindre aux troupes du roi, il envoya deux conseillers[c] pour informer contre cette armée : l'un d'eux, qui était ce même Bitaut, fut pris, et renvoyé sans rançon avec indulgence.

L'avocat général Talon dit alors au coadjuteur dans le parlement, *Nous ne savons ce que nous fesons :* mais les princes, les généraux, les chefs de parti, les ministres, ne le savaient pas davantage.

---

[a] 9 février 1651. — C'est ainsi qu'on lit dans toutes les éditions ; mais ce n'est probablement qu'une faute d'impression. Mazarin était sorti de Paris le 6 février. B. — [b] 11 mars 1651. — [c] Janvier 1652.

Ce n'était pas seulement une guerre civile, c'étaient cent petites guerres civiles qui changeaient chaque jour d'objet et d'intérêt à la cour, dans Paris, dans les provinces, partout où l'incendie était allumé. Les princes, les chefs, les ministres, les femmes, tous fesaient des traités et les rompaient. Le jeune roi erra en fugitif au milieu de son royaume. Le prince de Condé, qui avait été le soutien de la France, en devint le fléau; et Turenne, après avoir trahi la cour, en fut le libérateur.

Enfin la cause du roi prévalut; la reine-mère ramena son fils victorieux à Paris [a]. Ce même peuple qui avait accablé d'outrages la famille royale, signala son inconstance ordinaire en tournant ses emportements contre le parlement. On chantait au Louvre, au Palais-Royal, au Luxembourg, dans la cour du Palais, dans les places, dans les églises, cette chanson si long-temps fameuse, quoique très mauvaise:

> Messieurs de la noire cour,
> Rendez graces à la guerre;
> Vous commandiez à la terre,
> Vous dansiez au Luxembourg;
> Petites gens de chicane,
>   Canne
>   Tombera sur vous;
> Et l'on verra madame Anne
> Vous faire rouer de coups.

Cette chanson ridicule montre l'esprit du temps au-

---

[a] 21 octobre 1652. — Dans les éditions données par l'auteur, cette date était placée au dernier alinéa de ce chapitre. La transposition a été faite par M. Renouard, en 1819. B.

quel les plus grandes affaires avaient été traitées au cabaret et en vaudevilles.

Le roi ramena le cardinal Mazarin [1]; tout fut tranquille dans Paris, et les séditieux furent punis.

CHAPITRE LVII.

Fin des guerres civiles de Paris. Le parlement rentre dans son devoir; il harangue le cardinal Mazarin.

Le châtiment du cardinal de Retz fut borné à une prison dans Vincennes; punition légère pour un homme qui avait été le boute-feu de la France. Le vieux conseiller Broussel, premier auteur, sans le savoir, de tant de troubles et de malheurs, en fut quitte pour se démettre de sa place de prévôt des marchands, que les rebelles lui avaient donnée.

Le roi tint son lit de justice au Louvre [2]; il ordonna aux conseillers Broussel, Fleuri, Martinaut, Perraut et quelques autres de sortir de Paris; mais on les rappela bientôt.

Le cardinal Mazarin était revenu triomphant dans la capitale [3]. Presque tous les membres du parlement, qui avaient mis sa tête à prix, et qui avaient vendu ses meubles à l'encan pour payer les assassins, vin-

---

[1] Voyez la note qui précède. B.
[2] 1652.
[3] Il y rentra le 3 février 1653. Après sa sortie du royaume, en février 1651, voyez page 272, il y était rentré en décembre, et avait été une seconde fois obligé d'en sortir en auguste 1652. Voyez, tome XIX, le chap. v du *Siècle de Louis XIV*. B.

rent le complimenter les uns après les autres, et furent d'autant plus humiliés, qu'il les reçut avec affabilité.

Le grand Condé, plus fier, et animé par la vengeance, ne voulut point plier devant un étranger qui lui avait ravi sa liberté; il aima mieux continuer la guerre civile que le parlement de Paris avait commencée, et que le parlement de Bordeaux soutenait alors. On vit ce prince à la tête des troupes espagnoles qu'il avait autrefois battues; et enfin le parlement de Paris, à peine sorti de la faction, condamna ce même prince de Condé par contumace, comme il avait condamné Mazarin, et confisqua tous ses biens en France. Cette compagnie était une arme qui avait blessé son maître, et dont le roi se servait ensuite pour frapper ses ennemis.

Louis XIV ne gouvernait pas encore, et on doutait même qu'il pût jamais tenir lui-même les rênes de l'état; mais il fit sentir, dès l'an 1655, la hauteur de son caractère. Le parlement arrêta de faire des remontrances sur un édit concernant les monnaies, et le ministre prétendait qu'une cour des monnaies étant établie, ce n'était pas au parlement à se mêler de cet objet. Le roi partit de Vincennes à cheval, vint en bottes au parlement, le fouet à la main. Il adressa la parole au premier président, et lui dit : « On sait les « malheurs qu'ont produits vos assemblées ; j'ordonne « qu'on cesse celles qui sont commencées sur mes « édits. Monsieur le premier président, je vous défends de les souffrir : et vous (en se tournant vers « les conseillers des enquêtes), je vous défends de les

« demander[1]. » On se tut, on obéit : et depuis ce moment l'autorité souveraine ne fut plus combattue sous ce règne.

Quand le cardinal eut conclu la paix des Pyrénées, et marié Louis XIV, le parlement vint haranguer ce ministre par députés, ce qu'il n'avait jamais fait ni pour le cardinal de Richelieu, ni pour aucun prince. La harangue était remplie de louanges qui parurent trop fortes même aux courtisans; elle devint l'objet de leurs railleries. Ménage adressa au cardinal, qui n'était pas sans lettres et sans goût, une pièce de vers latins alors très fameuse; il y parlait comme toute la cour, et il disait dans cet ouvrage :

« Et, puto, tam viles despicis ipse togas[2]. »
Tu méprises sans doute ces robes si viles.

On en fit des plaintes dans la grand'chambre; mais ce n'était plus le temps où cette compagnie pouvait venger ses injures particulières. La cour applaudissait à cette humiliation. Ménage s'excusa; il prétendit qu'il n'avait point voulu désigner la compagnie par le mot de *robes*, quoique ce mot ne pût en effet désigner qu'elle; et le parlement crut qu'il n'était pas de sa dignité de relever cette injure.

[1] Voyez, tome XX, le chapitre xxv du *Siècle de Louis XIV*. B.
[2] Vers 56 de la 10ᵉ élégie du livre II. Sur l'explication de ce vers, donnée par Ménage, voyez l'article Ménage, dans le *Catalogue des écrivains*, en tête du *Siècle de Louis XIV*. B.

CHAPITRE LVIII.

Du parlement depuis que Louis XIV régna par lui-même.

Dès que Louis XIV gouverna par lui-même, il sut contenir tous les corps de l'état dans les limites de leurs devoirs. Il réforma tout, finance, discipline militaire, marine, police, église, jurisprudence. Il y avait beaucoup d'arbitraire dans les formes de la justice. Il pensa d'abord à rendre la procédure uniforme dans tout le royaume, et à extirper, s'il se pouvait, tous les abus : mais une partie de cette grande entreprise ne fut exécutée qu'en 1667; elle demandait du temps, et il fallait remédier à des maux plus pressants.

Tandis qu'on commençait à jeter les fondements de toute cette réforme générale, il y eut entre les pairs du royaume et les présidents à mortier de Paris une contestation mémorable, dans laquelle il est vrai que les intérêts de la vanité humaine semblaient avoir plus de part que les intérêts de l'état : mais enfin il s'agissait de l'ordre et de la décence qui sont nécessaires à toute administration. Les pairs ne venaient plus au parlement que lorsqu'ils accompagnaient le roi dans son lit de justice. Ils se plaignaient que, depuis la mort de Louis XIII, les présidents se fussent mis en possession d'opiner avant eux. La cause fut débattue dans le conseil du roi, devant les princes du sang et les ministres.

Les pairs représentaient qu'ils étaient originairement les juges nés de la nation; qu'ils avaient succédé aux droits des anciens pairs du royaume; que les maisons de Guise, de Clèves, de Gonzague, pourvues de pairies, avaient joui des mêmes prérogatives que les ducs de Bourgogne, de Guienne, et de Normandie; que les Montmorenci, les Usez, les Brissac, les La Trimouille, et tous les autres revêtus de cette dignité, avaient les mêmes droits qu'avaient eus les Guises; que cette dignité était héréditaire et non sujette à la paulette, comme les charges de présidents; qu'enfin la cour de justice du parlement tirait son plus grand honneur de la présence des pairs, et du titre de cour des pairs.

Les présidents disaient qu'ils ne fesaient qu'un avec le premier président, que toute la présidence représentait le roi, que le parlement était la cour des pairs, non seulement parceque les pairs y avaient obtenu séance, mais parcequ'ils y étaient jugés.

Louis XIV et son conseil décidèrent[a] qu'on rendrait aux pairs l'honneur qui leur était dû, et que dans ces séances solennelles ils opineraient les premiers[1].

Les présidents restèrent en possession d'opiner les premiers dans les séances ordinaires où le roi ne se trouve pas, et où le premier président, et non le chancelier, recueille les voix. Les premiers présidents persistèrent non seulement à ne prendre les avis des pairs qu'après ceux des présidents, mais à se découvrir devant ces présidents, et à demander l'avis des pairs le bonnet en tête. Les pairs s'en sont plaints souvent,

---

[a] 26 avril 1664. — [1] Voyez, tome XX, le chapitre xxv du *Siècle de Louis XIV*. B.

mais cette querelle n'a jamais été décidée; elle est restée dans le nombre des contestations sur lesquelles il n'est rien de réglé. Ce nombre est prodigieux. Ce n'est guère qu'en France que les droits de tous les corps flottent ainsi dans l'incertitude.

Le roi, dès l'année 1655, était venu au parlement, en grosses bottes, et un fouet à la main [1], défendre les assemblées des chambres, et il avait parlé avec tant de hauteur, que dès ce jour on prévit un changement total dans le royaume.

Il ordonna, en 1657, par un édit renouvelé depuis en 1673, que jamais le parlement ne fît des représentations que dans la huitaine après avoir enregistré avec obéissance.

L'indignation qu'il conserva toujours dans son cœur contre les excès auxquels le parlement s'était porté dans sa minorité, le détermina même à venir dans la grand'chambre, en 1669 [2], pour y révoquer les priviléges de noblesse accordés aux cours supérieures par la reine sa mère, en 1644. Cependant cet édit enregistré en sa présence n'a point eu d'effet, l'usage a toujours prévalu sur les ordres du souverain.

Louis XIV préparait des décisions plus importantes pour le bien de la nation. Il fit bientôt travailler à une loi uniforme, qui fixa la manière de procéder dans toutes les cours de judicature, soit au civil, soit au criminel. Il fixa les épices des juges, les cas où il leur est permis de s'en attribuer, et les cas où il leur est défendu de prendre ces émoluments.

---

[1] Voyez ci-dessus, page 275. B. — [2] Ce fut le 15 août; voyez, tome XX, le chapitre xxx du *Siècle de Louis XIV*. B.

Il y eut enfin un code certain, du moins pour la manière de procéder, car celle de juger est toujours restée trop arbitraire en matière civile et criminelle.

Louis XIV n'eut à se plaindre ni d'aucun parlement, ni d'aucun corps dans le cours de son long règne, depuis qu'il tint les rênes du gouvernement.

Il est à remarquer que dans sa longue querelle avec le fier pape Odescalchi, Innocent XI, laquelle dura sept années[1], depuis 1680 jusqu'à la mort de ce pontife, les parlements et le clergé soutinrent à l'envi les droits de la couronne contre les entreprises de Rome; concert heureux qu'on n'avait pas vu depuis Louis XII. Le parlement même parut très disposé à délivrer entièrement la nation du joug de l'Église romaine, joug qu'il a toujours secoué, mais qu'il n'avait jamais brisé.

L'avocat général Talon, et le procureur général Harlai, en appelant comme d'abus d'une bulle d'Innocent XI, en 1687, firent assez connaître combien il était aisé que la France demeurât unie avec la chaire de Rome dans le dogme, et en fût absolument séparée dans tout le reste.

Les évêques n'allaient pas jusque-là; mais c'était beaucoup que le clergé, animé par le grand Bossuet, démentît solennellement, en 1682, la doctrine du cardinal Duperron, qui avait prévalu si malheureusement dans les états de 1614.

[1] La querelle de la régale avait commencé en 1678, et ne s'apaisa que sous Innocent XII, en 1693. Innocent XI étant mort en 1689, la querelle a donc duré *onze* ans avec lui. Au reste, Voltaire, dans le chapitre VIII de l'*Ingénu* (voyez tome XXXIII), parle de la querelle qui existait depuis *neuf* ans. B.

Ce clergé, devenu plus citoyen que romain, s'expliqua ainsi dans quatre propositions mémorables :

1. Dieu n'a donné à Pierre et à ses successeurs aucune puissance, ni directe, ni indirecte, sur les choses temporelles.

2. L'Église gallicane approuve le concile de Constance, qui déclare les conciles généraux supérieurs au pape dans le spirituel.

3. Les règles, les usages, les pratiques, reçus dans le royaume et dans l'Église gallicane, doivent demeurer inébranlables.

4. Les décisions du pape en matière de foi ne sont sûres qu'après que l'Église les a acceptées.

Ces quatre décisions n'étaient à la vérité que quatre boucliers contre des agressions innombrables; et même, quelques années après, Louis XIV, se croyant assez puissant pour négliger ces armes défensives, permit que le clergé les abandonnât, et la plupart des mêmes évêques qui s'en étaient servis contre Innocent XI, en demandèrent pardon à Innocent XII : mais le parlement, qui ne doit connaître que la loi et non la politique, les a toujours conservées avec une vigueur inflexible.

Il n'eut pas la même inflexibilité au sujet de l'affaire ridicule et presque funeste de la bulle *Unigenitus*, envoyée de Rome en 1713, bulle qu'on savait assez avoir été fabriquée à Paris par trois jésuites[1]; bulle qui condamnait les maximes les plus reçues, et même les plus

---

[1] Voltaire parle plus au long de la fabrication de la bulle *Unigenitus*, tome XXVII, page 443. Voyez aussi ci-après, chap. LXII, pages 303 et suivantes. B.

inviolables. Qui croirait que jamais des chrétiens eussent pu condamner cette proposition, « Il est bon « de lire des livres de piété le dimanche, surtout la « sainte Écriture »; et celle-ci, « La crainte d'une ex- « communication injuste ne doit pas nous empêcher « de faire notre devoir [1] ? »

Mais par amour de la paix le parlement l'enregistra, l'an 1714. Ce fut à la vérité en la détestant, et en tâchant de l'affaiblir par toutes les modifications possibles. Un tel enregistrement était plutôt une flétrissure qu'une approbation.

Le roi voulait qu'on enregistrât ses édits, et qu'après on fît des remontrances par écrit si on voulait. Le parlement ne remontra rien.

Louis XIV, satisfait de la soumission apparente du parlement, le rendit bientôt après dépositaire de son testament, qui fut enfermé dans une chambre bâtie exprès. Il ne prévoyait pas que son testament serait cassé unanimement par ceux mêmes à qui il le confiait; et cependant il devait s'y attendre, pour peu qu'il eût réfléchi aux clauses qu'il contenait : mais il avait été si absolu, qu'il crut devoir l'être encore après sa mort.

CHAPITRE LIX.

Régence du duc d'Orléans.

Louis XIV étant mort le premier septembre 1715,

---

[1] Ce fut cette même année 1713 que le parlement condamna, par deux arrêts des 22 février et 24 mars, la seconde partie du tome cinquième, composée par Jouvency, de l'*Historia societatis Jesu*. B.

le parlement s'assembla le lendemain sans être convoqué. Le duc d'Orléans, héritier présomptif de la couronne, y prit séance avec les princes et les pairs.

Le régiment des gardes entourait le palais, et les mesures avaient été prises avec les principaux membres pour casser le testament du feu roi, comme on avait cassé celui de son père.

Avant qu'on fît l'ouverture de ce testament, le duc d'Orléans prononça un discours par lequel il demanda la régence, en vertu du droit de sa naissance plutôt que des dernières volontés de Louis XIV.

« Mais à quelque titre que je doive aspirer à la ré-
« gence, dit-il, j'ose vous assurer, messieurs, que je
« la mériterai par mon zèle pour le service du roi, par
« mon amour pour le bien public, et surtout étant aidé
« de vos conseils et de vos sages remontrances. »

C'était flatter le parlement que de lui protester qu'on se conduirait par ces mêmes remontrances que Louis XIV avait proscrites, en permettant seulement qu'on en fît par écrit après avoir obéi. Le testament fut lu à voix basse, rapidement, et seulement pour la forme. Il ôtait réellement la régence au duc d'Orléans. Louis XIV avait établi un conseil d'administration, où tout se devait conclure à la pluralité des voix, comme s'il eût formé un conseil d'état de son vivant et comme s'il devait régner après sa mort. Le duc d'Orléans, à la tête de ce conseil, ne devait avoir que la voix prépondérante. Le duc du Maine, fils de Louis XIV, reconnu à la vérité, mais né d'un double adultère[1], avait la garde de la personne du roi Louis XV, et le

---

[1] Sa mère était madame de Montespan. B.

commandement suprême de toutes les troupes qui forment la maison du roi; et qui composent un corps d'environ dix mille hommes.

Ces dispositions eussent été sages dans un père de famille qui aurait craint de confier la vie et les biens de son petit-fils à celui qui devait en hériter; mais elles étaient impraticables dans une monarchie. Elles divisaient l'autorité, par conséquent l'anéantissaient; elles semblaient préparer des guerres civiles; elles étaient contraires aux usages reçus, qui tenaient lieu de loi fondamentale, s'il y en a sur terre.

Le parlement rendit un arrêt qui était déjà tout préparé. Il est conçu en termes singuliers. Ce n'est point un jugement, *parties ouïes*, point de requête, point de forme ordinaire, rien de contentieux. « La
« cour, toutes les chambres assemblées, la matière
« mise en délibération, a déclaré et déclare monsieur
« le duc d'Orléans régent en France, pour avoir soin
« de l'administration du royaume pendant la minorité
« du roi; ordonne que le duc de Bourbon sera dès à
« présent chef du conseil de régence sous l'autorité de
« monsieur le duc d'Orléans, et y présidera en son
« absence; que les princes du sang royal auront aussi
« entrée audit conseil, lorsqu'ils auront atteint l'âge
« de vingt-trois ans accomplis; et après la déclaration
« faite par monsieur le duc d'Orléans, qu'il entend se
« conformer à la pluralité des suffrages dudit conseil
« de la régence dans toutes les affaires (à l'exception
« des charges, emplois, bénéfices et graces, qu'il
« pourra accorder à qui bon lui semblera, après avoir
« consulté le conseil de régence, sans être néanmoins

« assujetti à suivre la pluralité des voix à cet égard),
« ordonne qu'il pourra former le conseil de régence,
« même tels conseils qu'il jugera à propos, et y ad-
« mettre les personnes qu'il en estimera les plus di-
« gnes, le tout suivant le projet que monsieur le duc
« d'Orléans a déclaré qu'il communiquerait à la cour;
« que le duc du Maine sera surintendant de l'éduca-
« tion du roi ; l'autorité entière et le commandement
« sur les troupes de la maison dudit seigneur roi,
« même sur celles qui sont employées à la garde de sa
« personne, demeurant à monsieur le duc d'Orléans,
« et sans aucune supériorité du duc du Maine sur le
« duc de Bourbon, grand-maître de la maison du roi. »

C'était s'exprimer en souverain. Ce langage de souveraineté était-il légalement autorisé par la présence des princes et des pairs? Une telle assemblée, tout auguste qu'elle était, ne représentait point les états généraux ; elle ne parlait pas au nom d'un roi enfant. Que fesait-elle donc? elle usait d'un droit acquis par deux exemples, celui de Marie de Médicis, et celui d'Anne d'Autriche, mère de Louis XIV, qui avaient eu la régence au même titre.

Il restait toujours indécis si le parlement devait cette grande prérogative à la présence des princes et des pairs, ou si les pairs devaient au parlement le droit de nommer un régent du royaume. Toutes ces prétentions étaient enveloppées d'un nuage ; chaque pas qu'on fait dans l'histoire de France prouve, comme on l'a déjà vu [1], que presque rien n'a été réglé d'une

[1] Voyez pages 30-31, 40, 50, 67; et *Précis du Siècle de Louis XV*, chapitre XLII. B.

manière uniforme et stable, et que le hasard, l'intérêt présent, des volontés passagères, ont souvent été législateurs.

Il y parut assez quand le duc du Maine et le comte de Toulouse, fils naturels et légitimés de Louis XIV, furent dépouillés des priviléges que leur père leur avait accordés solennellement en 1714. Il les déclara princes du sang et héritiers de la couronne après l'extinction de la race des vrais princes du sang, par un édit perpétuel et irrévocable, de sa certaine science, pleine puissance et autorité royale. Cet édit fut enregistré sans aucune remontrance dans tous les parlements du royaume, à qui Louis XIV avait au moins laissé la liberté de remontrer après l'enregistrement.

Trois princes du sang même, les seuls qu'eût la France après la branche d'Orléans, consentirent à cet édit, ainsi que plusieurs pairs qui donnèrent aussi leurs voix. Les deux fils de Louis XIV jouirent en conséquence des honneurs attachés à la dignité de prince du sang, au lit de justice qui donna la régence.

Mais bientôt après, ces mêmes princes, le duc de Bourbon, le comte de Charolais et le prince de Conti, présentèrent une requête au jeune roi, tendante à faire annuler dans un nouveau lit de justice au parlement les droits accordés aux princes légitimés. Ainsi, en moins de six mois, le parlement de Paris se serait trouvé juge de la régence du royaume, et de la succession à la couronne.

Les princes légitimés alléguaient les plus fortes raisons; les princes du sang produisaient des réponses très plausibles. Les pairs intervinrent; trente-neuf seigneurs de la plus haute noblesse prétendirent que cette grande cause était celle de la nation, et qu'on devait assembler les états généraux pour la juger.

On n'en avait pas vu depuis plus de cent ans [1], et on en desirait. Le fameux système de Lass, dont on commençait à craindre l'établissement projeté, indisposait la robe, qui craint toujours les nouveautés. On jetait déjà les fondements d'un grand parti contre le régent. L'assemblée des états pouvait plonger le royaume dans une grande crise; mais le parlement, qui croit quelquefois tenir lieu des états [2], était loin de souhaiter qu'on les convoquât. Il rejeta la protestation de la noblesse, signifiée, le 17 juin 1717, par un huissier au procureur général et au greffier en chef. Il interdit même l'huissier pendant six mois.

Le duc du Maine et le comte de Toulouse vinrent alors eux-mêmes présenter requête à la grand'chambre, en protestant que cette affaire, où il s'agissait de la succession à la couronne, ne pouvait être jugée que par un roi majeur, ou par les états généraux. La grand'chambre embarrassée prit des délais pour répondre.

Enfin, le 2 juillet, le régent fit rendre un édit qui fut enregistré le 8 sans difficulté. Cet édit ôtait aux enfants légitimés de Louis XIV le titre de princes du sang, que leur père leur avait donné contre les lois des nations et du royaume, en leur réservant seulement la prérogative de traverser, comme les princes du sang, ce qu'on appelle au parlement *le parquet :*

[1] Depuis 1614 ; voyez chapitre XLVI, page 216. B.
[2] Voyez page 137. B.

c'est une petite enceinte de bois, par laquelle ils passent pour aller prendre leurs places ; et de tous les honneurs de ce monde, c'est assurément le plus mince. Ainsi tout ce qu'avait établi Louis XIV était alors détruit ; la forme même de son gouvernement avait été entièrement changée, des conseils ayant été substitués aux secrétaires d'état.

Le régent lui-même eut en ce temps-là une difficulté singulière avec le parlement. Il demanda quel était l'ordre de la cérémonie quand un régent allait en procession avec ce corps. Il s'agissait d'une procession à la cathédrale de Paris pour le jour qu'on appelle la Notre-Dame d'août, jour où Louis XIII avait mis la France sous la protection de la vierge Marie [1], et jour fameux pour les disputes de rang. Le parlement répondit que le régent du royaume devait marcher entre deux présidents. Le régent se crut obligé d'envoyer au nom du roi un ordre par lequel le régent devait passer seul avant la compagnie ; ce qui paraissait bien naturel, mais ce qui fait voir encore, comme on l'a vu tant de fois, qu'il n'est rien de réglé en France.

Au reste, il ne s'opposa point à l'habitude que le parlement avait prise de l'appeler toujours Monsieur, comme un conseiller, et de lui écrire Monsieur, tandis qu'il écrivait au chancelier Monseigneur, et tandis que tous les corps de la noblesse des états provinciaux donnaient le titre de Monseigneur au régent. C'est encore une des contradictions communes en France. Le duc d'Orléans n'y prit pas garde, ne son-

[1] Voyez page 252. B.

geant qu'à la réalité du pouvoir, et méprisant le ridicule des usages introduits.

CHAPITRE LX.

Finances et système de Lass pendant la régence.

Avant le système de Law ou Lass, qui commença à éclairer la France en la bouleversant, il n'y avait que quelques financiers et quelques négociants qui eussent des idées nettes de tout ce qui concerne les espèces, leur valeur réelle, leur valeur numéraire, leur circulation, le change avec l'étranger, le crédit public; ces objets occupèrent la régence et le parlement.

Adrien de Noailles, duc et pair, et depuis maréchal de France, était chef du conseil des finances. Ce n'était pas un Sulli, mais aussi il n'était pas le ministre d'un Henri IV. Son génie était plus ardent et plus universel. Il avait des vues aussi droites sans être aussi laborieux et aussi instruit, étant arrivé au gouvernement des finances sans préparation, et ayant été obligé de suppléer par son esprit, qui était prompt et lumineux, aux connaissances préliminaires qui lui manquaient.

Au commencement de ce ministère, l'état avait à payer neuf cents millions d'arrérages; et les revenus du roi ne produisaient pas soixante-neuf millions à trente francs le marc. Le duc de Noailles eut recours, en 1716, à l'établissement d'une chambre de justice contre les financiers. On rechercha les fortunes de quatre mille quatre cent dix personnes, et le total de leurs taxes fut environ de deux cent dix-neuf millions quatre cent mille livres; mais de cette somme immense il ne rentra que soixante et dix millions dans les coffres du roi : il fallait d'autres ressources.

Au mois de mai 1716, le régent avait permis à Lass, Écossais, d'établir sa banque, composée seulement de douze cents actions de mille écus chacune. Tant que cet établissement fut limité dans ses bornes, et qu'il n'y eut pas plus de papier que d'espèces, il en résulta un grand crédit, et par conséquent le bien du royaume; mais quand Lass eut réuni, au mois d'août 1717, une compagnie nommée d'*Occident* à la banque, qu'il se chargea de la ferme du tabac qui ne valait alors que quatre millions[1]; quand il eut le commerce du Sénégal, à la fin de l'année, toutes ces entreprises, réunies sous la main d'un seul homme qui était étranger, donnèrent une extrême jalousie aux gros financiers du royaume, et le parlement prit des alarmes prématurées. Le chancelier D'Aguesseau, homme élevé dans les formes du palais, très instruit dans la jurisprudence, mais moins versé dans la connaissance de l'intérieur du royaume, difficile et incertain dans les affaires, mais aussi intègre qu'éloquent, s'opposait autant qu'il pouvait aux innovations intéressées et ambitieuses de Lass.

Pendant ce temps-là il se formait un parti assez considérable contre la régence du duc d'Orléans. La duchesse du Maine en était l'ame; le duc du Maine y

---

[1] L'impôt sur le tabac produit aujourd'hui plus de quarante millions : voyez tome XVII, page 454. B.

entrait par complaisance pour sa femme. Le cardinal de Polignac s'en était mis pour jouer un rôle; plusieurs seigneurs attendaient le moment de se déclarer; ce parti agissait sourdement de concert avec le cardinal Alberoni, premier ministre d'Espagne; tout était encore dans le plus grand secret, et le duc d'Orléans n'avait que des soupçons. Il fallait qu'il se préparât à la guerre contre l'Espagne, qui paraissait inévitable. Il fallait qu'en même temps il acquittât une partie des dettes immenses que Louis XIV avait laissées : il fallut faire plusieurs réglements que le régent crut utiles, et que le chancelier D'Aguesseau crut pernicieux. Il exila le chancelier à sa maison de campagne, et nomma garde des sceaux et vice-chancelier le conseiller d'état lieutenant de police de Paulmi D'Argenson, homme d'une ancienne noblesse, d'un grand courage dans les difficultés, d'une expédition prompte, d'un travail infatigable, désintéressé, ferme, mais dur, despotique, et le meilleur instrument du despotisme que le régent pût trouver[1]. Il eut tout d'un coup les sceaux à la place de M. D'Aguesseau, et l'administration des finances à la place du duc de Noailles; mais il n'eut ces deux places qu'à condition qu'il établirait de tout son pouvoir le système de Lass, qui allait bientôt se déployer tout entier. Lass était sur le point d'être le maître absolu de tout l'argent du royaume; et le garde des sceaux D'Argenson, déclaré vice-chancelier, devait n'avoir

---

[1] Marc Réné de Voyer de Paulmi, marquis D'Argenson, était lieutenant-général de police lorsque Voltaire fut mis à la Bastille, en 1716; il était père des ministres avec lesquels Voltaire fut lié. B.

dans cette partie que la fonction de sceller les caprices d'un étranger.

Il mit d'abord toute l'activité de son caractère à soutenir le système de Lass, dont il sentit bientôt après les prodigieux abus. Une des grandes démences de ce système était de décrier l'argent pour y substituer des billets, au lieu que le papier et l'argent doivent se soutenir l'un par l'autre. Lass rendait un grand service à la nation en y établissant une banque générale, telle qu'on en voit en Suède, à Venise, en Hollande, et dans quelques autres états; mais il bouleversait la France en poussant les actions de cette banque jusqu'à une valeur chimérique, en y joignant des compagnies de commerce imaginaires, et en ne proportionnant pas ces papiers de crédit à l'argent qui circulait dans le royaume.

Pour commencer à avilir les espèces, on les refondit. Le ministère ordonna, le 30 mai 1718, que le marc d'argent, qui, après avoir essuyé plusieurs variations rapides depuis la mort de Louis XIV, était alors à quarante livres, serait à soixante, et que ceux qui porteraient à la Monnaie des anciennes promesses du gouvernement, nommées billets d'état, avec une certaine quantité d'argent, à quarante livres numéraires le marc, recevraient le paiement total de leur argent et de leurs billets en valeur numéraire à soixante livres.

Cette opération était absurde et injuste. Voici quel en était l'effet pernicieux.

Un citoyen portait à la monnaie du roi 2500 livres

de l'ancienne espèce avec 1000 livres de billets d'état, on lui donnait 3500 livres de la nouvelle espèce en argent comptant; il croyait gagner, et il perdait réellement, car on ne lui donnait qu'environ cinquante-huit marcs sous la dénomination trompeuse de 3500 livres. Il perdait réellement plus de quatre marcs, et perdait en outre la totalité de ses billets.

Le gouvernement fesait encore une plus grande perte que les particuliers, et s'il trompait les citoyens, il était trompé lui-même : car, dans le paiement des impôts qui se paient en valeur numéraire, il recevait réellement un tiers de moins. La nation en général supportait encore un autre dommage par cette altération des monnaies; on les refondait chez l'étranger, qui donnait aux Français pour soixante livres ce qu'il avait reçu pour quarante.

Cela prouve évidemment que ni le régent ni le garde des sceaux, malgré leur esprit et leurs lumières, n'entendaient rien à la finance qu'ils n'avaient point étudiée. Le parlement, qui fit de justes remontrances au régent, n'y entendait pas davantage. Il fit des représentations aussi légitimes que mal conçues[a]. Il se trompa sur l'évaluation de l'argent; il ajouta à cette erreur de calcul une erreur encore plus grande en prononçant ces paroles : « A l'égard de l'étranger, si « nous tirons sur lui un marc d'argent, dont la valeur « intrinsèque n'est que de vingt-cinq livres, nous se-« rons forcés de lui payer soixante livres, et ce qu'il « tirera de nous, il nous le paiera dans notre monnaie, « qui ne lui coûtera que sa valeur intrinsèque. »

[a] 19 juin 1718.

La valeur intrinsèque n'est ni 25 livres, ni 10 livres, ni 50 livres; ce mot de *livre* ou *franc* n'est qu'un terme arbitraire, dérivé d'une ancienne dénomination réelle. La seule valeur intrinsèque d'un marc d'argent est un marc d'argent, une demi-livre du poids de huit onces. Le poids et le titre font seuls cette valeur intrinsèque.

Le régent répondit au parlement avec beaucoup de modération, et lui dit ces propres mots : « J'ai pesé « les inconvénients, mais je n'ai pu me dispenser de « donner l'édit : je les ferai pourtant de nouveau exa- « miner pour y remédier. »

Le régent n'avait pas pesé ces inconvénients, puisqu'il n'était pas même assez instruit pour relever les méprises du parlement. Ce corps ne dit point ce qu'il devait dire, et le régent ne répondit point ce qu'il devait répondre.

Le parlement ne se contenta pas de cette réponse; les murmures de presque tous les gens sensés contre Lass l'aigrissaient, et quelques uns de ses membres étaient animés par la faction de la duchesse du Maine, du cardinal de Polignac, et de quelques autres mécontents.

Le lendemain [a], les chambres assemblées, au nombre de cent soixante et cinq membres, rendirent un arrêt par lequel elles défendirent d'obéir à l'édit du roi.

Le régent se contenta de casser cet arrêt, comme attentatoire à l'autorité royale, et de poster deux compagnies des gardes à l'hôtel de la Monnaie. Il souffrit

[a] 20 juin 1718.

même encore qu'une députation du parlement vînt faire des remontrances à la personne du roi. Sept présidents et trente-deux conseillers allèrent au Louvre. On croyait que cette marche animerait le peuple; mais personne ne s'assembla seulement pour les voir passer.

Paris n'était occupé que du jeu des actions auquel Lass le fesait jouer; et la populace, qui croyait réellement faire un gain lorsqu'on lui disait que quatre francs en valaient six, s'empressait à l'hôtel des Monnaies, et laissait le parlement aller faire au roi des remontrances inutiles.

Lass, qui avait réuni à la banque la compagnie d'Occident, y réunit encore la ferme du tabac qui lui valait beaucoup.

Le parlement osa défendre[a] aux receveurs des deniers royaux de porter l'argent à la banque. Il renouvela ses anciens arrêts contre les étrangers employés dans les finances de l'état. Enfin il décréta d'ajournement personnel le sieur Lass, et ensuite de prise de corps.

Le duc d'Orléans[b] prit alors le parti de faire tenir au roi un lit de justice au palais des Tuileries. La maison du roi prit les armes, et entoura le Louvre. Il fut ordonné au parlement d'arriver à pied et en robes rouges. Ce lit de justice fut mémorable : on commença par faire enregistrer les lettres-patentes du garde des sceaux, que le parlement n'avait pas voulu jusque-là recevoir. M. D'Argenson ouvrit en-

---

[a] 12 août 1718. — [b] 26 août 1718.

suite la séance par un discours dont voici les paroles les plus remarquables :

« Il semble même qu'il a porté (le parlement) ses « entreprises jusqu'à prétendre que le roi ne peut rien « sans l'aveu de son parlement, et que son parlement « n'a pas besoin de l'ordre et du consentement de sa « majesté pour ordonner ce qu'il lui plaît.

« Ainsi le parlement pouvant tout sans le roi, et le « roi ne pouvant rien sans son parlement, celui-ci de-« viendrait bientôt législateur nécessaire du royaume; « et ce ne serait plus que sous son bon plaisir que sa « majesté pourrait faire savoir à ses sujets quelles sont « ses intentions. »

Après ce discours on lut un édit qui défendait au parlement de se mêler jamais d'aucune affaire d'état, ni des monnaies, ni du paiement des rentes, ni d'aucun objet de finance.

M. de Lamoignon, avocat du roi, résuma cet édit en fesant une espèce de protestation modeste. Le premier président demanda la permission de délibérer.

M. D'Argenson répondit : « Le roi veut être obéi, et « obéi dans le moment. »

Aussitôt on lut un nouvel édit par lequel on rétablit les pairs dans la préséance sur les présidents à mortier, et sur le droit d'opiner avant eux ; droit que les pairs n'avaient pas voulu réclamer au lit de justice qui donna la régence, mais qu'ils revendiquaient dans un temps plus favorable.

Enfin on termina cette mémorable séance en dégradant le duc du Maine, soupçonné d'être trop uni avec le parlement. On lui ôta la surintendance de l'éducation du roi, qui fut donnée sur-le-champ au duc de Bourbon-Condé, et on le priva des honneurs de prince du sang, que l'on conserva au comte de Toulouse.

Le parlement, ainsi humilié dans cette assemblée solennelle, déclara le lendemain, par un arrêt, qu'il n'avait pu, ni dû, ni entendu avoir aucune part à ce qui s'était passé au lit de justice. Les discours furent vifs dans cette séance. Plusieurs membres étaient soupçonnés de préparer la révolution que la faction du duc du Maine, ou plutôt de la duchesse sa femme, méditait secrètement : on n'en avait pas de preuve, et on en cherchait.

La nuit du 28 au 29 août[a], des détachements de mousquetaires enlevèrent dans leurs maisons le président Blamont, et les conseillers Feideau de Calende et Saint-Martin. Nouvelles remontrances au roi dès le lendemain.

Le garde des sceaux répondit d'une voix sèche et dure : « Les affaires dont il est question sont affaires « d'état qui demandent le secret et le silence. Le roi « est obligé de faire respecter son autorité : la conduite « que tiendra son parlement déterminera les senti-« ments de sa majesté à son égard. »

Le parlement cessa alors de rendre la justice. Le régent lui envoya, le 5 septembre, le marquis d'Effiat pour lui ordonner de reprendre ses fonctions, en lui fesant espérer le rappel des exilés; on obéit, et tout rentra dans l'ordre pour quelque temps.

Le parlement de Bretagne écrivit une lettre de condoléance à celui de Paris, et envoya au roi des remon-

[a] 1718.

trances sur l'enlèvement des trois magistrats. Le duc d'Orléans commençait alors à soupçonner que la faction du duc du Maine, fomentée en Espagne par le cardinal Alberoni, avait déjà en Bretagne beaucoup de partisans; mais cela ne l'empêcha pas de rendre la liberté aux trois membres arrêtés : sa fermeté fut toujours accompagnée d'indulgence.

CHAPITRE LXI.

L'Écossais Lass contrôleur général; ses opérations, ruine de l'état.

Quiconque veut s'instruire remarquera que dans la minorité de Louis XIV, l'objet le plus mince arma le parlement de Paris, et produisit une guerre civile; mais que, dans la minorité de Louis XV, la subversion de l'état ne put causer le moindre tumulte. La raison en est palpable. Le cardinal de Richelieu avait aigri tous les esprits, et ne les avait pas abaissés. Il y avait encore des grands, et tout respirait la faction à la mort de Louis XIII. Ce fût tout le contraire à la mort de Louis XIV. On était façonné au joug, il y avait très peu d'hommes puissants. Une raison beaucoup plus forte encore, c'est que le système de Lass, en excitant la cupidité de tous les citoyens, les rendait insensibles à tout le reste. Le prestige se fortifia de jour en jour. La conspiration du prince de Cellamare, ambassadeur d'Espagne, découverte à Paris en 1719, la prison et l'exil de ses adhérents, la guerre bientôt après déclarée au roi d'Espagne, ne servirent dans Paris qu'à l'entretien de quelques nouvellistes oisifs qui n'avaient pas de quoi acheter des actions. Le régent avait-il besoin de cinquante millions pour soutenir la guerre, Lass les fesait avec du papier.

Cet Écossais, qui s'était fait catholique, mais qui ne s'était pas fait naturaliser légalement, fut déclaré enfin contrôleur général des finances[a], le décret de prise de corps décerné contre lui par le parlement subsistant toujours.

C'était un charlatan à qui on donnait l'état à guérir, qui l'empoisonnait de sa drogue, et qui s'empoisonnait lui-même. On était si enivré de son système, que de toutes les grandes terres qu'il acheta en France, il n'en paya aucune en argent. Il ne donna que des à-comptes en billets de banque. On le vit marguillier d'honneur à la paroisse Saint-Roch. Il donna cent mille écus à cette paroisse, mais ce ne fut qu'en papier.

Après avoir porté la valeur numéraire des espèces à un prix exorbitant, il indiqua des diminutions successives. Le public, craignant ces diminutions sur l'argent, et croyant, sur la foi de Lass, que les billets avaient un prix immuable, s'empressait en foule de porter son argent comptant à la banque, et les plaisants leur disaient : Messieurs, ne soyez pas en peine; on vous le prendra tout.

Que devenait donc tout l'argent du royaume? les gens habiles le resserraient. Lass en prodiguait une grande partie à l'établissement de sa compagnie des

---

[a] 5 janvier 1720.

Indes orientales qui enfin a subsisté long-temps après lui; et il fit du moins ce bien au royaume : ce qui a fait penser qu'une partie de son système aurait été très utile si elle avait été modérée. Mais il remboursait en papier toutes les dettes de l'état; charges supprimées, effets royaux, rentes de l'hôtel de ville. Tous les débiteurs payaient en papier leurs créanciers. La France se crut riche; le luxe fut proportionné à cette confiance : mais bientôt après tout le monde se vit pauvre, excepté ceux qui avaient *réalisé* : c'était un terme nouveau introduit dans la langue par le système.

Enfin il eut l'audace de faire rendre un arrêt du conseil, par lequel il était défendu de garder dans sa maison plus de cinq cents livres en espèces, sous peine de confiscation : c'était le dernier degré d'une absurdité tyrannique. Le parlement, fatigué de ces excès, engourdi par la multitude d'arrêts contradictoires du conseil, ne fit point de remontrances, parcequ'il en aurait fallu faire chaque jour.

Le désordre croissant, on crut y remédier en réduisant[a] tous les billets de banque à moitié de leur valeur. Ce coup ne servit qu'à faire sentir à tout le monde l'état déplorable de la nation. Chacun se vit ruiné en se trouvant sans argent et en perdant la moitié de ses billets; et quoiqu'on réfléchît peu, on sentait que l'autre moitié était aussi perdue.

Le gouvernement, étonné et incertain, révoqua la malheureuse défense de garder des espèces dans sa maison, et permit de faire venir de l'or et de l'argent

---

[a] 21 mai 1720.

de l'étranger, comme si on en pouvait faire venir autrement qu'en l'achetant. Le ministère ne savait plus où il en était, et rien n'apaisait les alarmes du public.

Le régent fut obligé de congédier[a] le garde des sceaux D'Argenson, et de rappeler le chancelier D'Aguesseau.

Lass lui porta la lettre de son rappel, et D'Aguesseau l'accepta d'une main dont il ne devait rien recevoir; il était indigne de lui et de sa place de rentrer dans le conseil quand Lass gouvernait toujours les finances. Il parut sacrifier encore plus sa gloire en se prêtant à de nouveaux arrangements chimériques que le parlement refusa, et en souffrant patiemment l'exil du parlement, qui fut envoyé à Pontoise. Jamais tout le corps du parlement n'avait été exilé depuis son établissement. Ce coup d'autorité aurait, en d'autres temps, soulevé Paris; mais la moitié des citoyens n'était occupée que de sa ruine, et l'autre, que de ses richesses de papier qui allaient disparaître.

Chaque membre du parlement reçut une lettre de cachet[b]. Les gardes du roi s'emparèrent de la grand'-chambre; ils furent relevés par les mousquetaires. Ce corps n'était guère composé alors que de jeunes gens qui mettaient partout la gaîté de leur âge. Ils tinrent leurs séances sur les fleurs de lis, et jugèrent un chat à mort, comme on juge un chien dans la comédie des *Plaideurs*: on fit des chansons, et on oublia le parlement.

Le jeu des actions continua. Les arrêts contradic-

[a] 7 juin 1720. — [b] 20 juillet 1720.

toires du conseil se multiplièrent, la confusion fut extrême. Le peuple manquant de pain et d'argent, se précipitant en foule aux bureaux de la banque pour échanger en monnaie des billets de dix livres, il y eut trois hommes étouffés dans la presse. Le peuple porta leurs corps morts dans la cour du Palais-Royal, en se contentant de crier au régent : Voilà le fruit de votre système! Cette aventure aurait produit une sédition violente, et commencé une guerre civile, du temps de la Fronde. Le duc d'Orléans fit tranquillement enterrer les trois corps. Il augmenta le nombre des bureaux où le peuple pourrait avoir de la monnaie pour des billets de banque; tout fut apaisé.

Lass, ne pouvant résister ni au désordre dont il était l'auteur, ni à la haine publique, se démit bientôt de sa place, et sortit du royaume beaucoup plus pauvre qu'il n'y était entré; victime de ses chimères, mais emportant avec lui la gloire d'avoir rétabli la compagnie des Indes, fondée par Colbert. Il la ranima avec du papier, mais elle coûta depuis un argent prodigieux [1].

CHAPITRE LXII.

Du parlement et de la bulle *Unigenitus*, au temps du ministère de Dubois, archevêque de Cambrai et cardinal.

L'opposition constante du parlement aux brigan-

[1] Voyez, tome XX, le chapitre XXIX du *Siècle de Louis XIV*; et dans les *Mélanges*, année 1763, la dix-huitième des *Remarques pour servir de supplément à l'Essai sur les mœurs*; et année 1773, l'article II des *Fragments historiques sur l'Inde*. B.

dages du système de Lass n'était pas la seule cause de l'exil du parlement. Il combattait un système non moins absurde, celui de la fameuse bulle *Unigenitus*, qui fut si long-temps l'objet des railleries du public, des intrigues des jésuites, et des persécutions que les opposants essuyèrent.

On a déjà dit[1] que cette bulle, fabriquée à Paris par trois jésuites, envoyée à Rome par Louis XIV, avait été signée par le pape Clément XI, et avait soulevé tous les esprits. La plupart des propositions condamnées par cette bulle roulaient sur les questions métaphysiques du libre arbitre, que les jansénistes n'entendaient pas plus que les jésuites et le consistoire.

Les deux partis posaient pour fondement de leurs sentiments contraires un principe que la saine philosophie réprouve; c'est celui d'imaginer que l'Être éternel se conduit par des lois particulières. C'est de ce principe que sont sorties cent opinions sur la grace, toutes également inintelligibles, parcequ'il faut être Dieu pour savoir comment Dieu agit.

Le duc d'Orléans se moquait également du fanatisme janséniste et de l'absurdité moliniste. Il avait, dans le commencement de sa régence, abandonné le parti jésuitique à l'indignation et au mépris de la nation. Il avait long-temps favorisé le cardinal de Noailles et ses adhérents persécutés sous Louis XIV par le jésuite Le Tellier; mais les temps changèrent, lorsque après une guerre de courte durée il se réconcilia avec le roi d'Espagne Philippe V, et qu'il forma le dessein

---

[1] Page 281. Voyez tome XXVII, page 443. B.

de marier le roi de France avec l'infante d'Espagne, et l'une de ses filles avec le prince des Asturies. Le roi d'Espagne Philippe V était gouverné par un jésuite, son confesseur, nommé Daubenton. Le général des jésuites exigea pour article préliminaire des deux contrats, qu'on reçût la bulle en France comme un article de foi. C'était un ridicule digne des usages introduits dans une partie de l'Europe, que le mariage de deux grands princes dépendît d'une dispute sur la grace efficace; mais enfin on ne put obtenir le consentement du roi d'Espagne qu'à cette condition.

Celui qui ménagea toute cette nouvelle intrigue fut l'abbé Dubois, devenu archevêque de Cambrai. Il espérait la dignité de cardinal. C'était un homme d'un esprit ardent, mais fin et délié. Il avait été quelque temps précepteur du duc d'Orléans; enfin de ministre de ses plaisirs il était devenu ministre d'état. Le duc de Noailles, et le marquis de Canillac, en parlant de lui au régent, ne l'appelaient jamais que l'abbé Friponneau. Ses mœurs, ses débauches, ses maladies qui en étaient la suite, sa petite mine, et sa basse naissance[1], jetaient sur lui un ridicule ineffaçable; mais il n'en devint pas moins le maître des affaires.

Il avait pour la bulle *Unigenitus* plus de mépris encore que les évêques appelants, et que tous les parlements du royaume; mais il aurait essayé de faire recevoir l'Alcoran, pour peu que l'Alcoran eût contribué à son élévation.

C'était un de ces philosophes dégagés des préjugés, élevé dans sa jeunesse auprès de la fameuse Ninon

[1] Voyez page 307. B.

de l'Enclos. Il y parut bien à sa mort, qui arriva deux ans après. Il avait toujours dit à ses amis qu'il trouverait le moyen de mourir sans les sacrements de l'Église, et il tint parole.

Voilà l'homme qui se mit en tête de faire ce que Louis XIV n'avait pu, d'obliger le cardinal de Noailles à rétracter son appel de la bulle, et de la faire enregistrer sans restriction au parlement de Paris.

Il y avait alors un évêque de Soissons, nommé Languet, qui passait pour bien écrire, parcequ'il fesait de longues phrases, et qu'il citait les Pères de l'Église à tout propos. C'est le même qui fit depuis le livre de Marie à la Coque [1]. Dubois l'engagea à composer un corps de doctrine qui pût à-la-fois contenter les évêques adhérents au pape, et ne pas effaroucher le parti du cardinal de Noailles. Languet crut que son livre opérerait la paix de l'Église, et qu'il aurait le chapeau que Dubois prit pour lui-même.

Dubois flatta le cardinal de Noailles, et menaça le parlement de Paris de l'envoyer à Blois, s'il refusait d'enregistrer. Il essuya de longs refus des deux côtés, mais il ne se rebuta point.

Il imagina d'abord que s'il fesait enregistrer la bulle à un autre tribunal qu'au parlement, ce corps craindrait qu'on ne s'accoutumât à se passer de lui, et en deviendrait plus docile. Il s'adressa donc au grand conseil; il y trouva autant de résistance qu'au parlement de Paris, et il ne se rebuta pas encore. Ce tribunal n'étant composé que d'environ cinquante membres ordinaires, il ne s'agissait que d'y venir avec un

---

[1] Voyez ma note, tome XXVI, page 11. B.

nombre plus considérable de ceux qui avaient droit d'y prendre séance.

Le duc d'Orléans y amena tous les princes, tous les pairs, des conseillers d'état, des maîtres des requêtes; et le chancelier D'Aguesseau oublia tous ses principes au point de se livrer à cette manœuvre; il fut l'instrument du secrétaire d'état Dubois. On ne pouvait guère s'abaisser davantage. La bulle fut aisément enregistrée à la pluralité des voix, comme une loi de l'état et de l'Église. Le parlement, qui ne voulait point aller à Blois, et qui était fort las d'être à Pontoise, promit d'enregistrer, à condition qu'on ne s'adresserait plus au grand conseil. Il enregistra[a] donc la bulle qu'il avait déjà enregistrée sous Louis XIV: « Con-« formément aux règles de l'Église, et aux maximes « du royaume sur les appels au futur concile. »

Cet enregistrement, tout équivoque qu'il était, satisfit la cour. Le cardinal de Noailles se rétracta solennellement, Rome fut contente, le parlement revint à Paris: Dubois fut bientôt après cardinal et premier ministre; et pendant son ministère tout fut ridicule et tranquille.

L'excès de ce ridicule fut porté au point que l'assemblée du clergé de 1721 donna publiquement à un savetier[b] une pension pour avoir crié dans son quartier en faveur de la bulle *Unigenitus*.

Il y a seulement à remarquer que lorsque Dubois fut cardinal et premier ministre en 1722, le duc d'Orléans lui fit prendre la première place après les princes du sang au conseil du roi. Les cardinaux de Richelieu

---

[a] 4 décembre 1720. — [b] Il s'appelait Nutelet.

et de Mazarin avaient osé précéder les princes, mais ces exemples odieux n'étaient plus suivis; et c'était beaucoup que les cardinaux, qui n'ont qu'une dignité étrangère, siégeassent avant les pairs du royaume, les maréchaux de France et le chancelier, qui appartiennent à la nation. Le jour que Dubois vint prendre séance[a], le duc de Noailles, les maréchaux de Villeroi et de Villars sortirent, le chancelier D'Aguesseau s'absenta. On négocia selon la coutume; chaque parti fit des mémoires. Le chancelier et le duc de Noailles tinrent ferme. D'Aguesseau soutint mieux les prérogatives de sa place contre Dubois, qu'il n'en avait maintenu la dignité lorsqu'il revint à Paris à la suite de l'Écossais Lass. Le résultat fut qu'on l'envoya une seconde fois à sa terre de Frêne; et il eut alors si peu de considération qu'il ne fut pas même rappelé sous les ministères suivants, qu'il ne reparut à la cour que sous le cardinal de Fleury, et ne reprit les sceaux qu'en 1737, dix ans après son rappel.

Pour le duc de Noailles, le cardinal Dubois eut le plaisir de l'exiler pour quelque temps dans la petite ville ou bourg de Brive-la-Gaillarde en Limousin. Dubois était fils d'un apothicaire de Brive-la-Gaillarde. Le duc de Noailles ne l'avait épargné ni sur sa patrie ni sur sa naissance, et le cardinal lui rendit ses plaisanteries en le confinant auprès de la boutique de son père.

Après Dubois, qui mourut en philosophe [1], et qui était après tout un homme d'esprit, le duc d'Orléans,

---

[a] 22 février 1722.

[1] C'est-à-dire sans les sacrements de l'Église: voyez page 305. B.

qui lui ressemblait par ces deux côtés, daigna être premier ministre lui-même. Il ne persécuta personne pour la bulle; le parlement n'eut avec lui aucun démêlé.

Le duc de Bourbon-Condé succéda au duc régent dans le ministère; mais l'abbé Fleury, ancien évêque de Fréjus, depuis cardinal, gouverna despotiquement les affaires ecclésiastiques. Il persécuta sourdement tant que le duc de Bourbon fut ministre; mais dès qu'il fut venu à bout de le renvoyer, il persécuta hautement, quoiqu'il affectât de la douceur dans sa conduite.

CHAPITRE LXIII.

Du parlement sous le ministère du duc de Bourbon.

Le duc de Bourbon ne fut premier ministre que parceque immédiatement après la mort du duc d'Orléans il monta par un escalier dérobé chez le roi, à peine majeur, lui apprit la mort de ce prince [a], lui demanda la place, et obtint un *oui* que l'évêque de Fréjus, Fleury, n'osa pas faire changer en refus. L'état fut alors gouverné par la marquise de Prie [1], fille d'un entrepreneur des vivres nommé Pléneuf, et par un

---

[a] 2 décembre 1723.

[1] Agnès Berthelot de Pléneuf épousa le marquis de Prie en 1713, et mourut le 7 octobre 1727 : c'est à elle que Voltaire avait dédié sa comédie de *l'Indiscret*, en 1725. Il parle encore de cette dame dans le chapitre III du *Précis du Siècle de Louis XIV*, tome XXI. B.

des frères Pâris [1] autrefois entrepreneur des vivres, qui s'appelait Pâris Duverney. La marquise de Prie était une jeune femme de vingt-quatre ans, aimée du duc de Bourbon. Pâris Duverney avait de grandes connaissances en finances; il était devenu secrétaire du prince ministre. Ce fut lui qui imagina de marier le jeune roi à la fille de Stanislas Leczinski, retiré à Veissembourg après avoir perdu le royaume de Pologne que Charles XII lui avait donné. Les finances n'étaient pas rétablies, il fallut des impôts. Duverney proposa le cinquantième en nature sur tous les fonds nobles, roturiers, et ecclésiastiques, une taxe pour le joyeux avénement du roi, une autre appelée la ceinture de la reine, le renouvellement d'une érection d'offices sur les marchandises qui arrivent à Paris par eau, et quelques autres édits qui déplurent tous à la nation, déjà irritée de se voir entre les mains d'un homme si nouveau, et d'une jeune femme dont la conduite n'était pas approuvée.

Le parlement refusa d'enregistrer: il fallut mener le roi tenir un de ces lits de justice où l'on enregistre tout par ordre du souverain[a]. Le chancelier D'Aguesseau était éloigné; ce fut le garde des sceaux D'Armenonville [2] qui exécuta les volontés de la cour. On conservait par cet édit la liberté des remontrances au parlement; mais on ordonnait que les membres de ce

---

[1] Voyez, tome XXI, les chapitres II et III du *Précis du Siècle de Louis XV*. B.

[a] 8 juin 1725.

[2] Joseph-Jean-Baptiste Fleuriau d'Armenonville, nommé garde-des-sceaux le 28 février 1722, les rendit le 15 août 1727, et mourut le 27 novembre 1728. B.

corps n'auraient jamais voix délibérative en fait de remontrances qu'après dix années d'exercice, qui furent réduites à cinq.

Ce nouveau ministère effaroucha également le clergé, la noblesse, et le peuple. Presque toute la cour se réunit contre lui; l'évêque de Fréjus en profita. Il n'eut pas de peine à faire exiler le duc de Bourbon[1], son secrétaire, et sa maîtresse; et il devint le maître du royaume aussi aisément que s'il eût donné une abbaye. Fleury n'eut pas, à la vérité, le titre de premier ministre; mais, sans aucun titre que celui de conseiller au conseil du roi, il fut plus absolu que les cardinaux d'Amboise, Richelieu, et Mazarin; et avec l'extérieur le plus modeste, il exerça le pouvoir le plus illimité.

CHAPITRE LXIV.

Du parlement au temps du cardinal Fleury.

Dubois, pour être cardinal, avait fait recevoir la constitution *Unigenitus* et les formulaires, et toutes les simagrées ultramontaines dont il se moquait. Fleury eut cette dignité dès que le duc de Bourbon fut renvoyé, et il soutint les idées de la cour de Rome par les principes qu'il s'était faits. C'était un génie médiocre, d'ailleurs sans passions, sans véhémence, mais ami de l'ordre. Il croyait que l'ordre consistait dans l'obéissance au pape, et il fit, par une politique

[1] 11 juin 1726. B.

qu'il crut nécessaire, ce qu'avait fait le jésuite Le Tellier par esprit de parti, et par un fanatisme mêlé de méchanceté et de fraude. Il donna plus de lettres de cachet, et fit des actions plus sévères encore pendant son ministère, que Le Tellier pendant qu'il confessa Louis XIV.

En 1730, trois curés du diocèse d'Orléans[1], qui exposèrent le sentiment véritable de tous les ordres de l'état sur la bulle, et qui osèrent parler comme presque tous les citoyens pensaient, furent excommuniés par leur évêque. Ils en appelèrent comme d'abus au parlement, en vertu d'une consultation de quarante avocats. Les avocats peuvent se tromper comme le consistoire; leur avis n'est pas une loi; mais ils ne sont avocats que pour donner leur avis. Ils usaient de leur droit. Le cardinal Fleury fit rendre contre leur consultation un arrêt du conseil flétrissant qui les condamnait à se rétracter.

Condamner des jurisconsultes à penser autrement qu'ils ne pensent, c'est un acte d'autorité qu'il est difficile de faire exécuter. Tout le corps des avocats de Paris et de Rouen signa une déclaration très éloquente dans laquelle ils expliquèrent les lois du royaume. Ils cessèrent tous de plaider jusqu'à ce que leur déclaration, ou plutôt leur plainte, eût été approuvée par la cour. Ils obtinrent cette fois ce qu'ils demandaient[a]. De simples citoyens triomphèrent n'ayant pour armes que la raison[2].

---

[1] L'un des trois était Couet, curé d'Olivet. B.
[a] 25 novembre 1730.
[2] Voyez l'*Histoire des avocats au parlement et du barreau de Paris*, par

Ce fut vers ce temps-là que les avocats prirent le titre d'*ordre*; ils trouvèrent le terme de *corps* trop commun ; ils répétèrent si souvent l'*ordre des avocats*, que le public s'y accoutuma, quoiqu'ils ne soient ni un ordre de l'état, ni un ordre militaire, ni un ordre religieux, et que ce mot fût absolument étranger à leur profession[1].

Tandis que cette petite querelle nourrissait l'animosité des deux partis, le tombeau d'un diacre, nommé l'abbé Pâris, inhumé au cimetière de Saint-Médard, semblait être le tombeau de la bulle.

Cet abbé Pâris, frère d'un conseiller au parlement, était mort appelant et réappelant de la bulle au futur concile. Le peuple lui attribua une quantité incroyable de miracles[2]. On allait prier jour et nuit en français sur sa tombe; et prier Dieu en français était regardé comme un outrage à l'Église romaine, qui ne prie qu'en latin.

Un des grands miracles de ce nouveau saint était de donner des convulsions à ceux qui l'invoquaient. Jamais il n'y eut de fanatisme plus accrédité.

Fournel, 1813, tome II, pages 433-449, 463-466. Fournel donne les noms des quarante avocats qui avaient signé la consultation sous les dates des 27 juillet et 7 septembre. L'arrêt du conseil, qui foudroyait cette consultation, est du 30 octobre 1730, et ordonnait aux quarante de se rétracter. L'ordre des avocats publia une requête justificative de la consultation ; et cette requête fut signée, non seulement du bâtonnier, mais de deux cent cinquante avocats. Ce fut sur cette requête que, le 25 novembre, un arrêt du conseil rétracta celui du 30 octobre. B.

[1] Voyez, dans les *Mélanges*, année 1761, la *Conversation de M. l'Intendant des menus en exercice avec M. l'abbé Grisel*. B.

[2] Voyez le *Dictionnaire philosophique*, au mot Convulsions, tome XXVIII, page 222. B.

Cette nouvelle folie ne favorisait pas le jansénisme aux yeux des gens sensés; mais elle établissait dans toute la nation une aversion pour la bulle et pour tout ce qui émane de Rome. On se hâta d'imprimer la *Vie de saint Pâris*. « La sacrée congrégation des éminen-
« tissimes et révérendissimes cardinaux de la sainte
« Église romaine, inquisiteurs généraux dans toute la
« république chrétienne contre les hérétiques », prononça excommunication majeure contre ceux qui liraient la vie du bienheureux diacre, et condamna le livre à être brûlé. L'exécution se fit avec la grande cérémonie extraordinaire. On dressa dans la place, vis-à-vis le couvent de la Minerve, un vaste échafaud, et à trente pas un grand bûcher. Les cardinaux montèrent sur l'échafaud : le livre fut présenté, lié et garrotté de petites chaînes de fer, au cardinal doyen. Celui-ci le donna au grand-inquisiteur, qui le rendit au greffier; le greffier le donna au prévôt, le prévôt à un huissier, l'huissier à un archer, l'archer au bourreau. Le bourreau l'éleva en l'air en se tournant gravement vers les quatre points cardinaux; ensuite il délia le prisonnier; il le déchira feuille à feuille; il trempa chaque feuille dans de la poix bouillante[a]; ensuite on versa le tout dans le bûcher, et le peuple cria anathème aux jansénistes.

Cette momerie de Rome redoubla les momeries de Saint-Médard. La France était toute janséniste, excepté les jésuites et les évêques du parti romain. Le parlement de Paris ne cessait de rendre des arrêts contre les évêques qui exigeaient des mourants l'ac-

[a] 29 août 1731.

ceptation de la bulle, et qui refusaient aux rénitents les sacrements et la sépulture. L'abbé de Tencin[1], archevêque d'Embrun, qui n'était alors connu que pour avoir converti l'Écossais Lass, mais qui songeait déjà à se procurer un chapeau de cardinal, crut le mériter par une lettre violente contre le parlement. Ce tribunal allait la faire brûler selon l'usage; mais on le prévint en la supprimant par un arrêt du conseil.

Ces petites dissensions pour des choses que le reste de l'Europe méprisait, augmentaient tous les jours entre le parlement et les évêques. L'archevêque de Paris Vintimille, successeur de Noailles, avait fait une instruction pastorale violente contre les avocats; le parlement de Paris la condamna.

Le cardinal Fleury fit casser l'arrêt du parlement par le conseil du roi. Les avocats cessèrent de plaider, comme le parlement avait quelquefois cessé de rendre la justice. Ils semblaient plus en droit que le parlement de suspendre leurs fonctions; car les juges font serment de siéger, et les avocats n'en font point de plaider. Le ministre en exila onze. Le roi défendit au parlement de se mêler de cette affaire[2]. Il fallait bien pourtant qu'il s'en mêlât, puisque sans avocats il était difficile de rendre la justice. Il se dédommagea alors en donnant un arrêt contre la bulle du pape qui avait condamné la *Vie du bienheureux saint Pâris*[3], et con-

---

[1] Voyez, tome XX, le chapitre xxxvii du *Siècle de Louis XIV;* et tome XXI, le chapitre xxiv du *Précis du Siècle de Louis XV*. B.

[2] 28 septembre 1731.

[3] La condamnation à Rome de la *Vie de M. Pâris, diacre,* est du 22 auguste 1731. B.

tre d'autres bulles qui flétrissaient l'évêque de Montpellier, Colbert, ennemi déclaré de cette malheureuse constitution *Unigenitus*, source de tant de troubles.

Le parlement crut qu'il pourrait toucher le roi s'il lui parlait dans l'absence du cardinal Fleury. Il sut que ce ministre était à une petite maison de campagne qu'il avait au village d'Issi. Des députés prirent ce temps pour aller à la cour[a]. Le roi ne voulut point les voir; ils insistèrent, on les fit retirer. Ils rencontrèrent dans les avenues le cardinal qui revenait d'Issi. L'abbé Pucelle[1], très célèbre en ce temps-là, et qui était un des députés, lui dit que le parlement n'avait jamais été si maltraité. Le cardinal soutint l'autorité du conseil, et crut se tirer d'affaire en avouant qu'il y avait quelque chose à reprendre dans la forme. L'abbé Pucelle répliqua que la forme ne valait pas mieux que le fond. On se sépara aigri de part et d'autre.

La cour embarrassée rappela les onze avocats de leur exil, afin que la justice ne fût point interrompue; mais le cardinal persista à empêcher le roi de recevoir les députations du parlement.

Enfin ils furent mandés à Versailles par une lettre de cachet[b]. Le chancelier D'Aguesseau les réprimanda au nom du roi, et leur ordonna de biffer sur les registres tout ce qu'ils avaient arrêté au sujet des disputes présentes; il acheva, par cet acte de soumission au cardinal, de se décréditer dans tous les esprits qui lui avaient été si long-temps favorables. Le parlement reçut ordre de ne se mêler en aucune manière

---

[a] 29 novembre 1731. — [1] Voyez, dans le tome X, une des notes du deuxième *Discours sur l'homme*. B. — [b] 10 janvier 1732.

des affaires ecclésiastiques; elles furent toutes évoquées au conseil. Par là le cardinal Fleury semblait supprimer, et aurait supprimé en effet, s'il l'avait pu, les appels comme d'abus, le seul rempart des libertés de l'Église gallicane [1], et l'un des plus anciens priviléges de la nation et du parlement. Le cardinal Mazarin n'aurait jamais osé faire cette démarche, le cardinal de Richelieu ne l'aurait pas voulu; le cardinal Fleury la fit comme une chose simple et ordinaire.

Le parlement étonné s'assembla[a]. Il déclara qu'il n'administrerait plus la justice si l'on en détruisait ainsi les premiers fondements. Des députés allèrent à Compiègne, où était le roi. Le premier président voulut parler, le roi le fit taire.

L'abbé Pucelle eut le courage de présenter la délibération par écrit; le roi la prit, et la fit déchirer par le comte de Maurepas, secrétaire d'état. L'abbé Pucelle fut exilé, et le conseiller Titon envoyé à la Bastille.

Nouvelle députation du parlement pour redemander les conseillers Pucelle et Titon. La députation se présenta à Compiègne.

Pour réponse[b], le cardinal fit exiler le président Ogier, les conseillers De Vrevin, Robert, et de La Fautrière. Les partisans de la bulle abusèrent de leur triomphe. Un archevêque d'Arles outragea tous les parlements du royaume dans son instruction pastorale[c]; il les traita de séditieux et de rebelles. On n'a-

[1] Voyez tome XVI, page 368; tome XXVI, page 69, et ci-dessus, page 56. B. — [a] 13 mai 1732. — [b] juin 1732. — [c] 5 septembre 1732.

vait jamais vu auparavant des chansons dans un mandement d'évêque : celui d'Arles[1] fit voir cette nouveauté. Il y avait dans ce mandement une chanson contre le parlement de Paris, qui finissait par ces vers :

> Thémis, j'implore ta vengeance
> Contre ce rebelle troupeau.
> N'en connais-tu pas l'arrogance ?
> Mais non, je ne vois plus dans tes mains la balance ;
> Pourquoi devant tes yeux gardes-tu ton bandeau ?

Le parlement d'Aix fit brûler l'instruction pastorale et la chanson ; et le cardinal Fleury eut la sagesse de faire exiler l'auteur.

L'année 1733 se passa en mandements d'évêques, en arrêts du parlement, et en convulsions. Le gouvernement avait déjà fait fermer le cimetière de Saint-Médard, avec défense d'y faire aucun miracle[2]. Mais les convulsionnaires allaient danser secrètement dans les maisons, et même chez plusieurs membres du parlement.

Le cardinal, prévoyant qu'on allait soutenir une guerre contre la maison d'Autriche, ne voulut pas en avoir une intestine pour des intérêts si méprisables. Il laissa là pour cette fois la bulle, les convulsions, les miracles, et les mandements. Il savait plier, il rappela les exilés. Le parlement, qui avait déjà repris les fonctions de son devoir, rendit la justice aux citoyens comme à l'ordinaire. Le cardinal eut l'adresse

---

[1] C'était Jacques Forbin de Janson, sacré en 1711, mort le 13 janvier 1741. B.

[2] Voyez, tome XXVIII, page 223, le distique qui fut fait dans le temps. B.

de lui renvoyer, par des lettres-patentes du roi, la connaissance des miracles et des convulsions. Il n'était besoin d'aucunes lettres-patentes pour que le parlement connût de ces farces, qui sont un objet de police. Cependant il fut si flatté de cette marque d'attention, qu'il décréta quelques convulsionnaires, quoiqu'ils fussent protégés ouvertement par un président nommé Dubois, et par quelques conseillers qui jouaient eux-mêmes dans ces comédies. Le bruit que fesaient toutes ces sottises fut étouffé par la guerre de 1733, et cet objet fit disparaître tous les autres.

CHAPITRE LXV.

Du parlement, des convulsions, des folies de Paris jusqu'à 1752.

Le parlement fut donc tranquille pendant cette guerre heureuse. A peine le public s'aperçut-il que l'on condamna des thèses soutenues en Sorbonne en faveur des prétentions ultramontaines, qu'on fit brûler une lettre de Louis XIV à Louis XV, et d'autres satires méprisables, aussi bien que quelques lettres d'évêques constitutionnaires. L'affaire la plus mémorable, et qui méritait le moins de l'être, fut celle d'un conseiller du parlement, nommé *Carré de Montgeron*, fils d'un homme d'affaires. Il était très ignorant et très faible, débauché, et sans esprit. Les jansénistes lui tournèrent la tête: il devint convulsionnaire outré. Il crut avoir vu des miracles, et même en avoir fait. Les gens du parti le chargèrent d'un gros recueil de miracles[1], qu'il disait attestés par quatre mille personnes. Ce recueil était accompagné d'une lettre au roi, que Carré eut l'imbécillité de signer et la folie de porter lui-même à Versailles. Ce pauvre homme disait au roi, dans sa lettre, « qu'il avait été fort débauché dans sa « jeunesse, qu'il avait même poussé le libertinage « jusqu'à être déiste, » comme si la connaissance et l'adoration d'un Dieu pouvaient être le fruit de la débauche; mais c'est ainsi que le fanatisme imbécile raisonne. Le conseiller Carré alla à Versailles, le 29 août 1737, avec son recueil et sa lettre; il attendit le roi à son passage, se mit à genoux, présenta ses miracles : le roi les reçut, les donna au cardinal Fleury; et dès qu'on eut vu de quoi il était question, on expédia une lettre de cachet pour mettre à la Bastille le conseiller. On l'arrêta le lendemain dans sa maison à Paris; il baisa la lettre de cachet en vrai martyr; le parlement s'assembla. Il n'avait rien dit quand on avait donné une lettre de cachet au duc de Bourbon, prince du sang et pair du royaume, et il fit une députation en faveur de Carré. Cette démarche ne servit qu'à faire transférer le prisonnier près d'Avignon, et ensuite au château de Valence, où il est mort fou. Un tel homme en Angleterre en aurait été quitte pour être sifflé de la nation; il n'aurait pas été mis en prison,

[1] Louis Basile Carré de Montgeron, né en 1686, mort en 1754, est auteur de : *La vérité des miracles opérés à l'intercession de M. de Paris et autres appelants*, 1736, in-4°, dont il publia la *Continuation* en 1741, et un troisième volume en 1748. Un *Abrégé des trois volumes de Montgeron sur les miracles de M. de Paris*, 1799, 2 volumes in-12, a été attribué à M. l'abbé Jacquemont, qui l'a désavoué. B.

parceque ce n'est point un crime d'avoir vu des miracles, et que, dans ce pays gouverné par des lois, on ne punit point le ridicule. Les convulsionnaires de Paris mirent Carré au rang des plus grands confesseurs de la foi.

Au mois de janvier 1738, le parlement s'opposa à la canonisation de Vincent de Paul, prêtre gascon, célèbre en son temps. La bulle de canonisation envoyée par Benoît XIII parut contenir des maximes dont les lois de la France ne s'accommodent pas. Elle fut rejetée; mais le cardinal Fleury, qui protégeait les frères de Saint-Lazare, institués par Vincent, et qui les opposait secrètement aux jésuites, fit casser par le conseil l'arrêt du parlement, et Vincent fut reconnu pour saint malgré les remontrances : aucune de ces petites querelles ne troubla le repos de la France [1].

Après la mort du cardinal Fleury et les mauvais succès de la guerre de 1741, le parlement reprit un nouvel ascendant. Les impôts révoltaient les esprits, et les fautes qu'on reprochait aux ministres encourageaient les murmures. La maladie épidémique des querelles de religion, trouvant les cœurs aigris, augmenta la fermentation générale. Le cardinal Fleury, avant sa mort, s'était donné pour successeur dans les affaires ecclésiastiques un théatin nommé Boyer,

[1] La bulle de canonisation donnée par Clément XII est du 16 juin 1737 : Vincent de Paul avait été béatifié par Benoît XIII, le 13 août 1729. L'arrêt du parlement, du 4 janvier 1738, supprime la bulle du 16 juin précédent, comme contenant des opinions contraires aux libertés et franchises de l'Église gallicane. Un arrêt du conseil, du 22 janvier 1738, cassa l'arrêt du parlement, et permit la publication de la bulle. B.

qu'il avait fait précepteur du dauphin. Cet homme avait porté dans son ministère obscur toute la pédanterie de son état de moine ; il avait rempli les premières places de l'Église de France d'évêques qui regardaient la trop fameuse bulle *Unigenitus* comme un article de foi et comme une loi de l'état. Beaumont, qui lui devait l'archevêché de Paris, se laissa persuader qu'il extirperait le jansénisme. Il engageait les curés de son diocèse à refuser la communion qu'on appelle le viatique, et qui signifie *provision de voyage*, aux mourants qui avaient appelé de la bulle et qui s'étaient confessés à des prêtres appelants ; et conséquemment à ce refus de communion on devait priver les jansénistes reconnus de la sépulture. Il y a eu des nations chez lesquelles ce refus de la sépulture était un crime digne du dernier supplice ; et dans les lois de tous les peuples, le refus des derniers devoirs aux morts est une inhumanité punissable.

[1] Le curé de la paroisse de Saint-Étienne-du-Mont, qui était un chanoine de Sainte-Geneviève, nommé frère *Boitin*[2], refusa d'administrer un fameux professeur de l'université, successeur du célèbre Rollin. L'archevêque de Paris ne s'apercevait pas qu'en voulant forcer ses diocésains à respecter la bulle, il les accoutumait à ne pas respecter les sacrements. Coffin mourut sans être communié ; on fit difficulté de l'enterrer ; et son neveu, conseiller au châtelet, força en-

---

[1] Sur les querelles du parlement et du clergé, de 1750 à 1762, voyez le chapitre XXXVI du *Précis du Siècle de Louis XV*. B.

[2] Il est nommé *Bouettin* à la page 331 de la *Suite du supplément au nécrologe des défenseurs de la vérité*, fesant le tome V de la collection. B.

fin le curé de lui donner la sépulture; mais ce même conseiller, étant malade à la mort, six mois après, à la fin de l'année 1750, fut puni d'avoir enterré son oncle. Le même Boitin lui refusa l'Eucharistie et les huiles, et lui signifia qu'il ne serait ni communié, ni oint, ni enterré, s'il ne produisait un billet par lequel il fût certifié qu'il avait reçu l'absolution d'un prêtre attaché à la constitution. Ces billets de confession commençaient à être mis en usage par l'archevêque. Cette innovation tyrannique était regardée par tous les esprits sérieux comme un attentat contre la société civile. Les autres n'en voyaient que le ridicule, et le mépris pour l'archevêque retombait malheureusement sur la religion. Le parlement décréta le séditieux curé, l'admonéta, le condamna à l'aumône, et le fit mettre pendant quelques heures à la Conciergerie[a].

Le parlement fit au roi plusieurs remontrances, très approuvées de la nation, pour arrêter le cours des innovations de l'archevêque. Le roi, qui ne voulait point se compromettre, laissa une année entière les remontrances sans une réponse précise.

Dans cet intervalle l'archevêque Beaumont acheva de se rendre ridicule et odieux à tout Paris, en destituant une supérieure et une économe de l'hôpital général, placées depuis long-temps dans ces postes par les magistrats du parlement. Destituer des personnes de cet état, sous prétexte de jansénisme, parut une démarche extravagante, inspirée par l'envie de mortifier le parlement beaucoup plus que par le zèle de

[a] 20 décembre 1750.

la religion. L'hôpital général fondé par les rois, ou du moins qui les regarde comme ses fondateurs, est administré par des magistrats du parlement et de la chambre des comptes pour le temporel, et par l'archevêque de Paris pour le spirituel. Il y a peu de fonctions spirituelles attachées à des femmes chargées d'un soin domestique immense; mais comme elles pouvaient faire réciter quelquefois le catéchisme aux enfants, l'archevêque soutenait que ces places dépendaient de lui. Tout Paris fut indigné; les aumônes à l'hôpital cessèrent, le parlement voulut procéder; le conseil se déclara pour l'archevêque, parcequ'en effet ce mot *spirituel* semblait assurer son droit. Le parlement eut recours aux remontrances ordinaires[a], et ne voulut point enregistrer la déclaration du roi.

On était déjà irrité contre ce corps, qui avait fait beaucoup de difficulté pour le vingtième et pour des rentes sur les postes. Le roi lui fit défense de se mêler dorénavant des affaires de l'hôpital, et les évoqua toutes à son conseil[b]. Le lendemain, le premier président de Maupeou, deux autres présidents, l'avocat et le procureur général furent mandés à Versailles, et on leur ordonna d'apporter les registres, afin que tout ce qui avait été arrêté sur cette affaire fût supprimé. On ne trouva point de registre. Jamais plus petite affaire ne causa une plus grande émotion dans les esprits. Le parlement cessa ses fonctions, les avocats fermèrent leurs cabinets; le cours de la justice fut interrompu pour deux femmes d'un hôpital; mais ce qu'il y avait d'horrible, c'est que pendant ces que-

---

[a] Septembre 1751. — [b] 20 novembre 1751.

relles indécentes et absurdes on laissait mourir les pauvres, faute de secours. Les administrateurs mercenaires de l'Hôtel-Dieu s'enrichissaient par la mort des misérables. Plus de charité quand l'esprit de parti domine. Les pauvres moururent en foule ; on n'y pensait pas ; et les vivants se déchiraient pour des inepties.

Le roi fit porter[a] à chaque membre du parlement des lettres de jussion par ses mousquetaires. Les magistrats obéirent en effet : ils reprirent leurs séances ; mais les avocats n'ayant point reçu de lettres de cachet ne parurent point au barreau. Leur fonction est libre. Ils n'ont point acheté leurs places. Ils ont le droit de plaider et le droit de ne plaider pas. Aucun d'eux ne parut. Leur intelligence avec le parlement irrita la cour de plus en plus. Enfin les avocats plaidèrent, les procès furent jugés comme à l'ordinaire, et tout parut oublié.

Le frère Boitin, curé de Saint-Étienne-du-Mont, renouvela les querelles et les plaisanteries de Paris ; il refusa la communion et l'extrême-onction à un vieux prêtre, nommé l'abbé Le Maire[b], qui avait soutenu le parti janséniste du temps de la bulle *Unigenitus*, et qui l'avait très mal soutenu. Voilà frère Boitin décrété encore d'ajournement personnel. Voilà les chambres assemblées pour faire donner l'extrême-onction à l'abbé Le Maire, et invitation faite par un secrétaire de la cour à l'archevêque pour venir prendre sa place au parlement. L'archevêque répond qu'il a trop d'affaires spirituelles pour aller juger, et que ce

---

[a] 28 novembre 1751. — [b] 20 mars 1752. — On lit Lemère dans l'ouvrage cité page 321. B.

n'est que par son ordre qu'on a refusé de donner la communion et les huiles au prêtre Le Maire. Les chambres restèrent assemblées jusqu'à minuit. Il n'y avait jamais eu d'exemple d'une telle séance. Frère Boitin fut encore condamné à l'aumône, et le parlement ordonna à l'archevêque *de ne plus commettre de scandale*. Le procureur général, le dimanche des Rameaux, va, par ordre du parlement, exhorter l'archevêque à donner les huiles à l'abbé Le Maire qui se mourait; le prélat le laissa mourir, et courut à Versailles se plaindre au roi que le parlement mettait la main à l'encensoir. Le premier président de Maupeou court de son côté à Versailles[a]; il avertit le roi que le schisme se déclare en France, que l'archevêque trouble l'état, que les esprits sont dans la plus grande fermentation; il conjure le roi de faire cesser les troubles. Le roi lui remet entre les mains un paquet cacheté, pour l'ouvrir dans les chambres assemblées. Les chambres s'assemblent, on lit l'écrit signé du roi qui ordonne que les procédures contre Boitin seront annulées. Le parlement, à cette lecture, décrète Boitin de prise de corps, et l'envoie saisir par des huissiers. Le curé s'échappe. Le roi casse le décret de prise de corps. Le premier président de Maupeou, avec plusieurs députés, porte au roi les remontrances les plus amples et les plus éloquentes qu'on eût encore faites sur le danger du schisme, sur les abus de la religion, sur l'esprit d'incrédulité et d'indépendance que toutes ces malheureuses querelles répan-

[a] 15 avril 1752.

daient sur la nation entière. On lui répondit des choses vagues, selon l'usage.

Le lendemain [a] le parlement se rassemble : il rend un arrêt célèbre par lequel il déclare qu'il ne cessera point de réprimer le scandale ; que la constitution de la bulle *Unigenitus* n'est point un article de foi, et qu'on ne doit point soustraire les accusés aux poursuites de la justice. On acheta dans Paris plus de dix mille exemplaires de cet arrêt, et tout le monde disait : *Voilà mon billet de confession.*

Comme le théatin Boyer avait fait donner le siége de Paris à un prélat constitutionnaire [1], ce prélat avait aussi donné les cures à des prêtres du même parti. Il ne restait plus que sept à huit curés attachés à l'ancien système de l'Église gallicane.

L'archevêque ameute les constitutionnaires, signe et envoie au roi une requête en faveur des billets de confession contre les arrêts du parlement : aussitôt les chambres assemblées décrètent le curé de Saint-Jean-en-Grève, qui a minuté la requête ; le conseil casse le décret, et maintient le curé. Le parlement cesse encore ses fonctions, et ne rend plus la justice que contre les curés. On met en prison des porte-Dieu, comme si ces pauvres porte-Dieu étaient les maîtres d'aller porter Dieu sans le concours du curé de la paroisse.

De tous côtés on portait des plaintes au parlement de refus de sacrements. Un curé du diocèse de Langres, en communiant publiquement deux filles accusées de

---

[a] 18 avril. — [1] Voyez page 321. B.

jansénisme, leur avait dit: « Je vous donne la commu-
« nion comme Jésus l'a donnée à Judas. » Ces filles,
qui ne ressemblaient en rien à Judas, présentèrent
requête; et celui qui s'était comparé à Jésus-Christ
fut condamné à l'amende honorable, et à payer aux
deux filles trois mille francs, moyennant lesquels elles
furent mariées. On brûla plusieurs mandements d'é-
vêques, plusieurs écrits qui annonçaient le schisme.
Le peuple les appelait *les feux de joie*, et battait des
mains. Les autres parlements du royaume en fesaient
autant dans leur ressort. Quelquefois la cour cassait
tous ces arrêts; quelquefois, par lassitude, elle les
laissait subsister. On était inondé des écrits des deux
partis. Les esprits s'échauffaient. Enfin, l'archevêque
de Paris, ayant défendu aux prêtres de Saint-Médard
d'administrer une sœur Perpétue du couvent de Sainte-
Agathe, le parlement lui ordonna de la faire communier, sous peine de la saisie de son temporel.

Le roi, qui s'était réservé la connaissance de toutes
ces affaires, blâma son parlement, et donna main-le-
vée à l'archevêque de la saisie de ses rentes. Le parlement voulut convoquer les pairs, le roi le défendit;
les chambres assemblées insistèrent, et prétendirent
que l'affaire de sœur Perpétue était de l'essence de la
pairie. « Ces défenses, dit l'arrêté, intéressent telle-
« ment l'essence de la cour et des pairs, et les droits
« des princes, qu'il n'est pas possible au parlement d'en
« délibérer sans eux. » Un arrêt du conseil du roi ayant
été signifié au greffier du parlement sur cette affaire,
le 24 janvier 1753, contre les formes ordinaires, le
parlement en demanda satisfaction au roi même « par

« la suppression de l'original et de la copie de la signi-
« fication. »

Ce corps continuait toujours à poursuivre avec la même vivacité les curés qui prêchaient le schisme et la sédition. Il y avait un fanatique nommé Boutord, curé du Plessis-Rosainvilliers [1], chez qui les jésuites avaient fait une mission ; quelques magistrats qui avaient des maisons de campagne dans cette paroisse, n'étaient contents ni des jésuites ni du curé. Il leur cria d'une voix furieuse de sortir de l'église, les appela jansénistes, calvinistes et athées, et leur dit « qu'il serait le premier à tremper ses mains dans leur « sang. » Le parlement ne le condamna pourtant qu'au bannissement perpétuel [a].

L'archevêque ne prit point le parti de ce fanatique. Mais sur les refus de sacrements, les arrêts du parlement étaient toujours cassés. Comme il voulait forcer l'archevêque de la métropole à donner la communion, les suffragants n'étaient pas épargnés. On envoyait souvent des huissiers à Orléans et à Chartres pour faire recevoir l'eucharistie. Il n'y avait guère de semaines où il n'y eût un arrêt du parlement pour communier dans l'étendue de son ressort, et un arrêt du conseil pour ne communier pas. Ce qui aigrit le plus les esprits, ce fut l'enlèvement de sœur Perpétue. L'archevêque de Paris obtint un ordre de la cour pour faire enlever cette fille, qui voulait communier malgré lui. On dispersa les religieuses ses compagnes. La petite communauté de Sainte-

---

[1] Dans le diocèse d'Amiens : voyez, tome XXI, le chapitre XXXVI du *Précis du Siècle de Louis XV*. B. — [a] 6 février 1573.

Agathe fut dissoute. Les jansénistes jetèrent les hauts cris, et inondèrent la France de libelles. Ils annonçaient la destruction de la monarchie. Le parlement était toujours persuadé que l'affaire de Sainte-Agathe exigeait la convocation des pairs du royaume. Le roi persistait à soutenir que la communion n'était pas une affaire de la pairie.

Dans des temps moins éclairés, ces puérilités auraient pu subvertir la France. Le fanatisme s'arme des moindres prétextes. Le mot seul de sacrement aurait fait verser le sang d'un bout du royaume à l'autre. Les évêques auraient interdit les villes, le pape aurait soutenu les évêques, on aurait levé des troupes pour communier le sabre à la main; mais le mépris que tous les honnêtes gens avaient pour le fond de ces disputes sauva la France. Trois ou quatre cents convulsionnaires de la lie du peuple pensaient, à la vérité, qu'il fallait s'égorger pour la bulle et pour sœur Perpétue : le reste de la nation n'en croyait rien. Le parlement était devenu cher aux peuples par son opposition à l'archevêque et aux arrêts du conseil; mais on se bornait à l'aimer, sans qu'il tombât dans la tête d'aucun père de famille de prendre les armes et de donner de l'argent pour soutenir ce corps contre la cour, comme on avait fait du temps de la Fronde. Le parlement, qui avait pour lui la faveur publique, s'opiniâtrait dans ses résolutions qu'il croyait justes, et n'était pas séditieux.

CHAPITRE LXVI.

Suite des folies.

Les refus de sacrements, les querelles entre la juridiction civile et les prétentions ecclésiastiques, s'étant multipliés dans les diocèses de Paris, d'Amiens, d'Orléans, de Chartres, de Tours; les jésuites soufflant secrètement cet incendie; les jansénistes criant avec fureur; le schisme paraissant près d'éclater, le parlement avait préparé de très amples remontrances, et il devait envoyer au roi une grande députation. Le roi ne voulut point la recevoir; il demanda préalablement à voir les articles sur lesquels ces représentations porteraient; on les lui envoya[a] : le roi répondit qu'ayant examiné les objets de ces remontrances, il ne voulait point les entendre.

Les chambres s'assemblent aussitôt; elles déclarent qu'elles cessent toute espèce de service, excepté celui de maintenir la tranquillité publique contre les entreprises du clergé[b]. Le roi leur ordonne, par des lettres de jussion, de reprendre leurs fonctions ordinaires, de rendre la justice à ses sujets, et de ne se plus mêler d'affaires qui ne les regardent pas. Le parlement répond au roi qu'il ne peut obtempérer. Ce mot *obtempérer* fit à la cour un singulier effet. Toutes les femmes demandaient ce que ce mot voulait dire; et quand elles surent qu'il signifiait *obéir*, elles firent

[a] 30 avril 1753. — [b] 5 mai 1753.

plus de bruit que les ministres et que les commis des ministres.

Le roi assemble un grand conseil[a]. On expédie des lettres de cachet pour tous les membres du parlement, excepté ceux de la grand'chambre. Les mousquetaires du roi courent dans toute la ville pendant la nuit du 8 au 9 mai, et font partir tous les présidents et les conseillers des requêtes et des enquêtes pour les lieux de leur exil. On envoie avec une escorte l'abbé Chauvelin au Mont-Saint-Michel, et ensuite à la citadelle de Caen; le président Frémont de Mazi, petit-fils d'un fameux partisan, au château de Ham en Picardie; le président de Moreau de Nassigni[1], aux îles de Sainte-Marguerite; et Beze de Lys, à Pierre-Encise.

Les conseillers de la grand'chambre s'assemblèrent. Ils étaient exceptés du châtiment général, parceque plusieurs ayant des pensions de la cour, et leur âge devant les rendre plus flexibles, on avait espéré qu'ils seraient plus obéissants; mais quand ils furent assemblés, ils furent saisis du même esprit que les enquêtes : ils dirent qu'ils voulaient subir le même exil que leurs confrères; et dans cette séance même, ils décrétèrent quelques curés de prise de corps. Le roi en-

---

[a] 6 mai.

[1] La première édition porte : « Le président Moreau de Bassigni, fils « d'un marchand de draps. » Dans la seconde et dans la huitième édition, on lit : « Le président de Bésigni. » Dans l'édition encadrée de 1775, il y a : « Le président Moreau de Bésigni. » Cette version est celle de l'édition in-4°, tome XXVII, publiée en 1777. Mais Voltaire lui-même, dans sa lettre au comte de la Touraille, du 17 septembre 1769, reproche à l'auteur d'avoir mis Bésigni pour Nassigni. B.

voya la grand'chambre à Pontoise[a], comme le duc d'Orléans régent l'y avait déjà reléguée. Quand elle fut à Pontoise, elle ne s'occupa que des affaires du schisme. Aucune cause particulière ne se présenta.

Cependant il fallait pourvoir à faire rendre la justice aux citoyens. On créa une chambre composée de six conseillers d'état et de vingt et un maîtres des requêtes[b], qui tinrent leurs séances aux Grands-Augustins, comme s'ils n'osaient pas siéger dans le palais. Les usages ont une telle force chez les hommes, que le roi, en disant qu'il érigeait cette chambre *de sa certaine science et de sa pleine puissance*, n'osa se servir de sa puissance pour en faire enregistrer l'érection dans son conseil d'état, quoique ce conseil ait des registres aussi bien que les autres cours. On s'adressa au châtelet, qui n'est qu'une justice subalterne. Le châtelet se signala[c] en n'enregistrant point; et parmi les raisons de son refus, il allégua que Clotaire Ier et Clotaire II avaient défendu qu'on dérogeât aux anciennes ordonnances des Francs. La cour se contenta de casser la sentence du châtelet; et en conséquence de ses ordres, une députation de la chambre se transporta au châtelet, fit rayer la sentence sur les registres, enregistra elle-même; et cette procédure inutile étant faite, le châtelet fit une protestation plus inutile. On changea le nom de cette chambre, qui ne s'était appelée jusque-là que chambre des vacations[d]: elle reçut le titre de chambre royale, elle siégea au Louvre au lieu de siéger aux Augustins, et n'en fut pas

---

[a] 10 mai. — [b] 18 septembre. — [c] 28 octobre. — [d] 11 novembre 1753.

mieux accueillie du public. On envoya des lettres de cachet à tous les membres du châtelet pour enregistrer sous le nom de royale ce qu'on n'avait pas voulu enregistrer sous le nom de vacations.

Tous ces petits subterfuges compromettaient la dignité de la couronne. Le lieutenant civil enregistra du très exprès commandement du roi[a].

On ne délibéra point. Tout Paris s'obstina à tourner la chambre royale en ridicule; elle s'y accoutuma si bien, qu'elle-même s'assembla quelquefois en riant, et qu'elle plaisantait de ses arrêts.

Il arriva cependant une affaire sérieuse. Je ne sais quel fripon, nommé Sandrin, ayant été condamné à être pendu par le châtelet, en appela à la chambre royale qui confirma la sentence. Le châtelet prétendit qu'on ne devait en appeler qu'au parlement, et refusa de pendre le coupable. Le rapporteur de cette cause criminelle, nommé Milon, fut mis à la Bastille pour n'avoir point fait pendre Sandrin. Le châtelet alors cessa ses fonctions comme le parlement[b]; il n'y eut plus aucune justice dans Paris. Aussitôt lettres de cachet au châtelet pour rendre la justice; enlèvement de trois conseillers des plus ardents. La moitié de Paris riait, et l'autre moitié murmurait. Les convulsionnaires protestaient que ces démêlés finiraient tragiquement; et ce qu'on appelle à Paris la bonne compagnie assurait que tout cela ne serait jamais qu'une mauvaise farce.

Les autres parlements imitaient celui de Paris; et partout où il y avait des refus de sacrements, il y avait

---

[a] 20 novembre. — [b] 27 novembre.

des arrêts, et ces arrêts étaient cassés ; le châtelet de Paris était rempli de confusion, la chambre royale presque oisive, le parlement exilé, et cependant tout était tranquille. La police agissait, les marchés se tenaient avec ordre, le commerce florissait, les spectacles réjouissaient la ville, l'impossibilité de faire juger des procès obligeait les plaideurs de s'accommoder ; on prenait des arbitres au lieu de juges.

Pendant que la magistrature était ainsi avilie, le clergé triomphait. Tous les prêtres bannis par le parlement revenaient ; les curés décrétés exerçaient leurs fonctions ; l'esprit du ministère alors était de favoriser l'Église contre le parlement, parceque jusquelà on ne pouvait accuser l'archevêque de Paris d'avoir désobéi au roi ; et on reprochait au parlement des désobéissances formelles. Cependant toute la cour s'empressa de négocier, parcequ'elle n'avait rien à faire. Il fallait mettre fin à cette espèce d'anarchie. On ne pouvait casser le parlement, parcequ'il aurait fallu rembourser les charges, et qu'on avait très peu d'argent. On ne pouvait le tenir toujours exilé, puisque les hommes ne peuvent être assez sages pour ne point plaider.

Enfin le roi prit l'occasion de la naissance d'un duc de Berri[1] pour faire grace. Le parlement fut rappelé[a]. Le premier président de Maupeou fut reçu dans Paris aux acclamations du peuple. La chambre royale fut supprimée[b] ; mais il était beaucoup plus aisé de rappeler le parlement que de calmer les esprits. A peine

---

[1] Qui régna depuis sous le nom de Louis XVI. Il était né le 23 août 1754, et fut mis à mort le 21 janvier 1793. B. — [a] 27 août 1754. — [b] 30 août.

ce corps fut-il rassemblé, que les refus de sacrements recommencèrent.

L'archevêque de Paris se signala plus que jamais dans cette guerre des billets de confession. Le premier président de Maupeou, qui avait acquis beaucoup de crédit auprès du roi par sa sagesse, fit enfin connaître tous les excès de l'archevêque. Le roi voulut essayer si ce prélat désobéirait à ses ordres comme le parlement avait désobéi. Il lui enjoignit de ne plus troubler l'état par son dangereux zèle. Beaumont prétendit qu'il fallait obéir à Dieu plutôt qu'aux hommes. Le roi l'exila[a]; mais ce fut à Conflans, à sa maison de campagne, à deux lieues de Paris; et il fesait autant de mal de Conflans que de son archevêché.

Le parlement eut alors liberté tout entière d'instrumenter contre les habitués, vicaires, curés, porte-Dieu, qui refusaient d'administrer les mourants. Beaumont était aussi inflexible que le parlement avait été constant. Le roi l'exila à Champeaux, dernier bourg de son diocèse. Le parlement avait passé dans toute la France pour le martyr des lois; l'archevêque fut regardé dans son petit parti comme le martyr de la foi. De Champeaux on l'envoya à Lagni. Les évêques d'Orléans[1] et de Troyes[2], qui étaient de sa faction,

---

[a] 2 décembre.

[1] Louis Joseph de Montmorency-Laval, né à Bayers en 1724, sacré évêque d'Orléans en 1754, transféré à l'évêché de Condom en 1757, et à celui de Metz en 1760, nommé cardinal en 1789, mort en 1808. B.

[2] Mathias Poncet de la Rivière, né à Paris en 1707, évêque de Troyes, en 1742, donna sa démission en 1758, et mourut en 1780. Voyez ce que Voltaire en dit dans ses *Mémoires* (*Mélanges*, année 1759), et ce qu'il répète dans son *Commentaire historique* (*Mélanges*, année 1776). B.

furent punis aussi légèrement; ils en étaient quittes pour aller en leurs maisons de plaisance; mais enfin l'évêque de Troyes, qui rendait son zèle ridicule par une vie scandaleuse, et qui était accablé de dettes, fut enfermé chez des moines en Alsace, et obligé de se démettre de son évêché.

Le roi avait ordonné le silence sur toutes les affaires ecclésiastiques, et personne ne le gardait.

La Sorbonne, autrefois janséniste, et alors constitutionnaire, ayant soutenu des thèses contraires aux maximes du royaume, le parlement ordonna que le doyen, le syndic, six anciens docteurs et professeurs en théologie, viendraient avec le scribe de la faculté et avec les registres. Ils furent réprimandés, leurs conclusions biffées; ordre à eux de se taire, suivant la déclaration du roi.

La Sorbonne prétendit[a] que c'était le parlement qui contrevenait à la loi du silence, puisqu'il ne se taisait pas sur ce qui se passait dans l'intérieur des écoles de Sorbonne. Le parlement ayant fait défense à ces docteurs de s'assembler, ils dirent qu'ils discontinueraient leurs leçons, comme le parlement avait interrompu ses séances. Il fallut les contraindre par un arrêt de faire leurs leçons. Le ridicule se mêlait toujours nécessairement à ces querelles.

L'année 1755 se passa tout entière dans ces petites disputes, dont la nation commençait à se lasser. Il s'ouvrait une plus grande scène. On était menacé de cette fatale guerre dans laquelle l'Angleterre a enlevé au roi de France tout ce qu'il possédait dans le conti-

[a] 6 mai 1755.

nent de l'Amérique septentrionale [1], a détruit toutes ses flottes, et a ruiné le commerce des Français aux grandes Indes et en Afrique. Il fallait de l'argent pour se préparer à cette guerre. Les finances avaient été très mal administrées. L'usage ne permettait pas qu'on créât des impôts sans qu'ils fussent enregistrés au parlement. C'était le temps de faire sentir qu'il se souvenait de son exil. Le roi, après avoir protégé ce corps contre les évêques constitutionnaires, les protégeait alors contre le parlement : tant les choses changent aisément à la cour ! Une assemblée du clergé, en 1756, avait porté de grandes plaintes contre les parlements du royaume, et paraissait écoutée. De plus, le roi prenait alors le parti du grand conseil contre le parlement de Paris, qui lui contestait sa juridiction. L'embarras de la cour à soutenir la guerre prochaine rendait les esprits plus altiers et plus difficiles.

Le parlement tourna contre le grand conseil toutes ses batteries, dressées auparavant contre les constitutionnaires. Il convoqua les princes et les pairs du royaume pour le 18 février. Le roi le sut aussitôt, et défendit aux princes et aux pairs de se rendre à cette invitation. Le parlement soutint son droit d'inviter les pairs. Il le soutint inutilement, et ne fit que déplaire à la cour. Aucun pair n'assista à ses assemblées.

Ce qui choqua le plus le gouvernement, ce fut l'association de tous les parlements du royaume, qui se

---

[1] Voyez, dans les *Mélanges*, année 1773, le chapitre 1er des *Fragments sur l'Inde*, etc.; et tome XXI, le chapitre xxxv du *Précis du Siècle de Louis XV*. B.

fit alors sous le nom de *Classes*[1]. Le parlement de Paris était la première classe, et tous ensemble paraissaient former un même corps qui représentait le royaume de France. Ce mot de *Classe* fut sévèrement relevé par le chancelier de Lamoignon. Il fallait enregistrer les nouveaux impôts, et on n'enregistrait rien. On ne pouvait soutenir la guerre avec des remontrances. Cet objet était plus important que la bulle, des convulsions, et des arrêts contre des porte-Dieu.

Le roi tint un lit de justice à Versailles[a]; les princes et les pairs y assistèrent, le parlement y alla dans cinquante-quatre carrosses, mais auparavant il arrêta qu'il n'opinerait point. Il n'opina point en effet, et on enregistra malgré lui l'impôt des deux vingtièmes avec quelques autres. Dès qu'il put s'assembler à Paris, il protesta contre le lit de justice tenu à Versailles. La cour était irritée. Le clergé constitutionnaire, croyant le temps favorable, redoublait ses entreprises avec impunité. Presque tous les parlements du royaume fesaient des remontrances au roi. Ceux de Bordeaux et de Rouen cessaient déjà de rendre la justice. La plus saine partie de la nation en murmurait et disait : Pourquoi punir les particuliers des entreprises de la cour ?

Enfin, après avoir tenu beaucoup de conseils secrets, le roi annonça un nouveau lit de justice pour le 13 décembre. Il arriva au parlement avec les princes du sang, le chancelier, et tous les pairs. Il fit lire un édit dont voici les principaux articles :

---

[1] Voyez, tome XXII, le chapitre xxxvi du *Précis du Siècle de Louis XV*. B. — [a] 21 août 1756.

1° Bien que la bulle ne soit pas une règle de foi, on la recevra avec soumission.

2° Malgré la loi du silence, les évêques pourront dire tout ce qu'ils voudront, pourvu que ce soit avec charité.

3° Les refus de sacrements seront jugés par les tribunaux ecclésiastiques et non civils, sauf l'appel comme d'abus.

4° Tout ce qui s'est fait précédemment au sujet de ces querelles sera enseveli dans l'oubli.

Voilà quant aux matières ecclésiastiques; et pour ce qui regarde la police du parlement, voici ce qui fut ordonné:

1° La grand'chambre seule pourra connaître de toute la police générale.

2° Les chambres ne pourront être assemblées sans la permission de la grand'chambre.

3° Nulle dénonciation que par le procureur général.

4° Ordre d'enregistrer tous les édits immédiatement après la réponse du roi aux remontrances permises.

5° Point de voix délibérative dans les assemblées des chambres avant dix ans de service.

6° Point de dispense avant l'âge de vingt-cinq ans

7° Défense de cesser de rendre justice, sous peine de désobéissance.

Ces deux édits atterrèrent la compagnie; mais elle fut foudroyée par un troisième qui supprima la troisième et la quatrième chambre des enquêtes. Le roi sortit après cette séance à travers les flots d'un peuple immense qui laissait voir la consternation sur son visage. A peine fut-il sorti que la plupart des membres du parlement signèrent la démission de leurs charges. Le lendemain et le surlendemain la grand'chambre signa de même. Il n'y eut enfin que les présidents à mortier et dix conseillers qui ne signèrent pas. Si la démarche du roi avait étonné le parlement, la résolution du parlement n'étonna pas moins le roi. Ce corps ne fut que tranquille et ferme; mais les discours de tout Paris étaient violents et emportés.

Il y eut en tout cent quatre-vingts démissions de données; le roi les accepta : il ne restait que dix présidents et quelques conseillers de grand'chambre pour composer le parlement. Ce corps était donc regardé comme entièrement dissous, et il paraissait fort difficile d'y suppléer. Le parti de l'archevêque leva la tête plus haut que jamais; les billets de confession, les refus de sacrements troublèrent tout Paris, lorsqu'un événement imprévu étonna la France et l'Europe.

CHAPITRE LXVII.

Attentat de Damiens sur la personne du roi [1].

On donnait au roi le surnom de *Bien-Aimé* dans tous les papiers et les discours publics depuis l'année 1744. Ce titre lui avait été donné d'abord par le peuple de Paris, et il avait été confirmé par la nation : mais

---

[1] Voyez, sur le même sujet, le chapitre XXXVII du *Précis du Siècle de Louis XV*, tome XXI. B.

Louis-le-Bien-Aimé n'était pas alors aussi chéri des Parisiens qu'il l'avait été. Une guerre très mal conduite contre l'Angleterre et contre le nord de l'Allemagne, l'argent du royaume dissipé dans cette guerre avec une profusion énorme, des fautes continuelles des généraux et des ministres, affligeaient et irritaient les Français. Il y avait alors une femme à la cour que l'on haïssait, et qui ne méritait point cette haine. Cette dame avait été créée marquise de *Pompadour* par des lettres-patentes dès l'année 1745. Elle passait pour gouverner le royaume, quoiqu'il s'en fallût beaucoup qu'elle fût absolue. La famille royale ne l'aimait pas, et cette aversion augmentait la haine du public en l'autorisant. Le petit peuple lui imputait tout. Les querelles du parlement portèrent au plus haut degré cette aversion publique. Les querelles de la religion achevaient d'ulcérer tous les cœurs. Les convulsionnaires surtout étaient des énergumènes atroces qui disaient hautement depuis une année entière qu'il fallait du sang, que Dieu demandait du sang.

Un nommé Gautier, intendant du marquis de Ferrières, frère d'un conseiller au parlement, l'un des plus ardents convulsionnaires, avait tenu quelques propos indiscrets. Il passait pour haïr le gouvernement, qui l'avait fait mettre à la Bastille, en 1740, parcequ'il avait distribué des *Nouvelles à la main*. Depuis ce temps il exhalait quelquefois ses mécontentements. Ces propos, quoique vagues, firent une grande impression sur un malheureux de la lie du peuple, qui était réellement atteint de folie. Il se nommait Robert-François Damiens; c'était le fils d'un fermier qui avait fait banqueroute. Ce misérable ne méritait pas les recherches que l'on fit pour s'instruire qu'il était né dans un hameau nommé La Tieuloi, dépendant de la paroisse de Monchi-le-Breton, en Artois, le 9 janvier 1715. Il était alors âgé de quarante-deux ans : il avait été laquais, apprenti serrurier, soldat, garçon de cuisine, et valet de réfectoire au collége des jésuites à Paris pendant quinze mois : ayant été chassé de ce collége, il y était rentré une seconde fois; enfin il s'était marié, et il avait des enfants. Étant sorti pour la seconde fois des jésuites, où il avait demeuré en tout trente mois, il servit successivement à Paris plusieurs maîtres. Étant alors sans condition, il allait souvent dans la grand'salle du palais, dans le temps de la plus grande effervescence des querelles de la magistrature et du clergé.

La grand'salle était alors le rendez-vous de tout ce qu'on appelait jansénistes ; leurs clameurs n'avaient point de bornes : l'emportement avec lequel on parlait alluma l'imagination de Damiens, déjà trop échauffée : il conçut seul, et sans s'ouvrir à personne, le dessein qu'il avoua depuis dans ses interrogatoires et à la torture, dessein le plus fou qui soit jamais tombé dans la tête d'aucun homme. Il avait remarqué qu'au collége des jésuites quelques écoliers s'étaient défendus à coups de canif, lorsqu'ils croyaient être punis injustement. Il imagina de donner un coup de canif au roi, non pas pour le tuer, car un tel instrument n'en était pas capable, mais pour lui servir de leçon, et pour lui faire craindre que quelque citoyen ne se servît contre lui d'une arme plus meurtrière.

Le 5 janvier 1757, à sept heures du soir, le roi étant prêt de monter en carrosse pour aller de Versailles à Trianon, avec son fils le dauphin, entouré de ses grands officiers et de ses gardes, fut frappé au milieu d'eux d'un coup qui pénétra de quatre lignes dans les chairs, au-dessous de la cinquième côte ; il porta la main à sa blessure, et la retira teinte de quelques gouttes de sang.

Il vit, en se retournant, ce malheureux qui avait son chapeau sur la tête, et qui était précisément derrière lui. Il s'était avancé, à travers des gardes, couvert d'une redingote, à la faveur de l'obscurité, et les gardes l'avaient pris pour un homme de la suite du roi. On le saisit, on lui trouva trente-sept louis en or dans ses poches, avec un livre de prières. « Qu'on « prenne garde, dit-il, à monsieur le dauphin ; qu'il « ne sorte point de la journée. » Ces paroles, qu'il ne proférait dans son extravagance que pour intimider la cour, y jetèrent en effet les plus grandes alarmes. Le roi se fit mettre au lit, ne sachant pas encore combien sa blessure était légère. Son pouls était un peu élevé, mais il n'avait point du tout de fièvre. Il demanda d'abord un confesseur, on n'en trouva point ; et enfin un prêtre du grand commun vint le confesser.

On mit d'abord le coupable entre les mains de la justice du grand-prévôt de l'hôtel, selon les lois du royaume. Nous avons vu' que c'est ainsi qu'on en avait usé lorsqu'on fit le procès au cadavre de Jacques-Clément.

---

[1] Tome XVIII, page 117 ; ci-dessus, page 151 ; et dans les *Mélanges*, année 1766, l'opuscule intitulé : *Le président De Thou justifié*, etc. B.

Dès que les gardes du roi eurent saisi Damiens, ils le menèrent dans une chambre basse, qu'on appelle le *salon des gardes*. Le duc d'Ayen, capitaine des gardes, le chancelier Lamoignon, le garde des sceaux Machault, Rouillé, fils d'un employé dans les postes, devenu secrétaire d'état des affaires étrangères, étaient accourus. Les gardes l'avaient déjà dépouillé tout nu, et s'étaient saisis d'un couteau à deux lames qu'on avait trouvé sur lui. L'une de ces lames était un canif long de quatre pouces avec lequel il avait frappé le roi à travers un manteau fort épais et tous ses habits, de façon que la blessure heureusement n'était guère plus considérable qu'un coup d'épingle.

Avant que le lieutenant du grand-prévôt, nommé *Le Clerc du Brillet*, qui juge souverainement au nom du grand-prévôt, fût arrivé, quelques gardes-du-corps, dans les premiers mouvements de leur colère, et dans l'incertitude du danger de la vie de leur maître, avaient tenaillé ce misérable avec des pincettes rougies au feu, et le garde des sceaux, Machault, leur avait même prêté la main.

A son premier interrogatoire par-devant le lieutenant Brillet, il dit qu'il avait attenté sur le roi *à cause de la religion*.

Après un second interrogatoire, Belot, exempt des gardes de la prévôté, étant dans sa prison, Damiens dit à Belot qu'il connaissait beaucoup de conseillers au parlement. Belot écrivit les noms de quelques uns, que Damiens dicta : ces noms étaient La Grange[1],

---

[1] Voici les noms tels qu'on les lit dans l'*Almanach royal* de 1757 : Rolland de Challerange, de Bèze de Lys, de La Guillaumie, Clément de Feil-

Bèze-de-Lys, La Guillaumie, Clément, Lambert, le président de Rieux Bonainvilliers (il voulait dire Boulainvilliers); ce président était fils du célèbre Samuel Bernard, le plus riche banquier du royaume. Il prenait le nom de Boulainvilliers, parcequ'il avait épousé une fille de cet illustre nom. C'était alors un usage assez commun dans la plus haute noblesse de marier ses filles aux fils de gens d'affaires, que leurs richesses rendaient bien supérieurs dans la société à la noblesse pauvre et méprisée.

Damiens écrivit aussi le nom de Mazi, premier président de la même chambre; il ajouta, *et presque tous*. Au bas de cette liste, il écrivit : « Il faut qu'il re-
« mette son parlement et qu'il le soutienne, avec pro-
« messe de ne rien faire aux ci-dessus et compagnie »,
et signa son nom.

Il dicta à l'exempt Belot une lettre assez longue au roi, dans laquelle il y avait ces mots essentiels : « Si
« vous ne prenez pas le parti de votre peuple, avant
« qu'il soit quelques années d'ici, vous et monsieur le
« dauphin et quelques autres périront. Il serait fâ-
« cheux qu'un aussi bon prince, par la trop grande
« bonté qu'il a pour les ecclésiastiques, dont il accorde
« toute sa confiance, ne soit pas sûr de sa vie; et si
« vous n'avez pas la bonté pour votre peuple d'or-
« donner qu'on lui accorde les sacrements à l'article
« de la mort... votre vie n'est pas en sûreté. L'arche-
« vêque de Paris est la cause de tout le trouble, etc. »

lel, Lambert, le président Denis-Gabriel-Henry Bernard de Boulainvilliers. B.

Cette lettre[1], signée du criminel, ayant été portée au roi, et ensuite remise au greffe de la prévôté, quelques personnes de la cour furent d'avis qu'on assignât, au moins pour être ouïs, les magistrats du parlement nommés par Damiens. Elles prétendaient que cette démarche pourrait ôter au corps entier un crédit qui gênait trop souvent la cour. Le ministère était alors partagé entre le comte D'Argenson et le garde des sceaux Machault, ennemis déclarés l'un de l'autre. Le comte D'Argenson était ouvertement brouillé avec la marquise de Pompadour ; le garde des sceaux était sa créature et son conseil ; sans se réconcilier, ils s'accordèrent pour la faire renvoyer de la cour ; ils prétendaient soulever toute la nation contre elle par le moyen du parlement, dont les familles, tenant à toutes les familles de Paris, formaient aisément la voix publique. Comme on n'était pas encore bien sûr que le couteau ne fût point empoisonné, on crut ou l'on fit croire que le roi était dans un très grand danger, et que dans la crise où s'allait trouver le royaume, il fallait renvoyer cette dame, et charger le parlement du procès de Damiens. Le roi accorda l'un et l'autre. Le garde des sceaux alla dire à madame de Pompadour qu'il fallait partir. Elle s'y résolut d'abord, n'ayant pu voir le roi, et se croyant perdue ; mais elle se rassura bientôt. Le premier chirurgien déclara que la blessure n'était pas dangereuse ; et l'on ne fut plus occupé que du châtiment qu'exigeait un si étrange attentat.

[1] Elle fait partie d'une des notes du chapitre xxxvii du *Précis du Siècle de Louis XV*. B.

Le comte D'Argenson fut chargé lui-même de minuter la lettre que le roi envoya à vingt-deux membres de la grand'chambre qui siégeaient alors. Le président Hénault composa cette lettre, dans laquelle le roi demandait *une vengeance éclatante*. Ensuite le secrétaire d'état, comte de Saint-Florentin, envoya des lettres-patentes le 15 janvier, signées Phelypeaux. Le 17, à dix heures de la nuit, on fit partir de Versailles, aux flambeaux, trois carrosses à quatre chevaux, escortés de soixante grenadiers du régiment des gardes, commandés par quatre lieutenants et huit sous-lieutenants. De nombreux détachements de maréchaussée précédaient la marche. On prit le chemin par Vaugirard. Une compagnie entière des gardes se joignit alors à l'escorte; une compagnie suisse bordait les rues : on aurait pris cette entrée pour celle d'un ambassadeur. Les rues étaient bordées d'autres compagnies aux gardes; le guet à pied et à cheval était partout disposé sur la route.

Il n'est pas vrai qu'on défendit aux citoyens de se mettre à la fenêtre sous peine de la vie. Ce mensonge absurde se trouve à la vérité dans les nouvelles publiques de ce temps. Ces nouvelles mercenaires sont toujours écrites par des gens à qui leur obscurité ne permet pas d'être bien informés.

Pendant que le roi remettait ainsi à la grand'chambre non complète le jugement de Damiens, il n'en exilait pas moins seize des conseillers qui avaient donné leur démission; on leur fit même l'affront de les faire garder par les archers du guet dans leurs maisons jusqu'au moment de leur départ pour leur exil, depuis le 27 janvier jusqu'au 30. La grand'chambre fit des remontrances qui ne furent point écoutées; elle abandonna le reste de son corps : cette chambre fut alors uniquement occupée du devoir d'instruire le procès de Damiens, sur lequel tout Paris fesait les conjectures les plus atroces et les plus contradictoires.

Le tour des ministres pour être exilés ne tarda pas d'arriver. Louis XV avait exilé plusieurs de ceux qui le servaient et qui l'approchaient. C'était ainsi qu'il avait traité le duc de La Rochefoucauld, grand-maître de la garde-robe, le plus honnête homme de la cour; le duc de Châtillon, gouverneur de son fils; le comte de Maurepas, le plus ancien de ses ministres; le garde des sceaux Chauvelin, qui a toujours conservé de la réputation dans l'Europe; tout le parlement de Paris, et un très grand nombre d'autres magistrats, des évêques, des abbés, et des hommes de tout état.

La marquise de Pompadour, qui avait fait renvoyer le comte de Maurepas, fit renvoyer de même le garde des sceaux Machault et le comte D'Argenson. On pardonne plus aisément une injure à son ennemi déclaré, qu'une trahison ou une faiblesse à un homme de son parti. Elle proposa au comte D'Argenson de se réconcilier avec lui, et de lui sacrifier le garde des sceaux. Il refusa : alors la perte de tous deux fut résolue, et ils reçurent leurs lettres de cachet le même jour premier février[1]. Tel a été souvent le sort des ministres en France : ils exilent, et on les exile; ils emprisonnent, et ils sont emprisonnés. Toutes ces choses,

---

[1] Voyez *Essai sur les mœurs*, chapitre xcviii, tome XVII, page 17. B.

qui sont de la plus grande vérité, se trouvent éparses dans les journaux étrangers ; on les a rassemblées ici sans aucune envie de flatter ni de nuire, et seulement pour l'instruction de ceux qui trouvent leur consolation dans l'histoire.

Dans le procès de Damiens que la grand'chambre instruisit, le criminel soutint toujours que la religion l'avait déterminé à frapper le roi, mais qu'il n'avait jamais eu l'intention de le tuer ; il déclara, sans varier, que son projet avait été conçu depuis l'exil de tout le parlement.

Interrogé sur les discours qu'on tenait chez le docteur de Sorbonne, nommé Corgne de Launai, dont il avait été quelque temps laquais, il répondit « qu'on « y disait que les gens du parlement étaient les plus « grands coquins et les plus grands marauds de la « terre. » Toutes ses réponses étaient d'un homme insensé, ainsi que son action.

Interrogé pourquoi il avait fait écrire par l'exempt Belot les noms de quelques membres du parlement, et pourquoi il avait ajouté, *presque tous*, il répondit, « parceque tous sont furieux de la conduite de l'ar« chevêque. »

Vareille, enseigne des gardes-du-corps, lui ayant été confronté, et lui ayant soutenu qu'il avait dit « que si on avait tranché la tête à quatre ou cinq évê« ques, il n'aurait pas assassiné le roi pour la reli« gion », Damiens répondit « qu'il n'avait pas parlé « de leur trancher la tête, mais de les punir, sans « dire de quel supplice. » Il persista toujours à soutenir que « sans l'archevêque cela ne serait pas arrivé, « et qu'il n'avait frappé le roi que parcequ'on refusait « les sacrements à d'honnêtes gens. » Il ajouta « qu'il « n'allait plus à confesse depuis que l'archevêque avait « donné de si bons exemples. »

Ce fut surtout dans son interrogatoire du 26 mars qu'il déclara « que s'il n'était pas venu souvent dans « la salle du palais, il n'aurait pas commis son crime, « et que les discours qu'il y avait entendus l'y avaient « déterminé. »

Ce qu'il y a de plus singulier, c'est que le premier président de Maupeou lui ayant demandé « s'il croyait « que la religion permettait d'assassiner les rois », il dit par trois fois « qu'il n'avait rien à répondre. »

Après la lecture de son arrêt prononcé en présence de cinq princes du sang, de vingt-deux ducs et pairs, de douze présidents à mortier, de sept conseillers d'honneur, de quatre maîtres des requêtes, et de dix-neuf conseillers de grand'chambre, il fut appliqué à la question des coins qu'on enfonce entre les genoux serrés par deux planches; il commença par s'écrier: « C'est ce coquin d'archevêque qui est cause de tout. » Ensuite il énonça que c'était le nommé Gautier, homme d'affaires de M. de Ferrières, frère d'un conseiller au parlement, qui lui avait dit, en présence de ce même Ferrières, « qu'on ne pouvait finir ces que-« relles qu'en tuant le roi »; qu'il demeurait dans la même rue que Gautier; qu'il lui avait entendu tenir ce discours dix fois, et ajouter « que c'était une œuvre « méritoire. »

Au huitième et dernier coin, il répéta encore qu'il avait été inspiré par les discours de ce Gautier et par ceux qu'il avait entendus dans le palais. Immédiatement après la question, on lui confronta Dominique-François Gautier, qui dit d'abord n'avoir point de reproches à lui faire, mais qui nia toute sa déposition. On lui confronta aussi le sieur Ferrières : celui-ci convint que Damiens lui avait apporté quelquefois des arrêts du parlement, et justifia son domestique Gautier autant qu'il le put.

On mit dans les préparatifs du supplice de ce misérable, et dans son exécution, un appareil et une solennité sans exemple. On avait entouré de palissades un espace de cent pieds en carré qui touchait à la grande porte de l'hôtel-de-ville. Cet espace était entouré en-dedans et en-dehors de tout le guet de Paris. Les gardes françaises occupaient toutes les avenues, et des corps de gardes suisses étaient répandus dans toute la ville. Le prisonnier fut placé, vers les cinq heures[a], sur un échafaud de huit pieds et demi carrés. On le lia avec de grosses cordes retenues par des cercles de fer qui assujettissaient ses bras et ses cuisses. On commença par lui brûler la main dans un brasier rempli de soufre allumé. Ensuite il fut tenaillé avec de grosses pinces ardentes, aux bras, aux cuisses, et à la poitrine. On lui versa du plomb fondu avec de la poix-résine et de l'huile bouillante sur toutes ses plaies. Ces supplices réitérés lui arrachaient les plus affreux hurlements. Quatre chevaux vigoureux, fouettés par quatre valets de bourreau, tirèrent les

[a] 28 mars 1757.

cordes qui portaient sur les plaies sanglantes et enflammées du patient; les tirades et les secousses durèrent une heure. Les membres s'alongèrent et ne se séparèrent pas. Les bourreaux coupèrent enfin quelques muscles. Les membres se détachèrent l'un après l'autre [1]. Damiens, ayant perdu deux cuisses et un bras, respirait encore, et n'expira que lorsque le bras qui lui restait fut séparé de son tronc tout sanglant. Les membres et le tronc furent jetés dans un bûcher préparé à dix pas de l'échafaud.

A l'égard de ce Gautier, si violemment accusé d'avoir tenu des discours qui avaient disposé Damiens à son crime, il fut encore interrogé, mais après la mort de Damiens. Il avoua qu'à la vérité il avait entendu un jour Damiens parler vivement des affaires du parlement, et qu'il avait dit « que c'était un bon citoyen. » On ordonna contre lui un plus ample informé pendant une année, après quoi il fut élargi.

Dans le même temps le roi fesait enlever trente-quatre membres du parlement de Besançon qui s'étaient opposés aux édits bursaux; et des archers les conduisaient dans différentes provinces. Tous les parlements du royaume lui adressaient des plaintes. Les avocats ne plaidaient point dans Paris, et tous les citoyens étaient irrités.

Le roi, pour apaiser les cris, donna six mille livres de pension aux deux rapporteurs qui avaient instruit le procès de Damiens [2], deux mille au premier gref-

---

[1] Voyez tome XXVIII, pages 282-3. B.
[2] Dans la première édition, il y avait ici sept mots, qui furent supprimés dès la seconde édition (voyez ma *Préface*): *Trois mille à chacun des seize*

fier, quinze cents au second. Peu d'officiers qui versent leur sang dans les batailles sont aussi bien récompensés. On espérait par là faire rentrer les autres membres du parlement dans leur devoir; et tandis qu'on prodiguait les pensions à la grand'chambre, on offrait le remboursement de leurs charges à treize conseillers exilés; mais on manquait d'argent; et la guerre funeste dans laquelle on était engagé appauvrissait et dépeuplait le royaume. On changeait de ministre des finances de six mois en six mois : c'était montrer la maladie de l'état que d'appeler toujours de nouveaux médecins. Il fallut enfin négocier avec ceux de la grand'chambre, des enquêtes, et des requêtes, qui avaient donné leurs démissions : on les leur rendit, ils reprirent leurs fonctions[a]; mais ils demeurèrent très aigris.

On rendit aussi au parlement de Rennes trois conseillers qu'on avait mis en prison; et le parlement de Rennes ne fut que plus irrité.

Dès que le parlement parut tranquille, l'archevêque Beaumont ne le fut pas; il renouvela toutes les querelles qui semblaient assoupies; refus de sacrements, interdictions de religieuses. Le roi ayant écrit précédemment au pape Benoît XIV pour le prier de lui donner les moyens d'apaiser les troubles, moyens très difficiles à trouver, Beaumont avait écrit de son côté pour aigrir le pape. Il déplut également au roi et au pontife de Rome. Louis XV, accoutumé à l'exi-

---

commissaires. Voltaire lui-même signalait cette faute dans sa lettre au comte de la Touraille, du 17 septembre 1769. B.

[a] 29 août 1757.

ler¹, l'envoya en Périgord. C'est ainsi que se termina l'année 1757².

CHAPITRE LXVIII.

De l'abolissement des jésuites.

³ On sait tout ce qu'on reprochait depuis long-temps aux jésuites : ils étaient regardés en général comme

---

¹ La première édition seule porte : *Louis XV qui ne savait qu'exiler ;* voyez en effet, page 348, l'énumération de quelques exils. Dès la seconde édition de l'*Histoire du parlement*, Voltaire mit, *accoutumé à l'exiler.* B.

² Dans les éditions de 1769 et 1770, le chapitre se terminait par l'alinéa que voici :

« Toutes ces querelles tombèrent bientôt dans l'oubli, lorsque l'expulsion « des jésuites occupa tout le royaume. »

Cet alinéa, supprimé dans l'édition encadrée de 1775, fut rétabli en 1777, dans le tome XXVII de l'édition in-4°. Il n'avait pas été conservé par les éditeurs de Kehl. B.

³ Ce chapitre qui, dans la première édition, était le LXVII°, commençait alors ainsi :

« Pour connaître un peu l'esprit des jésuites, ou plutôt celui de presque « tous les moines, je commencerai par rapporter ce qui leur arriva dans le « ressort du parlement de Bourgogne, un peu avant la banqueroute de leur « frère La Valette, qui fut la pierre détachée de la montagne par laquelle le « colosse fut renversé. Ils avaient auprès de Genève un hospice et un do-« maine de trois à quatre mille livres de rente ; ils voulurent l'augmenter. « Ce domaine devait appartenir légitimement à une famille noble de Bour-« gogne, composée d'une mère et de sept enfants, tous dans le service mili-« taire. Ce domaine avait été engagé à des Génevois par un acte nommé « *Antichrèse*; et par cet acte, passé depuis plus de 80 ans, ces Génevois « jouissaient de la terre que la famille n'était pas en état de racheter.

« Les jésuites s'emparèrent de cette terre en s'accommodant avec un syn-« dic de Genève, qui en était en possession. Il leur fallait des lettres-pa-« tentes du roi. Ils les obtinrent. Ce n'était pas encore assez ; ces lettres de-« vaient être enregistrées au parlement de Dijon, et comme personne ne fort habiles, fort riches, heureux dans leurs entreprises, et ennemis de la nation : ils n'étaient rien de tout cela ; mais ils avaient violemment abusé de leur crédit quand ils en avaient eu. D'autres ordres étaient beaucoup plus opulents, mais ils n'avaient pas été intrigants et persécuteurs comme les jésuites, et n'étaient pas détestés comme eux.

On a prétendu que leur général avait eu l'impru-

« réclamait, l'enregistrement ne souffrait aucune difficulté ; mais ce n'était
« pas tout. Ils dépouillaient des mineurs qui pouvaient tous revenir contre
« eux. Ils eurent la hardiesse d'énoncer dans une requête que j'ai vue, que
« ces mineurs ne seraient jamais en état de rentrer dans leur bien. Un bon
« citoyen, que j'ai long-temps fréquenté, indigné de voir ainsi une famille
« entière dépouillée du bien de ses ancêtres, lui prêta l'argent nécessaire
« pour purger l'antichrèse et pour rentrer dans son domaine. Les jésuites
« furent alors obligés d'abandonner leur entreprise.

« On sut cette aventure ; elle ne diminua pas la haine qu'on portait à la
« société. D'autres religieux avaient acquis des richesses par des manœuvres
« semblables, plus sourdes et plus heureuses. En général, on portait envie
« aux moines opulents : ils étaient regardés comme le fardeau de la patrie ;
« mais n'ayant pas été persécuteurs comme les jésuites, ils n'étaient pas dé-
« testés comme eux.

« Dans le même temps un de leurs supérieurs, nommé LaValette, employé
« dans les missions des îles de l'Amérique, fit une banqueroute de plus de
« deux millions tant aux sieurs Lionci et Gouffre, négociants de Marseille,
« qu'à un commissaire des guerres et à d'autres personnes qui leur avaient
« confié leur argent.

« Ce n'était pas la première banqueroute qu'ils avaient faite : on se souve-
« nait de leur fameuse banqueroute de Séville, qui réduisit à la mendicité
« plus de cent familles en 1644. Comme ils avaient eu en Espagne assez de
« crédit pour n'être pas obligés à restitution, ils crurent qu'ils seraient
« aussi heureux en France : ils imaginèrent qu'on ne rendrait jamais le corps
« entier responsable des engagements d'un de ses membres ; et quoiqu'ils
« passassent pour grands politiques, ils furent assez aveugles pour plaider
« au parlement de Paris, pouvant plaider devant la commission du conseil
« établie alors pour juger les différents touchant le négoce de l'Amérique.

« La cause fut plaidée à la grand'chambre avec la plus grande solennité.
« On y allait en foule comme aux spectacles. Le sieur Gerbier, célèbre avo-

dence de rendre de mauvais offices dans Rome à un ambassadeur de France[1], l'un de ceux qui ont le mieux servi l'état, et dont le génie supérieur devait être plutôt ménagé qu'offensé. La conduite du général était d'autant plus maladroite, qu'il savait que le crédit de son ordre ne tenait presque plus à rien : et il y parut bien dans la suite.

Il y avait, depuis 1747, à la Martinique un jésuite nommé La Valette, supérieur des missions, et dont l'emploi devait être de convertir des nègres : il aima mieux les faire travailler à ses intérêts que prendre soin de leur salut. C'était un génie vaste et entreprenant pour le commerce. Il s'associa avec un Juif

« cat, se fit, en parlant contre eux, la même réputation qu'autrefois les Ar-
« nauld et les Pasquier. Le 8 mai 1761, toutes les maisons des jésuites, ex-
« cepté les colléges, furent condamnées solidairement à payer les créanciers ;
« et ce qu'il y eut de singulier, c'est que le général des jésuites, résidant à
« Rome, fut condamné par le même arrêt, comme si on avait pu le con-
« traindre. Le prononcé fut reçu du public avec des applaudissements et des
« battements de mains incroyables. Quelques jésuites, qui avaient eu la
« hardiesse et la simplicité d'assister à l'audience, furent reconduits par la
« populace avec des huées. La joie fut aussi universelle que la haine. On se
« souvenait de leurs persécutions, et eux-mêmes avouèrent que le public
« les lapidait avec les pierres de Port-Royal, qu'ils avaient détruit sous
« Louis XIV.

« Pendant qu'on avait plaidé cette cause, etc. »

Ce morceau fut supprimé dès la seconde édition. Le *bon citoyen que j'ai long-temps fréquenté*, dont il y est question, était Voltaire lui-même. La famille qu'il obligea est la famille Desprez de Crassi. Il est, au reste, parlé de cette affaire dans le *Commentaire historique* (voyez les *Mélanges*, année 1776). Le bon de l'affaire, y dit Voltaire, c'est que peu de temps après, lorsqu'on délivra la France des révérends pères jésuites, ces mêmes gentilshommes, dont les bons pères avaient voulu ravir le bien, achetèrent celui des jésuites, qui était contigu.

Ce fut dès la seconde édition, en 1769, qu'à la première version du commencement de ce chapitre, Voltaire substitua la version actuelle. B.

[1] Le duc de Choiseul Stainville. B.

nommé Isaac, établi à l'île de la Dominique, et eut des correspondances dans toutes les principales villes de l'Europe. Le plus grand de ses correspondants était le jésuite Saci, procureur général des missions, demeurant dans la maison professe de Paris. Le monopole énorme que fesait La Valette le fit rappeler par le ministère, sur les plaintes des habitants des îles, en 1753: mais les jésuites obtinrent qu'il fût renvoyé dans son poste. Il n'en coûta à La Valette qu'une promesse par écrit de ne se mêler plus que de gagner des ames, et de ne plus équiper de vaisseaux. Ses supérieurs le nommèrent alors visiteur général et préfet apostolique; et avec ces titres il alla continuer son commerce. Les Anglais le dérangèrent; ils prirent ses vaisseaux. La Valette et Saci firent une banqueroute plus considérable que la somme qu'ils avaient perdue; car les effets dont les Anglais s'étaient emparés ne furent pas vendus douze cent mille francs de notre monnaie, et la banqueroute des jésuites fut d'environ trois millions.

Deux gros négociants de Marseille, Gouffre et Lionci, y perdirent tout d'un coup quinze cent mille livres. Saci, procureur des missions à Paris, eut ordre de son général d'offrir cinq cent mille francs pour les apaiser: il offrit cet argent, et ne le donna point; il en employa une partie à satisfaire quelques créanciers de Paris, dont les cris lui paraissaient plus dangereux que ceux qui se fesaient entendre de plus loin.

Les deux Marseillais se pourvurent cependant devant la juridiction consulaire de leur ville. La Valette et Saci furent condamnés solidairement le 19 novembre 1759. Mais comment faire payer quinze cent mille francs à deux jésuites? Les mêmes créanciers et quelques autres demandèrent que la sentence fût exécutoire contre toute la société établie en France. Cette sentence fut obtenue par défaut le 29 mai 1760; mais il était aussi difficile de faire payer la société que d'avoir de l'argent des deux jésuites Saci et La Valette.

Ce n'était pas, comme on sait, la première banqueroute que les jésuites avaient faite. On se souvenait de celle de Séville qui avait réduit cent familles à la mendicité en 1644. Ils en avaient été quittes pour donner des indulgences aux familles ruinées, et pour associer à leur ordre les principales et les plus dévotes.

Ils pouvaient appeler de la sentence des consuls de Marseille par-devant la commission du conseil établie pour juger tous les différents touchant le commerce de l'Amérique; mais M. de La Grand'ville, conseiller d'état et leur affilié, qu'ils consultèrent, leur conseilla de plaider devant le parlement de Paris : ils suivirent cet avis, qui leur devint funeste. Cette cause fut plaidée à la grand'chambre avec la plus grande solennité. L'avocat Gerbier se fit, en parlant contre eux, la même réputation qu'autrefois les Arnauld et les Pasquier.

Après plusieurs audiences, M. Le Pelletier de Saint-Fargeau, alors avocat général, résuma toute la cause, et fit voir que La Valette étant visiteur apostolique, et Saci procureur général des missions, étaient deux banquiers; que ces deux banquiers étaient commissionnaires du général résidant à Rome; que ce général était administrateur de toutes les maisons de l'ordre; et sur ses conclusions, il fut rendu arrêt par lequel le général des jésuites et toute la société étaient condamnés à restitution, aux intérêts, aux dépens, et à cinquante mille livres de dommages, le 8 mai 1761¹.

Le général ne pouvant être contraint, les jésuites de France le furent. Le prononcé fut reçu du public avec des applaudissements et des battements de mains incroyables. Quelques jésuites, qui avaient eu la hardiesse et la simplicité d'assister à l'audience, furent reconduits par la populace avec des huées. La joie fut aussi universelle que la haine. On se souvenait de leurs persécutions; et eux-mêmes avouèrent que le public les lapidait avec les pierres de Port-Royal, qu'ils avaient détruit sous Louis XIV².

Pendant qu'on avait plaidé cette cause, tous les esprits s'étaient tellement échauffés, les anciennes plaintes contre cette compagnie s'étaient renouvelées si hautement, qu'avant de les condamner pour leur banqueroute, les chambres assemblées avaient ordonné, dès le 17 avril, qu'ils apporteraient leurs constitutions au greffe. Ce fut l'abbé Chauvelin qui le premier dénonça leur institut comme ennemi de l'état, et qui par là rendit un service éternel à la patrie.

Ils obtinrent par leurs intrigues que le roi lui-même se réserverait dans son conseil la connaissance de ces constitutions : en effet le roi ordonna, par une déclara-

---

¹ Voyez, dans le *Dictionnaire philosophique*, l'article APOINTER, tome XXVI, page 481. B.

² En 1709; voyez, tome XX, le chapitre XXXVII du *Siècle de Louis XIV*. B.

tion, qu'elles lui fussent apportées. La déclaration fut enregistrée au parlement le 6 août; mais le même jour les chambres assemblées firent brûler par le bourreau vingt-quatre gros volumes[1] des théologiens jésuites. Le parlement remit au roi l'exemplaire des constitutions de cet ordre; mais il ordonna en même temps que les jésuites en apporteraient un autre dans trois jours, et leur défendit de recevoir des novices et de faire des leçons publiques, à commencer au premier octobre 1761. Ils n'obéirent point; il fallut que le roi lui-même leur ordonnât de fermer leurs classes, le premier avril 1762; et alors ils obéirent.

Pendant tout le temps que dura cette tempête qu'eux-mêmes avaient excitée, non seulement plusieurs ecclésiastiques, mais encore quelques membres du parlement les rendaient odieux à la nation par des écrits publics. L'abbé Chauvelin fut celui qui se distingua le plus, et qui hâta leur destruction.

Les jésuites répondirent; mais leurs livres ne firent pas plus d'effet que les satires imprimées contre eux du temps qu'ils étaient puissants. Tous les parlements du royaume, l'un après l'autre, déclarèrent leur institut incompatible avec les lois du royaume. Le 6 août 1762, le parlement de Paris leur ordonna « de « renoncer pour toujours au nom, à l'habit, aux vœux, « au régime de leur société; d'évacuer les noviciats,

---

[1] L'arrêt de la cour du parlement, du 6 août 1761, condamne plus de vingt-quatre volumes; mais il y a vingt-quatre énumérations d'ouvrages. Les tomes III et IV des Commentaires de Salmeron y forment chacun un article; les Commentaires de J. Tirin, qui sont en deux ou trois volumes, y forment un seul article. B.

« les colléges, les maisons professes, dans huitaine; » leur défendit « de se trouver deux ensemble, et de tra-« vailler en aucun temps et de quelque manière que « ce fût à leur rétablissement, sous peine d'être décla-« rés criminels de lèse-majesté. »

Le 22 février 1764, autre arrêt qui ordonnait que dans huitaine les jésuites qui voudraient rester en France feraient serment d'abjurer l'institut.

Le 9 mars suivant, arrêt qui bannit du royaume tous ceux qui n'auront pas fait le serment [1]. Enfin le roi, par un édit du mois de novembre 1764, cédant à tous les parlements et aux cris de toute la nation, dissout la société sans retour.

Ce grand exemple, imité depuis et surpassé encore en Espagne, dans les Deux-Siciles, à Parme et à Malte, a fait voir que ce qu'on croit difficile est souvent très aisé; et on a été convaincu qu'il serait aussi facile de détruire toutes les usurpations des papes que d'anéantir des religieux qui passaient pour ses premiers sa-

---

[1] Le P. Griffet, connu par des sermons médiocres et par des ouvrages historiques plus médiocres encore, était regardé comme un grand homme par le parti des jésuites. Il n'y avait dans ce parti aucun homme d'un mérite réel, et Griffet avait du moins celui d'avoir défendu la cause de son ordre contre les parlements avec plus de zèle et de courage que de raison ou d'éloquence. Il demanda au parlement la permission de rester en France, parcequ'il était obligé de subir l'opération de la taille. Il n'y a qu'un corps qui puisse avoir le courage d'ajouter quelque chose au malheur d'un homme condamné à une opération cruelle et dangereuse. On ordonna, par arrêt, que Griffet serait sondé par les chirurgiens du parlement. C'était le comble de la barbarie d'exiger qu'un malade se soumît à essuyer une opération douloureuse, et où la maladresse d'un chirurgien peut causer la mort, par la main d'un homme à qui il n'avait point donné sa confiance. Griffet aima mieux partir; et telle était alors la haine contre les jésuites, que le parlement crut n'avoir fait que suivre les formes. K.

tellites [1]. Enfin le cordelier Ganganelli, devenu pape, détruisit l'ordre entier par une bulle (1773); et après avoir soutenu pendant deux cents ans que le pape pouvait tout, les jésuites furent obligés de soutenir peu-à-peu qu'il ne peut même licencier un régiment de moines.

CHAPITRE LXIX [2].

Le parlement mécontente le roi et une partie de la nation. Son arrêt contre le chevalier de La Barre et contre le général Lalli.

Qui pouvait croire alors que dans peu de temps le parlement éprouverait le même sort que les jésuites? Il fatiguait depuis plusieurs années la patience du roi, et il ne se concilia pas la bienveillance du public par le supplice du chevalier de La Barre et par celui du général Lalli [3].

[1] C'est ici que finissait la première édition. L'alinéa qui termine aujourd'hui ce chapitre est posthume. B.

[2] Ce chapitre, tel qu'il est, à quelques mots près, parut, en 1775, dans l'édition encadrée. B.

[3] Dans l'édition de 1777, in-4°, après cet alinéa, il y avait :

« On ne peut mieux faire, pour l'instruction du genre humain, que de « rapporter ici la lettre d'un vertueux avocat du conseil à M. de Beccaria, « le plus célèbre jurisconsulte d'Italie. »

Puis venait une réimpression de la *Relation de la mort du chevalier de La Barre*: voyez les *Mélanges*, année 1766.

Après cette *Relation*, le chapitre LXIX était terminé par les deux alinéa que voici :

« Le second acte de cruauté, qu'une grande partie du public reprocha au « parlement de Paris, fut le supplice du comte de Lalli, général des armées « du roi dans les Indes occidentales, traîné dans un tombereau dans la Grève, « avec un bâillon dans la bouche, le 6 mai 1766.

« Les cris de ses ennemis, soulevés contre lui par son humeur dure et in-

Ce corps déplaisait bien plus au gouvernement par sa lutte perpétuelle contre les édits du roi que par ses cruautés envers quelques citoyens. Il semblait prendre à la vérité le parti du peuple, mais il gênait l'administration, et il paraissait toujours vouloir établir son autorité sur la ruine de la puissance suprême.

Il s'unissait en effet avec les autres parlements, et prétendait ne faire avec eux qu'un corps, dont il était le principal membre. Tous s'appelaient alors *classes du parlement*: celui de Paris était la première classe; chaque classe fesait des remontrances sur les édits, et ne les enregistrait pas. Il y eut même quelques uns de ces corps qui poursuivirent juridiquement les commandants de province envoyés à eux de la part du roi pour faire enregistrer. Quelques classes décernèrent des prises de corps contre ces officiers. Si ces décrets avaient été mis à exécution, il en aurait résulté un effet bien étrange. C'est sur les domaines royaux que se prennent les deniers dont on paie les frais de justice, de sorte que le roi aurait payé de ses

---

« sociable, furent si violents et si persévérants, que les juges le condam-
« nèrent d'une voix unanime. Mais la pitié qui succéda à ce déchaînement
« fut si forte, que le même public, toujours léger, qui semblait avoir d'a-
« bord demandé son sang, fut enfin persuadé de son innocence. En effet, on
« n'avait pu trouver ni trahison, ni rapine de sa part; et quand il fallut
« chercher dans sa fortune de quoi fournir l'amende à laquelle il fut con-
« damné, on ne la trouva pas; alors on éclata contre les juges. »

C'est sans doute parceque le chapitre eût été trop long, qu'en 1777 il y avait un chapitre LXX, commençant par ces mots: « Le parlement déplai-
« sait, etc. »

Sur le procès de Lalli, voyez, tome XXI, le chapitre XXXIV du *Précis du Siècle de Louis XV;* et dans les *Mélanges,* année 1773, les chapitres XVIII et XIX des *Fragments sur l'Inde.* B.

propres domaines les arrêts rendus par ceux qui lui désobéissaient contre ses officiers principaux qui avaient exécuté ses ordres.

Cette étonnante anarchie ne pouvait pas subsister : il fallait ou que la couronne reprît son autorité, ou que les parlements prévalussent.

On avait besoin, dans des conjonctures si critiques, d'un chancelier entreprenant et audacieux; on le trouva[1]. Il fallait changer toute l'administration de la justice dans le royaume, et elle fut changée.

Le roi commença par essayer de ramener le parlement de Paris; il le fit venir à un lit de justice (le 7 septembre 1770) qu'il tint à Versailles avec les princes, les pairs, et les grands officiers de la couronne. Là il lui défendit de se servir jamais des termes d'*unité*, d'*indivisibilité*, et de *classes*;

D'envoyer aux autres parlements d'autres mémoires que ceux qui sont spécifiés par les ordonnances;

De cesser le service, sinon dans les cas que ces mêmes ordonnances ont prévus;

De donner leur démission en corps;

De rendre jamais d'arrêt qui retarde les enregistrements : le tout sous peine d'être cassé.

Le parlement, sur cet édit solennel, ayant encore cessé le service, le roi leur fit porter des lettres de jussion; ils désobéirent. Nouvelles lettres de jussion,

---

[1] C'était Réné-Nicolas-Charles-Augustin de Maupeou, né en 1714, mort en 1792, et qu'un peu plus loin Voltaire appelle, *Maupeou, second du nom*. Son père, Réné-Charles de Maupeou, vice-chancelier et garde-des-sceaux en 1763, avait été chancelier un jour : nommé le 15 septembre 1768, il donna le lendemain sa démission en faveur de son fils. B.

nouvelle désobéissance. Enfin le monarque, poussé à bout, leur envoya pour dernière tentative, le 20 janvier (1771), à quatre heures du matin, des mousquetaires qui portèrent à chaque membre un papier à signer. Ce papier ne contenait qu'un ordre de déclarer s'ils obéiraient ou s'ils refuseraient. Plusieurs voulurent interpréter la volonté du roi : les mousquetaires leur dirent qu'ils avaient ordre d'éviter les commentaires; qu'il fallait un oui ou un non.

Quarante membres signèrent ce *oui*, les autres s'en dispensèrent [1]. Les *oui* étant venus le lendemain au parlement avec leurs camarades, leur demandèrent pardon d'avoir accepté, et signèrent *non*; tous furent exilés.

La justice fut encore administrée par les conseillers d'état et les maîtres des requêtes, comme elle l'avait été en 1753; mais ce ne fut que par provision. On tira bientôt de ce chaos un arrangement utile.

D'abord le roi se rendit aux vœux des peuples qui se plaignaient depuis des siècles de deux griefs, dont l'un était ruineux, l'autre honteux et dispendieux à-la-fois.

Le premier était le ressort trop étendu du parlement de Paris, qui obligeait les citoyens de venir de cent cinquante lieues se consumer devant lui en frais qui souvent excédaient le capital. Le second était la vé-

---

[1] On remarqua que ceux qui, dans l'assemblée des chambres, avaient opiné à continuer le service, signèrent *non*, se croyant liés par l'arrêté de leur corps. Les plus ardents, au contraire, intimidés par la présence d'un mousquetaire, signèrent *oui*. K.

nalité des charges de judicature, vénalité qui avait introduit la forte taxation des épices.

Pour réformer ces deux abus, six parlements nouveaux furent institués, le 23 février 1771, sous le titre de *Conseils supérieurs*, avec injonction de rendre gratis la justice. Ces conseils furent établis dans Arras, Blois, Châlons, Clermont, Lyon, Poitiers [1]. On y en ajouta d'autres depuis [2] pour remplacer quelques parlements supprimés dans les provinces.

Il fallait surtout former un nouveau parlement à Paris, lequel serait payé par le roi, sans acheter ses places, et sans rien exiger des plaideurs. Cet établissement fut fait le 13 avril. L'opprobre de la vénalité, dont François Ier et le chancelier Duprat avaient malheureusement souillé la France, fut lavé par Louis XV et par les soins du chancelier de Maupeou, second du nom [3]. On finit par la réforme de tous les parlements, et on espéra, mais en vain, de voir réformer la jurisprudence.

[4] La mort de Louis XV, en 1774, ayant donné lieu à une nouvelle administration, Louis XVI, son successeur, rétablit son parlement avec des modifications

---

[1] Les éditions de 1775 et 1777 portent ici : « (En suivant l'ordre alpha-« bétique). » B.

[2] Les huit derniers mots de cet alinéa ne sont ni dans l'édition de 1775, ni dans celle de 1777. B.

[3] Voyez ma note, page 364, et pour quelques détails, tome XXXI, page 364. Voyez aussi dans les *Mélanges*, année 1771, des opuscules de Voltaire à ce sujet. B.

[4] Ce dernier alinéa, ajouté dans l'édition de 1775, et qui n'avait pas été conservé dans l'édition de 1777, a été rétabli par les éditeurs de Kehl. K.

nécessaires[1] : elles honorèrent le roi qui les ordonna, le ministère qui les rédigea, le parlement qui s'y conforma ; et la France vit l'aurore d'un règne sage et heureux.

[1] Ces *modifications nécessaires* n'étaient pas suffisantes aux yeux de Voltaire, qui avait en horreur la vénalité des charges : voyez sa note, tome XXX, page 100. B.

FIN DE L'HISTOIRE DU PARLEMENT.

TABLE

DES MATIÈRES DE L'HISTOIRE DU PARLEMENT.

Préface du nouvel Éditeur. Page j
Avant-propos de l'auteur. 1

HISTOIRE DU PARLEMENT DE PARIS.

Chapitre I. Des anciens parlements. 5
Chap. II. Des parlements jusqu'à Philippe-le-Bel. 11
Chap. III. Des barons siégeants en parlement et amovibles; des clercs adjoints; de leurs gages; des jugements. 19
Chap. IV. Du procès des Templiers. 24
Chap. V. Du parlement devenu assemblée de jurisconsultes; et comme ils furent assesseurs en cour des pairs. 27
Chap. VI. Comment le parlement de Paris devint juge du dauphin de France, avant qu'il eût seul jugé aucun pair. 31
Chap. VII. De la condamnation du duc d'Alençon. 40
Chap. VIII. Des pairs, et quels furent les pairs qui jugèrent à mort le roi Jean-sans-Terre. 43
Chap. IX. Pourquoi le parlement de Paris fut appelé la cour des pairs. 48
Chap. X. Du parlement de Paris, rétabli par Charles VII. 52
Chap. XI. De l'usage d'enregistrer les édits au parlement, et des premières remontrances. 53
Chap. XII. Du parlement, dans la minorité de Charles VIII, et comment il refusa de se mêler du gouvernement et des finances. 58
Chap. XIII. Du parlement sous Louis XII. 61
Chap. XIV. Des grands changements faits sous Louis XII, trop négligés par la plupart des historiens. 62
Chap. XV. Comment le parlement se conduisit dans l'affaire du concordat. 64
Chap. XVI. De la vénalité des charges, et des remontrances sous François Ier. 68
Chap. XVII. Du jugement de Charles, duc de Bourbon, pair, grand chambrier et connétable de France. 72

TABLE DES MATIÈRES.

Chap. XVIII. De l'assemblée dans la grand'salle du palais, à l'occasion du duel entre Charles-Quint et François Ier. 77

Chap. XIX. Des supplices infligés aux protestants; des massacres de Mérindol et de Cabrières, et du parlement de Provence jugé criminellement par le parlement de Paris. 82

Chap. XX. Du parlement sous Henri II. 89

Chap. XXI. Du supplice d'Anne Dubourg. 92

Chap. XXII. De la conjuration d'Amboise, et de la condamnation à mort de Louis de Bourbon, prince de Condé. 98

Chap. XXIII. Des premiers troubles sous la régence de Catherine de Médicis. 104

Chap. XXIV. Du chancelier de L'Hospital. De l'assassinat de François de Guise. 110

Chap. XXV. De la majorité de Charles IX, et de ses suites. 114

Chap. XXVI. De l'introduction des jésuites en France. 117

Chap. XXVII. Du chancelier de L'Hospital, et de ses lois. 119

Chap. XXVIII. Suite des guerres civiles. Retraite du chancelier de L'Hospital. Journée de la Saint-Barthélemi. Conduite du parlement. 123

Chap. XXIX. Seconde régence de Catherine de Médicis. Premiers états de Blois. Empoisonnement de Henri de Condé. Lettre de Henri IV, etc. 134

Chap. XXX. Assassinat des Guises. Procès criminel commencé contre le roi Henri III. 141

Avertissement au procès. 146

Chap. XXXI. Parlement traîné à la Bastille par les factieux. Décret de la Sorbonne contre Henri III. Meurtre de ce monarque. 148

Chap. XXXII. Arrêts de plusieurs parlements, après la mort de Henri III. Le premier président Brisson pendu par la faction des Seize. 152

Chap. XXXIII. Le royaume démembré. Le seul parlement, séant auprès de Henri IV, peut montrer sa fidélité. Il décrète de prise de corps le nonce du pape. 161

Chap. XXXIV. États généraux tenus à Paris par des Espagnols et des Italiens. Le parlement soutient la loi salique. Abjuration de Henri IV. 166

Chap. XXXV. Henri IV reconnu dans Paris. 177

Chap. XXXVI. Henri IV assassiné par Jean Châtel. Jésuites chassés. Le roi maudit à Rome, et puis absous. 178

Chap. XXXVII. Assemblée de Rouen. Administration des finances. 184

Chap. XXXVIII. Henri IV ne peut obtenir de l'argent pour reprendre Amiens, s'en passe, et le reprend. 189

Chap. XXXIX. D'une fameuse démoniaque. 192

Chap. XL. De l'édit de Nantes. Discours de Henri IV au parlement. Paix de Vervins. 194

Chap. XLI. Divorce de Henri IV. 201
Chap. XLII. Jésuites rappelés. 203
Chap. XLIII. Singulier arrêt du parlement contre le prince de Condé, qui avait emmené sa femme à Bruxelles. 207
Chap. XLIV. Meurtre de Henri IV. Le parlement déclare sa veuve régente. 209
Chap. XLV. Obsèques du grand Henri IV. 214
Chap. XLVI. États généraux. Étranges assertions du cardinal Duperron. Fidélité et fermeté du parlement. 216
Chap. XLVII. Querelle du duc d'Épernon avec le parlement. Remontrances mal reçues. 222
Chap. XLVIII. Meurtre du maréchal d'Ancre et de sa femme. 226
Chap. XLIX. Arrêt du parlement en faveur d'Aristote. Habile friponnerie d'un nonce. Mort de l'avocat général Servin, en parlant au parlement. 232
Chap. L. La mère et le frère du roi quittent le royaume. Conduite du parlement. 238
Chap. LI. Du mariage de Gaston de France avec Marguerite de Lorraine, cassé par le parlement de Paris et par l'assemblée du clergé. 243
Chap. LII. De la résistance apportée par le parlement à l'établissement de l'académie française. 247
Chap. LIII. Secours offert au roi par le parlement de Paris. Plusieurs de ses membres emprisonnés. Combat à coups de poing du parlement avec la chambre des comptes dans l'église de Notre-Dame. 249
Chap. LIV. Commencement des troubles pendant le ministère de Mazarin. Le parlement suspend pour la première fois les fonctions de la justice. 253
Chap. LV. Commencement des troubles civils, causés par l'administration des finances. 259
Chap. LVI. Des barricades et de la guerre de la fronde. 265
Chap. LVII. Fin des guerres civiles de Paris. Le parlement rentre dans son devoir; il harangue le cardinal Mazarin. 274
Chap. LVIII. Du parlement depuis que Louis XIV régna par lui-même. 277
Chap. LIX. Régence du duc d'Orléans. 282
Chap. LX. Finances et système de Lass pendant la régence. 289
Chap. LXI. L'Écossais Lass contrôleur général; ses opérations, ruine de l'état. 298
Chap. LXII. Du parlement et de la bulle *Unigenitus*, au temps du ministère de Dubois, archevêque de Cambrai et cardinal. 302
Chap. LXIII. Du parlement sous le ministère du duc de Bourbon. 308
Chap. LXIV. Du parlement au temps du cardinal Fleury. 310

Chap. LXV. Du parlement, des convulsions, des folies de Paris jusqu'à 1752. 318
Chap. LXVI. Suite des folies. 329
Chap. LXVII. Attentat de Damiens sur la personne du roi. 339
Chap. LXVIII. De l'abolissement des jésuites. 354
Chap. LXIX. Le parlement mécontente le roi et une partie de la nation. Son arrêt contre le chevalier de La Barre et contre le général Lalli. 362

FIN DE LA TABLE.

www.ingramcontent.com/pod-product-compliance
Lightning Source LLC
Chambersburg PA
CBHW050534170426
43201CB00011B/1424